融合教育教师团队
本土化建设 与 专业发展

王红霞 邓 猛 / 著

北京师范大学出版集团
BEIJING NORMAL UNIVERSITY PUBLISHING GROUP
北京师范大学出版社

序　言

红霞特教　先行一步

　　北京市海淀区特殊教育研究与指导中心主任王红霞女士带领其团队多年来致力于特殊及融合教育倡导与推广，硕果累累。我有幸参与其部分工作，并共同撰写新著，倍感荣幸与鼓舞，遂作序以记之。

　　按照中国人习惯于论资排辈的传统，我应该是王红霞的半个老师及师兄。早在1990年我作为北京师范大学特殊教育专业本科生就到当时的郑州师范学校实习，其时红霞恰是该校特教中师生。据后来回忆，红霞似乎听过我们的实习课程及相关教学活动，但彼此并没有对上号、说上话。真正见到王红霞是2004年在北京师范大学召开的国际特殊教育会议，其时红霞已经从北师大特殊教育专业毕业十年，成为海淀培智学校教学主任了。当时，我刚从香港大学获得特殊教育方向博士学位回到华中师范大学负责特殊教育专业教学工作。迄今仍记得我们两人意气风发、相谈甚欢，青春与梦想齐飞，特教共理想一色，觉得天下特教事无不可为，大有舍我其谁的勇气与率真。

　　20世纪90年代的大学生，向来被称为天之骄子，毕业后下基层的甚少。即使下基层，多数也是过个路，作个跳板；然后奔向各种不言而喻的、更加令人向往的单位去了。红霞似乎属于另类，毕业后就到海淀培智学校，一待就是几十年，令许多不断猜测她何时离开的人大跌眼镜。做特殊教育的就很另类了，有着天之骄子的光环下到一线做特教教师就更另类了，做了几十年还乐此不疲的另类到极点了。恰是这种另类，写出了特教人的大爱情怀与敬业精神，成就了今天"红霞特教，先行一步"的专业特色与融合模式。海淀区特殊教育研究与指导中心，就是红霞几十年特殊及融合教育探索的结晶。它的成立，意味着我国融合教育支持体系中关键的一环——具备独立建制的专业特殊教育资源中心，应运而生了。它成为融合教育"北京模式"皇冠上闪闪发光的明珠，在我国特殊及融合教育发展史上留下浓墨重彩的一笔。这就是红霞特教！总是先行一步，于人生的荆棘中蹚出道路，于时代的浪花中立于潮头。

红霞特教之先行，在于融合教育之本土探索。当别人还在讨论融合与否时，红霞已经在安排残障孩子在普校随班就读了；当有些地方还在纠结于随班就读质量不高时，红霞已经在给融合学校和班级提供专业支持了；当有些地方还在探讨融合班级的教学挑战时，红霞已经在组织教师团队共同为残障孩子服务了；当别人沉迷于引进西方各种眼花缭乱的理论话语时，红霞已经探索出本土化的融合教育规律与路径了。融合教育作为全球特殊教育发展的共有话语体系，其词藻优美动人、理想崇高，却并没有放之四海而皆准的方法与路径。融合教育需要各国从自己的社会文化特点出发，探索本土化的道路，这恰是融合教育魅力所在，即在不同的文化土壤里开出多姿多彩的花朵。《融合教育教师团队本土化建设与专业发展》正是自2016年海淀区特殊教育研究与指导中心在融合教育专业化与本土化建设方面的成果。融合教育的关键在于支持，支持的关键在于人，人的关键在于协同！专业教师团队的协同与合作，就成为融合教育的重中之重，也是难中之难，因为团队建设依赖政策、资源、培养等多方面的保障。海淀融合教育的推广，恰是经过特殊教育培训的普校融合教师、资源教师、学生行为指导教师、特教助理等多方面人员通力合作的结果；这些教师的专业协同与成长机制，恰是中国本土化融合教育发展的写照。

唯融合是残障孩子走向人生自由与尊严的必由之路！唯专业协同能保障融合教育理想落到实处！本书对海淀融合教师团队建设与专业成长的本土化探索，既有宏大的理论叙事，又有微观的案例呈现；既有实践之后的沉淀沉思，又有思考之后的实验实践。希望本书能够为国内同行提供参考与借鉴，并进一步倡导公平优质的融合教育环境。由于作者水平有限，不足之处，请国内同行多多指正！

北京师范大学教育学部融合教育研究中心

邓猛

2020 年 8 月 31 日
于北京师范大学励耘楼

前　言

　　北京市海淀区作为首都的教育大区，残疾学生基数大、类型多、残疾程度重，融合教育发展面临较大的挑战。2019年数据统计结果显示，海淀区共有残疾学生1480人，其中770人在普通中小学幼儿园接受融合教育，占所有残疾学生的52%。除此之外，海淀区存在大量学生需要特殊教育，如注意力不集中导致的多动障碍、情绪行为障碍、学习障碍、感统失调、心理障碍等。数量庞大、差异明显的特殊学生对融合教育教师团队及其专业发展提出较高要求。

　　自2011年起，海淀区组建巡回指导教师队伍，开展随班就读教师的全员培训与资源教师培训，于2016年探索培养特教助理教师和学生行为指导教师，不断丰富融合教育教师团队成员，形成"以巡回指导教师和行为指导教师为指导，以随班就读教师为主体，以资源教师为骨干，以特教助理教师为辅助"的多元一体全员协同合作格局。不同的融合教育教师分别承担不同的角色，不可替代、缺一不可，分工明确又相互协作。

　　促进融合教育教师专业发展是提升融合教育质量的关键要素，海淀区历来将培养专业教师放在优先发展的位置，不断完善"分类培养，分层提高"的培养机制，重视巡回指导教师的培养，创新资源教师"理论培训＋教育实习＋考核评估（TEA）"的资格认证模式，拓展随班就读教师培训方式，首次探索并创新行为指导教师和特教助理教师的培养，为海淀区培养了一大批具有融合教育知识和技能的优秀专业教师。

　　本书总结了海淀区在融合教育教师团队本土化建设与专业发展方面八年的探索，将理论概述与实践案例紧密结合。本书共分为五章：第一章为绪论，主要概述了融合教育与融合教育教师专业发展，并具体谈到北京市与海淀区的发展。第二章为融合教育教师团队与专业发展的基本理论，包括融合教育教师团队结构与协作机制。第三章详细阐述了海淀区在培养融合教育教师方面所做的探索与创新。第四章与第五章分别呈现了海淀区融合教育教师团队建设与专业发展的案例以及分析，有利于透过不同融合教育教师的故事，深入了解海淀区在融合教育教师团队本土化建设与专业发展方面取得的成就。

王红霞

2019 年 9 月

目　录

第一章 绪 论

融合教育，又称"全纳教育"，强调让所有学生包括有特殊需要的学生在普通学校一起平等接受高质量的教育。其蕴含的公平、平等等价值理念，已经成为国际特殊教育发展的主流价值观，也是普通教育变革的一个重要方向。在融合教育发展的过程中，国内外研究者达成一个共识：专业教师是融合教育的关键要素，对融合教育教师的培养至关重要。融合教育是一项系统工程，需要不同角色的融合教育教师相互协作，这是融合教育取得成功的必要条件。北京市海淀区在推进融合教育发展的过程中历来重视融合教育教师的培养，积累了丰富的经验。海淀区融合教育发展经历了萌芽、起步、全面推进三个阶段，每个阶段的发展都伴有鲜明的特点，尤其在融合教育教师培养方面不断推陈出新，形成了成员构成多元化、专业教师资质化、支持服务系统化的特点。

第一节 融合教育及教师发展概述

一、融合教育发展概述

（一）融合教育发展历程

1. 国际融合教育发展历程

融合教育思想起源于美国 20 世纪 50 年代以来的民权运动，是斯坦伯克（W. Stainback）等学者在正常化（Normalization）、回归主流（Mainstreaming）和一体化运动（Integration）等思想的基础上提出来的。[1] 联合国教科文组织认为融合教育是通过教育内容、教育途径、教育结构和教育战略的变革和

---

[1] W. Stainback, S. Stainback. A rationale for the merger of special and regular education. *Exceptional Children*, 1984, 51(2).

调整，减少教育系统内外的排斥，以应对所有学习者多样化需求，增加他们学习、文化和社区参与，努力使所有的人受到同样教育，特别是帮助那些由于身体、智力、经济、环境等原因可能被边缘化和遭歧视的孩子受到同样的教育。① 这一教育思想促使普通教育与特殊教育相融合，形成一个开放性和综合性较高的教育系统，保证所有儿童都平等享有高质量的教育资源并接受适切的、无歧视的教育。此后，融合教育成为特殊教育领域讨论最为热烈的话题之一。1994 年，联合国教科文组织在西班牙召开了"世界特殊需要教育大会"，并颁布《萨拉曼卡宣言》(The Salamanca Statement)以呼吁各国在平等的基础上发展融合教育。宣言指出：有特殊教育需要者必须有机会进入普通学校，这些学校应该将他们吸收在能满足其需要的，以儿童为中心的教育活动中，并号召所有政府"以法律或方针保证全纳性教育原则的采用，将所有儿童招收进普通学校，除非有不得已的原因才作别种选择"。② 实施此种融合性方针的普通学校，是反对歧视、创造欢迎残疾人的社区、建立融合新社会和实现人人受教育的最有效途径。③ 这一宣言的颁布为不同的国家和地区制定融合教育目标、政策改革以及师资培训的落实提供了依据和动力。④ 各地纷纷展开融合教育探索，形成了各具特色的融合教育模式。如我国香港地区采取的"全校参与"模式，是在校长的领导下，全校教职工达成共识，共同确立学校发展愿景，制定学校融合教育发展政策，建立平等、合作、接纳的校园文化环境；鼓励所有教职工参与并共同承担教育有特殊教育需要的学生的责任，并促进家长与教师的合作。⑤ 美国的干预反应模式(Response to Intervention，RTI)则从立法的高度予以重视，它是通过多层次的教育与干预体系为有不同需要的学生提供高质量的教学服务；注重测试学生对教学与干预的反应，迅速调节教师的教学与干预方式，并要求在对学生表现动态评估的基础上运用经过科学研究证明有效的方式

---

① 联合国教科文组织. 全纳教育共享手册[M]. 北京：华夏出版社，2004：6-16.

② 雷江华. 重读《萨拉曼卡宣言》——解析全纳教育的理念：教育机会均等[J]. 现代特殊教育，2001(3).

③ 邓猛，朱志勇. 随班就读与融合教育——中西方特殊教育模式的比较[J]. 华中师范大学学报(人文社会科学版)，2007(4).

④ 邓猛，潘剑芳. 关于全纳教育思想的几点理论回顾及其对我们的启示[J]. 中国特殊教育，2003(4).

⑤ 雷江华，连明刚. 香港"全校参与"的融合教育模式[J]. 现代特殊教育，2006(12).

进行教学。①

2. 我国随班就读的发展历程

在我国，融合教育理念的具体实践方式是"随班就读"（Learning in Regular Class，LRC），它是让特殊学生就近进入普通学校、普通班级接受义务教育的安置形式。事实上，我国残疾人（盲、聋）在普通班级中学习的情况在文献中早有记载。20 世纪 80 年代初期，为了普及儿童的初等教育，东北的一些学校出现了不追求升学率而让智障儿童就近跟班学习的事例，如海伦县出现了聋童等残疾儿童在村小就读的实践。② 1983 年教育部《关于普及初等教育基本要求的暂行规定》中明确指出"弱智儿童目前多数在普通小学就学"；1987 年国家教育委员会《关于印发"全日制弱智学校（班）教学计划"的通知》中首次在国家教育部门文件中出现"随班就读"一词，指出："在普及初等教育过程中，大多数轻度弱智儿童已经进入当地普通小学随班就读。"这标志着，"随班就读"是从我国社会文化、经济、教育等实际条件出发总结和探索出来的、具有中国特色的融合教育模式，这一模式在发展过程中得到了政府和社会的肯定和推进。从 1989 年到 1994 年，国家教育委员会在北京、河北、江苏、黑龙江、山西、山东、辽宁、浙江 8 省市进一步进行盲、聋、智障三类学生随班就读的试验。1992 年，国家教育委员会又委托北京、江苏、黑龙江和湖北等省市进行听力语言残疾儿童少年的随班就读试验。1990 年起，国家教育委员会先后五次召开了全国性的随班就读工作现场会或研讨会，研讨试验中的问题，推广试验成果，随班就读开始走向成熟。③ 可以看到，与国外首先建立特殊教育学校而后开展融合教育工作相反，我国大多数地区的融合教育工作先于特殊教育学校开展，其原因在于"我国作为发展中国家，在经济文化还不够发达的情况下开展随班就读工作是特殊教育的一种实用的、也是无可奈何的选择"。④ 正如我国特殊教育专家朴永馨指出，随班就读"与西方的一体化、回归主流在形式上有某些共同之处，但在出发点、指导思想、实施办法等方面有中国的特色"。⑤ 鉴于

---

① Fairbanks S，Sugai G，Guardino D，et al. Response to Intervention：Examining Classroom Behavior Support in Second Grade[J]. *Exceptional Children*，2007(3).

② 朴永馨. 融合与随班就读[J]. 教育研究与实验，2004(4).

③ 肖非. 中国的随班就读：历史·现状·展望[J]. 中国特殊教育，2005(3).

④ 邓猛. 普通小学随班就读教师对全纳教育态度的城乡比较研究[J]. 教育研究与实验，2004(1).

⑤ 朴永馨. 特殊教育辞典[M]. 北京：华夏出版社，2006.

融合教育是一个动态发展的历史过程，所有试图把特殊儿童部分或全部学习时间安置于普通教室的努力都可视作融合教育。从这个角度看，随班就读应该属于全球范围内广泛而深入的融合教育运动的范畴。[①] 它是中国独特的融合教育实践方式，"不是出自一种理性设计的政策，而是受制于教育条件的做法"。[②]

3. 我国随班就读实施的意义

研究表明，随班就读是我国实施融合教育的基本方式，对我国目前的特殊教育发展有三个重要作用。

第一，随班就读的安置形式能解决大量特殊学生入学困难的问题。根据随班就读政策，特殊学生可以就近进入普通学校、普通班级接受义务教育。这在很大程度上解决了我国特殊学校数量不足，尤其是广大农村地区、偏远地区等因特殊教育学校缺乏而造成的特殊学生无学可上的问题。随着我国随班就读逐渐形成了资源教室、普通学校特殊班、普通班等不同的模式，更是为不同类型、不同障碍程度的特殊学生提供入学机会。不仅在义务教育阶段，而且从两头延伸至学前教育及高中、高等教育阶段，越来越多的特殊学生进入普通学校，特殊学生平等接受教育的权利得到保障。根据我国教育部《2017 年全国教育事业发展统计公报》，普通小学、初中随班就读和附设特教班招收特殊学生 5.66 万人，在校生 30.40 万人，分别占特殊教育招生总数和在校生总数的 51.10％和 52.52％。

第二，有研究表明，虽然融合教育在促进特殊儿童学业发展方面并未有实质性的效果，但对于发展特殊儿童的社会情感、沟通技能可以产生积极的影响。目前，关于不同教育安置条件下特殊儿童学业发展的研究并没有达成普遍一致的意见。多数研究者认为，在融合教育环境中残疾儿童的学业发展相较于隔离的教育环境并无显著性差异，[③] 但是在社会性发展方面，它是特殊学生建立良好人际关系和融入社会的基础，同时也影响其个性形成。多数研究者认为，普通教室和资源教室安置为残疾儿童社会交往

① 邓猛，潘剑芳. 关于全纳教育思想的几点理论回顾及其对我们的启示[J]. 中国特殊教育，2003(4).

② 赵小红. 近 25 年中国残疾儿童教育安置形式变迁——兼论随班就读政策的发展[J]. 中国特殊教育，2013(3).

③ 颜廷睿，邓猛. 西方全纳教育效果的研究分析与启示[J]. 中国特殊教育，2013(3).

提供了机会。融合教育使特殊学生在同伴交往的频率、获得社会支持、与同伴建立长久的友谊关系、同伴接纳、对学校的态度和自我概念等方面得到一定改善。① 正因如此，接纳并融合的环境成为特殊学生社会性发展的沃土，比隔离的、排斥的环境有更大的优越性，成为最广泛的共识，也是融合教育不断得到推广和发展的重要原因。

第三，随班就读在保障特殊学生平等享有优质教育资源的同时，还使更多的人了解到残疾人群体，减少对其歧视与偏见，提高其社会接纳度。融合教育不仅仅在特殊学生的入学和发展方面发挥了重要作用，还因为特殊学生的到来，相关群体不断接受冲击和考验。如普通学校教师，他们是较先，也是较频繁接触特殊学生的群体。总体而言，普通教育教师对融合教育持支持态度，但由于缺乏经验、技能等方面的原因，他们对残疾儿童在普通教室中发展的信心明显不足。② 可见，多数普通学校教师对特殊学生、融合教育并不排斥，只是因为自身融合经验少、缺少专业支持等原因对其有所顾虑。显然，随班就读已经为教师接纳特殊学生，在物理环境融合的基础上，实现社会性融合以及课程融合的目标提供了良好的基础。更为重要的是，教师的态度将直接影响普通学生对特殊学生的态度。研究表明，性别、年级、接触程度及接触途径等因素都不同程度地影响普小学生接纳特殊学生随班就读的态度；通过恰当的干预对改善普小学生接纳智力残疾同伴的态度是可行的。③ 通过推行随班就读，普通教育教师、普通学生、普通学生家长等对融合的态度也在不断发生变化，接纳程度也将越来越高，进而有助于提高整个社会的融合程度。

(二)融合教育的支持保障

1. 融合教育政策越来越明晰

我国从 20 世纪 80 年代以来陆续出台一系列政策法规以保障残疾儿童随班就读。如 1988 年第一次全国特殊教育工作会议，首次将残疾儿童随班就

---

① ［美］丹尼尔・P. 哈拉汉，詹姆士・M. 考夫曼，佩吉・C. 普伦. 特殊教育导论［M］. 第十一版. 肖非，等，译. 北京：中国人民大学出版社，2011：50.

② 颜廷睿，邓猛. 西方全纳教育效果的研究分析与启示［J］. 中国特殊教育，2013(3).

③ 李晓杰. 普小学生对随班就读弱智同伴接纳态度的干预研究［J］. 教育探索，2009(10).

读正式作为发展特殊教育的一项政策。国家教育委员会在 1994 年专门出台了《关于开展残疾儿童少年随班就读工作的试行办法》，规定"视力（包括盲和低视力）、听力语言（包括聋和重听）、智力（轻度，有条件的学校可以包括中度）等类别的残疾儿童少年可随班就读"。2003 年教育部和中国残疾人联合会印发的《全国随班就读工作经验交流会纪要》指出"随班就读在普及残疾儿童少年义务教育中发挥了非常重要的作用，是发展我国特殊教育事业的重要策略，是我国基础教育工作者特别是特殊教育工作者参照国际上其他国家的融合教育做法，结合我国的特殊教育实际状况所进行的一种教育创新，充分体现了'三个代表'的重要思想，从一开始就深受欢迎并不断显示出其强大的生命力，是一条符合我国国情的普及残疾儿童少年义务教育的有效途径，它对发展我国特殊教育乃至推动整个基础教育工作具有十分重要的意义和作用"。这是我国教育部文件中第一次出现"融合教育"。2010年，国务院颁布了《国家中长期教育改革和发展规划纲要（2010－2020 年）》，首次将特殊教育作为单独一章，提出"关心和支持特殊教育"。要求"完善特殊教育体系。……各级各类学校要积极创造条件接收残疾人入学，不断扩大随班就读和普通学校特教班规模"，在"健全特殊教育保障机制"中则提出"鼓励和支持接收残疾学生的普通学校为残疾学生创造学习生活条件"。

2014 年，教育部发布《第一期特殊教育提升计划（2014－2016 年）》，明确提出了"全面推进全纳教育，使每一个残疾孩子都能接受合适的教育"的目标，指出："扩大普通学校随班就读规模。尽可能在普通学校安排残疾学生随班就读，加强特殊教育资源教室、无障碍设施等建设，为残疾学生提供必要的学习和生活便利。"2017 年，教育部在顺利完成并总结第一期提升计划的基础上，又颁布了《第二期特殊教育提升计划（2017－2020 年）》，进一步指出："要坚持统筹推进，普特结合。以普通学校随班就读为主体、以特殊教育学校为骨干、以送教上门和远程教育为补充，全面推进融合教育。普通学校和特殊教育学校责任共担、资源共享、相互支撑。"同年，修订后的《中华人民共和国残疾人教育条例》颁布，明确要求"残疾人教育应当提高教育质量，积极推进融合教育，根据残疾人的残疾类别和接受能力，采取普通教育方式或者特殊教育方式，优先采取普通教育方式"。

可以看到，一系列的法律法规和政策确立了随班就读在我国特殊教育体系中的主体地位。融合教育被赋予法律效力，获得党和国家的大力支持。自此，融合教育不再只是学者与相关人士研究与倡导的内容，而是通过政策法规转化成为党和国家的意志及政府行为。

2. 融合教育支持体系逐步建立

融合教育是一个完整的、互动的生态系统，只有与其他组织相互联结才能使融合教育体系完好运行。申仁洪提出，全纳教育的实现必须依赖在物质、制度和意识层面上构筑起的一个三维立体、强大的支持系统，这个支持系统的基本构成是家庭、普通学校、特殊学校、社区和现代技术。这几个支持层面相互依存、相互关联，并相互作用共同构成一个整体。[①] 刘岩华等人在总结残疾儿童随班就读发展状况的基础上，提出了包括领导组织、指导、实施三个结构层次的随班就读教育支持组织系统。[②] 这一组织系统是在各级教育、残联、民政、卫生组织基础上建立的，这三个方面的结构层次相互依托，紧密相连，形成完整的系统。同时，该组织系统在运作中，应做好规划、筛查、培训等工作，从经费投入、办好特教学校、加强宣传和注重科研四个方面积极推动该系统的运行。由此可知，融合教育只有在学校与教师得到足够的支持保障的情况下才有可能获得成功。

区一级的特殊教育中心作为联结教育行政部门、残联、高校及科研单位、特殊学校与普通学校的核心纽带，是搭建融合教育支持保障体系、推动区域融合教育发展的关键节点，是融合教育管理与实践的主力军。朱建华、邱轶指出特殊教育中心属于集中式的支持系统组织形式；由于特殊教育中心与教育行政部门有密切关系，特殊教育中心的人力、物力、财力资源比较集中，协调、沟通能力较强，因此在地方特殊教育支持系统中起到了最关键、最核心的作用。[③] 此外，彭霞光对区县资源与管理中心的职能进行了界定，包括承担资源教师的培训、教学研究、经验交流等；地区内资源教室/中心的指导、协调、监督与管理等；设备、学具、教具等购买、登记、租借等；根据申请，设计、制作简单的教具学具及辅助用具；随班就读学生的学科教材购买、发放等；接待残疾学生父母或其他法定监护人，并提供业务咨询；协助教育行政部门完成其他委托的任务等诸多

① 申仁洪. 全纳教育的支持系统及其生态化走向[J]. 重庆师范大学学报(哲学社会科学版). 2006(1).

② 刘岩华，叶立言. 试论残疾儿童随班就读教育支持的组织系统[J]. 中国特殊教育，2000(4).

③ 朱建华，邱轶. 区域性特殊教育现代化模式研究与实践[M]. 上海：上海科技教育出版社，2009.

方面。①

可见，特教中心对融合教育的支持应包括四个方面：一是专业支持，具体包括开展各级师资培训、教师工作指导、家庭教育指导、业务咨询等；二是物质支持，具体包括资源教室建设、特教津贴发放、教辅教具购置等；三是政策支持，具体为协助政府部门制定相关政策法规；四是制度支持，制定区域融合教育发展与指导的相关制度，如巡回指导制度、随班就读备案制度、资源教室管理制度等。

(三)融合教育教师及教师团队的重要性

要实现更高水平的融合，必须把握融合教育的不同关键要素。布什开发出用于对融合教育的发展情况进行评估的"融合教育指标"②，其中主要包括三个维度，即融合政策、融合文化和融合实践。这三个方面主要从宏观角度入手建构了融合教育发展与评估的框架。有研究者从融合教育实践主体的角度归纳了四类关键要素：

第一，外部因素，例如公众的观念，相应的立法与政策，规划和投资。

第二，学校，如学校提供特殊服务的结构、特殊教育的角色、支持系统、学校间的合作等。

第三，教师，如教师态度、可用的教学时间，包括教学材料在内的教学方法的知识与技能。

第四，除此之外，家长参与对于融合教育发展具有重要作用。因此，家长应该被视为第四个因素。③

此外，还有一些研究者通过质性研究的方法，归纳出成功的融合教育的要素：教师的积极态度、提供的支持、反映学生需要的治疗干预、专门的调整与适应、针对学生实施的个别化的教学策略、积极的学习环境、高

---

① 彭霞光. 中国全面推进随班就读工作面临的挑战和政策建议[J]. 中国特殊教育，2011(11).

② Booth T，Ainscow M. "Index for Inclusion." The Centre for Studies on Inclusive Education (CSIE)，2002.

③ Srivastava M，de Boer A，Pijl S J. Inclusive Education in Developing Countries：a Closer Look at Its Implementation in the Last 10 Years[J]. Educational Review，2015(2).

质量的合作小组，以及家长与专业人员间牢固的关系等方面①②。唐宁在其研究中也指出强有力的学校领导，以及对学生本人和服务于这些学生的教师和辅助教师的支持是非常重要的。③ 罗尔曼④也总结了融合教育成功的七方面的要素，包括积极的态度、支持性政策和领导、基于研究的学校和班级实践、灵活的课程与教学、社区参与、有意义的反馈，以及必要的培训和资源等。

从以上关于融合教育要素的研究中可以看出，教师是融合教育发展最关键的因素。⑤ 教师的态度、知识与技能对于特殊学生的发展起到关键作用。如今，进入普通教育环境中的特殊儿童在数量、障碍类型、障碍程度上都较之前发生了明显的变化，这必然给一线的普通教育教师带来新的挑战；具备"普通教育教师"和"特殊教育教师"的双重素养成为每一个教师的基本要求。否则，特殊儿童在普通教育环境中接受教育的质量难以得到保障。所以，加强教师培训，提升教师的融合教育素养，已经成为融合教育发展的动力和共识。另外，从理论上而言，融合教育的核心理念之一就是合作与协同，这是融入、参与的基础。从实践上来讲，融合教育对差异化平等和适当教育的追求也使教师必须寻求合作，形成团队。所以，融合教育教师应该是愿合作、会合作的教师，其重要的形式就是构建融合教育教师团队。

---

① Cross A F, Traub E D, Hutter-Pishgahi, et al. Elements of Successful Inclusion for Children with Significant Disabilities[J]. Topics in Early Childhood Special Education, 2004(24).

② Lohrmann S, Bambara L. Elementary Education Teachers' Beliefs about Essential Supports Needed to Successfully Include Students with Developmental Disabilities who Engage in Challenging Behaviors[J]. Research and Practice for Persons with Severe Disabilities, 2006(31).

③ Downing J E, Peckham-Hardin K D. Inclusive Education: What Makes It a Good Education for Students With Moderate to Severe Disabilities? [J]. Research & Practice For Persons With Severe Disabilities, 2007, 32(1).

④ Loreman T. Seven Pillars of Support for Inclusive Education: Moving from "Why?" to "How?"[J]. International Journal of Whole Schooling, 2007, 3(2): 22-38.

⑤ 邓猛. 融合教育理论指南[M]. 北京：北京大学出版社，2017：229.

二、融合教育教师团队概述

（一）融合教育教师及管理制度

1. 融合教育教师的内涵

融合教育教师是随着融合教育的兴起而从特殊教育教师队伍或普通教育教师队伍中逐渐衍生出来的，介于特殊教育与普通教育之间的教师。随班就读是我国融合教育的具体实践形式，由此衍生出"随班就读教师"的概念，是指班级中有随班就读学生的普通学校教师[1][2]。基于此，融合教育教师的内涵有了广义和狭义之分，狭义的融合教育教师是指直接教授随班就读特殊学生的普通班级教师；广义的融合教育教师是指促进特殊学生融合教育发展的所有相关教师。本书中的融合教育教师采用广义的内涵，指所有从事特殊学生融合教育工作的教师，包括特殊学生的巡回指导教师、资源教师、行为指导教师、随班就读教师和特教助理教师。

（1）巡回指导教师。巡回指导教师（Itinerant Teacher）是指导融合教育工作的特殊教育专业人员，大多由专业的特殊教育教师担任；但特殊教育教师涵盖的对象范围较广，并非所有特殊教育教师都是巡回指导教师。[3] 在融合教育实践中，巡回指导教师肩负着多重角色，是融合教育的资源提供者、合作者、协调者、督导者等。[4][5]

（2）资源教师。资源教师（Resource Teacher）与资源教室项目（Resource Room Program）紧密相关。资源教室是一种教育措施，是指在普通学校中设置，专门为特殊学生提供适合其特殊需要的个别化教学的场所（教室），资源教室虽然是为特殊教育需要学生而设，但视情况与其他学生共享。这种

---

① 李泽慧. 近二十年我国随班就读教师培养研究回顾与反思[J]. 中国特殊教育，2010(6).

② 王雁，王志强，冯雅静，等. 随班就读教师专业素养现状及影响因素研究[J]. 教师教育研究，2015(4).

③ 王雁等. 中国特殊教育教师培养研究[M]. 北京：北京师范大学出版社，2012：6-7.

④ 李拉. 巡回指导：学前融合教育的专业支持模式[J]. 现代中小学教育，2013(3).

⑤ 王红霞. 融合教育巡回指导模式探索——基于北京市海淀区的实践[J]. 现代特殊教育，2016(9).

教室聘有专门推动特殊教育工作的资源教师，以及配置各种教材、教具、教学媒体、图书设备等。① 可见，资源教师随着资源教室而出现，是资源教室运行、提供支持服务的核心，是特殊教育和普通教育沟通的桥梁，负责对特殊儿童进行个别辅导、补救教学等，并对普通班教师和家长提供咨询与支援等服务。资源教师的直接目标是帮助残疾、学业不良、情绪困扰、行为或社会适应存在问题等各类有特殊教育需要的学生，促进他们在正常班级中的学习与发展。②

（3）行为指导教师。行为指导教师是基于我国融合教育发展的现状而出现的。目前，普通班级中不仅有随班就读的残疾学生，如智力发育落后、自闭症等学生，而且有在普通学校中广泛存在的其他特殊教育需要学生。他们往往在普通班级中表现出较多的适应性问题，例如，问题行为、社交严重困难、注意力缺陷等，普通班级教师难以有效应对，行为指导教师应需而生。行为指导教师能够对学生的行为问题制定专业的干预方案，并提供指导。行为指导教师可以专门设置，也可以由巡回指导教师或者资源教师兼任。但是，担任行为指导教师需要具备行为分析师的相关资格证书与培训经历。

（4）随班就读教师。随班就读教师是在我国随班就读实践中，班级中有特殊学生的普通教师，主要是学科教师和班主任。他们的主要工作除了要对班级中普通学生进行教学、管理等，还需要负责特殊学生的日常教学、课堂管理、学校生活等多个方面，并且对特殊学生同伴关系的建立起着引导的作用。所以，随班就读教师是教授特殊学生的主体，是融合教育的具体实施者，当然也是决定融合教育实施效果的关键人物。

（5）特教助理教师。特教助理教师是在融合教育班级中对有特殊教育需要学生在教育教学上给予直接支持的专业人员。他们在普通班级协助各科教师，对学生的问题行为进行管理，促进学生社会性技能的获得；教授学生基本的学习策略，增加特殊学生的课堂参与等。可以看出，特教助理教师既具有"助理"的角色，又具有"特教"的专业素养。他们首先是特殊学生的教师，帮助特殊学生实现适应、参与学校学习和日常生活；其次是老师的助理，帮助随班就读教师进行个别辅导、制定个别化教育计划等；再者是家长的助理，通过为家长提供反馈与建议，可以帮助特殊学生适应融合

---

① 徐美贞，杨希洁. 资源教室在随班就读中的作用[J]. 中国特殊教育，2003(4).
② 孟晓. 资源教师的角色浅析[J]. 中国特殊教育，2004(12).

环境，享受有质量的融合教育。"特教"是指这类教师并不是保姆和"陪读"，而是强调其要具备特殊教育专业知识和技术，能够为学生、为教师、为家长等提供专业的支持和服务，更能起到协调各方的作用。

2. 融合教育教师的管理制度

(1)融合教育教师人员配备。国家与地方政策在巡回指导教师、资源教师和随班就读教师的人员配备上进行了规定。首先，在巡回指导教师的配备上，《北京市关于进一步加强随班就读工作的意见》指出："各区县要设立有单独编制和管理人员的特殊教育中心，可建立在当地特殊教育学校。加强对本区域随班就读工作的管理、研究、指导。健全以特殊教育中心为核心的随班就读管理体系和服务机制，建立巡回指导教师制度，有条件的区县教育行政部门应为特殊教育中心配备专职或兼职特殊教育教科研人员。完善特殊教育中心的教研、科研、资源开发和教师培训体系，配备高素质教科研人员，确保发挥各项职能。"同时，《北京市残疾儿童少年随班就读工作管理办法(试行)》第九条规定，"特殊教育中心应设专职负责人和巡回指导教师。建立专、兼职巡回指导教师队伍，原则上按照每10所接收随班就读学生的学校配备1名巡回指导教师的标准"。

其次，在资源教师的配备上，教育部出台的《普通学校特殊教育资源教室建设指南》规定："资源教室应配备适当资源教师，以保障资源教室能正常发挥作用。"教育部颁布的《第二期特殊教育提升计划(2017—2020年)》明确指出："为招收残疾学生的普通学校配备专兼职资源教师。"北京市出台的《北京市残疾儿童少年随班就读工作管理办法(试行)》第十五条、第十六条规定："资源教室至少要设专职资源教师1名，并根据学校随班就读学生的数量适当增加。兼职资源教师在资源教室的工作量不应低于其工作总量的三分之二。""各区县教育行政部门应在总编制中统筹解决专职资源教师的编制。资源教师应享受特教津贴。"

在随班就读教师的配备上，国家教育委员会于1994年出台的《关于开展残疾儿童少年随班就读工作的试行办法》便对此进行了规定，"随班就读班级的任课教师，应当遴选热爱残疾学生，思想好、业务水平较高的教师担任；他们应当具备特殊教育基础知识和基本技能，了解随班就读班级教育教学的基本原则和方法"。《北京市残疾儿童少年随班就读工作管理办法(试行)》还对随班就读工作小组进行了要求，明确指出："接收随班就读学生的学校要建立由校长任组长，主管干部、班主任、任课教师、资源教师等人员组成的随班就读工作小组。"根据国家相关文件，海淀区出台了《海淀区关于进一步加强融合教育工作的指导意见》，规定"学校要将随班就读工作纳入学校整体工作计划，并指定专人主管"。

（2）融合教育教师工资待遇。《残疾人教育条例》第四十六条明确规定，"特殊教育教师和其他从事特殊教育的相关专业人员根据国家有关规定享受特殊岗位补助津贴及其他待遇；普通学校的教师承担残疾学生随班就读教学、管理工作的，应当将其承担的残疾学生教学、管理工作纳入其绩效考核内容，并作为核定工资待遇和职务评聘的重要依据"。《第二期特殊教育提升计划（2017—2020 年）》也提出："对普通学校承担随班就读教学管理任务的教师，在绩效工资分配上给予倾斜。"《北京市中小学融合教育行动计划》指出："加快资源教师队伍建设，资源教师享受特教津贴；完善随班就读教师队伍建设，将承担随班就读教学人员的工作列入岗位绩效考核内容，承担随班就读工作的教师给予一定岗位补助。"《北京市关于进一步加强随班就读工作的意见》中规定，"将承担随班就读教学与管理人员的工作计入岗位绩效考核内容。建立区县承担随班就读工作教师的岗位补助制度，资源教师和巡回指导教师享有特教教师特殊岗位补助津贴"。

由此，国家与北京市在关于融合教育教师的工资待遇中，都明确规定了巡回指导教师与资源教师应享受特教津贴；承担随班就读教学与管理工作的教师应享有岗位补助，学校应将其工作量纳入绩效考核的内容。目前，海淀区巡回指导教师享有特教津贴，且已落实资源教师的特教津贴工作。新出台的《海淀区普通学校资源教师和随班就读教师管理办法》指出："海淀区资源教师特教津贴已经落实，为推动融合教育的发展，学校根据岗位发放特教津贴，须在学校绩效工资方案中体现。此外，鼓励学校建立随班就读教师奖励机制，根据随班就读学生的数量及程度进行不同等级的划分。"

（3）融合教育教师考核评价。目前关于融合教师考核评价的政策保障主要集中在评优与职务评聘上，但关于考核评价的方式、内容及程序仍旧较少涉及。2016 年，教育部办公厅印发的《普通学校特殊教育资源教室建设指南》规定，"资源教师纳入特殊教育教师管理，在绩效考核、评优评先和职务（职称）评聘中给予倾斜"。《北京市中小学融合教育行动计划》和《北京市关于进一步加强随班就读工作的意见》都指出，"在现有北京市优秀教师、优秀教育工作者等评选表彰和特级教师、骨干教师、学科带头人评选和职称评定方面对从事随班就读的干部教师给予适当倾斜"。海淀区对融合教育教师考核评价的方法进行探索，巡回指导教师以工作量为指标加以考核。《海淀区普通学校资源教师和随班就读教师管理办法》对资源教师和随班就读教师的考核规定，"资源教师在校级考核的基础上，需参加特教中心的区级考核，填写资源教师考核表，于每年的 7 月 1 日之前盖章交至特教中心。随班就读教师的考核由学校开展，特教中心会定期查阅相关材料"。

(二)融合教育教师团队结构

团队是指为了实现某一目标，由两个或两个以上具有互补专业技能的个体所组成的正式群体。[1] 融合教育教师团队是指由不同类型、角色的融合教育教师构成，相互合作，共同促进特殊学生融合教育发展的协作共同体。融合教育教师团队有五个方面的要素：目标、人员、定位、功能和计划。目标即共同促进学校融合教育质量的提升；融合教育教师团队的人员构成即包括两种以上不同角色的融合教育教师；定位即不同的融合教育教师在团队中担任的角色与承担的任务；功能是指融合教育教师团队在促进融合教育发展中发挥的作用；计划即融合教育教师团队建设的总体规划。

1. 融合教育需要团队合作

融合教育依赖多学科团队的合作与协同。融合教育相关研究表明，教师的团队工作是推进课程教学的重要方式。沃尔斯等人指出因融合教育发展，特殊教育和普通教育教师必须从分立的关系，转变为合作的关系；他们扮演的角色也发生变化，特殊教育和普通教育教师的合作是实施融合教育的关键要素。[2] 沃德伦认为普通教育教师是实施融合教育的第一层人员，特殊教育教师和特教助理教师是第二层人员。除此之外，还有咨询人员、师资培育人员等为第一层和第二层的教师提供直接和间接的支持服务。[3] 可以看到，直接为特殊学生提供服务的并不只是普通教育教师，他们还得到了不同专业、不同类型教师的支持。

融合教育普遍提倡的同伴互助、教师协作、形成伙伴关系成为融合教育的最佳实践方式。通过共同研习、示范教学，以及有系统的教学练习与回馈等方式，不同的专业人员取长补短、通力合作，彼此学习和改进教学

① 宋源. 团队合作行为影响因素研究[J]. 理论界，2009(6).

② Wallace, T., Anderson, A. R., Bartholomay, T. Collaboration: An Element Associated With the Success of Four Inclusive High Schools[J]. Journal of Educational and Psychological Consultation，2002，13(4).

③ 钮文英. 拥抱个别差异的新典范：融合教育[M].2 版. 台北：心理出版社，2015：576.

策略，提升教学质量。① 在融合教育的潮流中，普通班教师面临越来越多的特殊需要学生的问题与挑战，许多学者认为普通教师可通过与特教教师及其他专业人员的合作和进行协同教学，以满足学生的特殊需求。② 如布莱温尔（Brewer）提出成功的融合教育需要特殊班教师与普通班教师共同合作为特殊学生提供实质性支持。③ 利普斯基（Lipsky）和盖纳（Gartner）强调教育身心障碍学生的责任势必要由普通教育教师与特殊教育教师共同承担。不仅仅是普通教育教师和特殊教育教师的责任，沃尔泰尔-托马斯（Walther-Thomas）认为成功的融合教育方案必须通过全校人员的合作。这样的合作必须具备七项要素，即合作的文化、共享的领导、共同的愿景、协同教学等。拉沃思（Rainforth）和库格马斯（Kugelmass）认为合作的文化不只是特殊和普通教育教师的合作，也包括普通教育教师间的配合，例如资深的普通教育教师愿意为新教师分享自己的经验与作法，并且协助他们发展。④

　　研究表明融合教育只有在学校和教师得到足够的人力和物质资源的情况下才有可能获得成功。教师需要开启多元化的合作机制，面对不同的个案，发挥专业判断与处理能力，为特殊学生营造最少限制的学习环境。⑤⑥融合教育中教师需要的人力资源，主要包括专业人员、校长，以及家长。专业人员包括各类治疗师、养护人员、社工、特殊教育教师、志愿者和教辅人员等。以课程与教学为例，融合教育倡导因个别学生的需要进行课程与教学的调整。从其计划到实施阶段，仅靠普通班级某一教师的个人力量显然无法完成，这就需要特殊教育与普通教育教师，以及不同学科教师之间的合作协调。教师团队除了可以服务于特殊学生，还可以服务于与特殊学生有关的群体，如家长。布瑞德利（Bradley）和史威基（Switlick）表示除了普通教育教师和一位专家（通常是特殊教育教师）的合作外，也可以加入其他成员，形成沃尔泰尔-托马斯（Walther-Thomas）等人所称的"教师辅助团

---

① 丁钢. 教师的专业领导：专业团队计划[J]. 教育发展研究，2004(10).

② 黄志雄. 特教教师与普教教师的合作与协同教学[J]. 特教论坛. 2006(1).

③ 苏文利，卢台华. 利用自然支持进行融合式班级合作咨询模式之行动研究[J]. 台湾大学特殊教育学系特殊教育研究学刊. 1996(30).

④ 钮文英. 拥抱个别差异的新典范：融合教育[M]. 2版. 台北：心理出版社，2015：558.

⑤ 王雁，朱楠. 中国特殊教育教师发展报告[M]. 北京：北京师范大学出版社，2015：252.

⑥ 黄志雄. 特教教师与普教教师的合作与协同教学[J]. 特教论坛，2006(1).

队"。他们服务的对象可以是不同的学生，还可以是家长。团队的合作过程包括五个阶段，分别是形成合作小组，确立团体目标；分享观点和界定问题；发展计划和策略；开始行动；评鉴与追踪。[①]

综上，融合教育教师团队的服务对象是广泛的，包括特殊学生、特殊学生家长，甚至包括普通学生；工作内容是丰富的，包括特殊学生的物理融合、社会融合，让他们能够"进得来，留得住"。最重要的是通过评估确定特殊学生的需求，制定个别化教育计划，通过调整课程来设置以普通课程为基础的个别化课程，为学生提供功能性课程和发展性课程。在此基础上，在班级教学中充分运用差异化教学、合作教学等教学策略，提高特殊学生的参与度，让他们能够"坐得住，学得好"。以上任何一个环节的计划、实施和完成都不是凭借某个教师的一己之力即可实现的，都需要获得来自团队的协作和支持。

2. 融合教育教师团队构成

根据不同学生的特殊需求，融合教育教师团队中专业人员的组成是各不相同的。总体而言，整个融合教育执行团队可以包括核心团队成员和扩展团队成员，见图 1-1-1。其中，核心团队成员包括普通班教师、资源班教师、特殊教育教师、巡回指导教师、家长、特殊需求学生、其他相关人员（如普通班级学生、助理教师等）。扩展团队成员包括特殊教育相关专业人员（如言语治疗师、物理治疗师等）、校内专业人员、方案的协调/行政人员、社区服务人员等。[②] 可以看到，将教师置于完整的融合教育团队中，不同类型的教师占据举足轻重的核心地位，他们是专业、系统、高质高效的融合教育的基础。同时，教师也并不孤立无援，不仅内部存在广泛的合作，而且同时与其他的相关人员相互支持。普通班教师处于核心位置，始终战斗在融合教育的第一线，为特殊学生提供最直接的服务，负责课程与教学、行为管理、融合环境创设、与相关人员沟通等重要工作。资源班教师、特殊教育教师则主要负责对普通班教师、特殊需求学生和家长等进行支持，为他们提供直接或者间接的教育教学等方面的辅助、指导。巡回指导教师则肩负多重角色，是融合教育的资源提供者、合作者、协调者、督导者等。

---

① 钮文英. 拥抱个别差异的新典范：融合教育[M].2 版. 台北：心理出版社，2015：564.

② 邓猛. 融合教育实践指南[M]. 北京：北京大学出版社.2016：129.

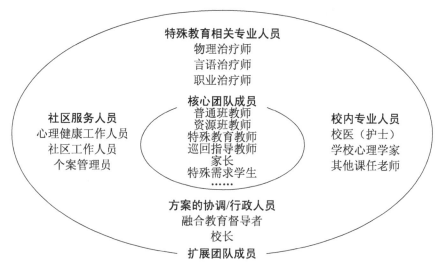

图 1-1-1　融合教育执行团队的组成

3. 融合教育教师团队运作

不管是核心团队成员还是扩展团队成员，都为推动特殊学生的融合教育而努力。由于团队成员来自不同的领域和专业，如果仅仅局限于自己擅长的方案，缺乏与他人有效的合作，那么拼凑起来的融合方案势必难以形成有机整体，很难有效贯彻。[①] 所以，这就需要团队采取统整性的运作模式，既要求团队成员有明确的分工和角色界限，各自经过专业培训获得专业资质后能够胜任自己在团队中的职责；又要求教师不仅仅局限于完成自己的任务，还能够给予他人必要的专业支持。团队成员以一致的期望、态度和方法全面照顾特殊学生的需求。整个团队的运作，除了每个教师能够具备基本的专业素养，还要求教师具备合作意识和能力，可以与他人合作。除此之外，需要团队合作机制。它包括以下几方面内容。

（1）形成团队共识。首先，团队成员有共同的、明确的目标。其次，团队成员需要有共同遵守的原则，它能够提高团队的效能，减少意见分歧和团队冲突。最后，团队成员需要有既定的制度管理。

（2）合作解决问题，包括定义问题、找出原因、确认想要的结果、列出所有可能采取的行动、选择最符合需要的行动计划、制定具体行动方案、实施方案、反思和评价问题解决的成效八个步骤。

① 邓猛. 融合教育实践指南[M]. 北京：北京大学出版社. 2016：131.

（3）创造和谐氛围，即营造积极、快乐的工作环境，团队成员之间没有隔阂，在轻松、和谐的氛围中提高工作效率，使工作成为自身的内在追求。

（4）提供团队支持，即团队内部需要成员间的支持与协作，可利用网络进行线上线下的沟通，并及时对成员进行评价，形成团队凝聚力。

（三）融合教育教师团队建设经验

1. 美国融合教育教师团队建设

美国特殊教育专家委员会认为：特殊教育教师团队包括特教班教师、资源教师、教育评估人员、IEP小组成员、顾问教师、巡回指导教师、普通班级教师以及私人家教等。[①] 这与美国的融合教育的实施模式有关，分别是咨询模式、团队教学模式、助手服务模式、有限的移出式服务模式。[②] 其中，后两种模式都是由普通教育教师和特殊教育教师合作进行，只有咨询模式中的特殊教育教师不直接服务于特殊学生。后两种模式则分别需要助教、资源教师与普通教育教师合作。可以看到，美国融合教育的实施不是某一个或者某一类教师"单打独斗"，而是依赖不同类型教师之间的协同合作。这种合作能力，在特殊教育教师的职前培养中就注重锻炼。美国特殊儿童委员会（The Council For Exceptional Children，CEC）在2012年修订的特殊教育教师任职资格标准中，将"合作能力"作为标准之一。认为教师应该成为同事寻求合作的资源，具备较强地与学生、家长、同行、其他教育工作者、相关服务提供者，以及来自社区机构的人员进行沟通和合作的能力，同时还应具有有效合作的多种策略。[③] 有特殊学生的班级除了普通教师之外还有一名特殊教育教师，他们共同进行教学设计、实施教学与评估，合作协同。[④] 所以，目前普通教师和特殊教师培养完全融合的"双证式"培养项目成为美国主要推行的教师职前培养模式，所有想要从事教师职业的学生参加同一个培养项目，毕业后可同时获得普通教育教师和特殊教育教师

---

① Jodi D. Katsafanas. Roles and Responsibilities of Special Education Teachers[J]. Special Education，2007(1).

② 曹婕琼，昝飞. 美国、日本、中国大陆地区融合教育的比较与思考[J]. 中国特殊教育，2003(4).

③ 郑晓坤. 中国特殊教育师资培养研究（1978—2016）[D]. 长春：东北师范大学，2017.

④ 杨风金. 协同教学在美国融合教育中应用的研究[D]. 上海：华东师范大学，2013.

双重从业资格，直接体现了融合教育教师培养的最根本要求。[①] 为提高教师的融合教育素养，美国采取了一系列措施，如颁布国家级教师标准、推广教师培训项目、深化融合教育理念、强化教师专业能力等，从专业价值、专业知识和能力等多方面着手。[②]

2. 英国融合教育教师团队建设

英国是融合教育发展得较早、较快、较好的国家。英国在普通学校设有特殊教育协调员，负责执行有关特殊教育的政策，为特殊教育需要学生进行协调规划，为与特殊教育需要学生有关的教师提供相关信息与支持。这一角色的职责范围不断扩展，并越来越倾向于成为一个在学校战略层面的领导者和管理者，影响整个学校有特殊教育需要学生教学服务的实践、管理与发展方向。[③] 英国在对特殊教育相关政策不断修订的同时，出台了国家特殊教育需求协调员资格的相关规定，对其专业化水平提出了新的要求，促进特殊教育协调员的专业化发展。除此之外，英国学校还设有支持人员，包括教师助理、学习助理、学习导师、干预支持人员、一对一的学科专业人员等。支持人员在辅助教师提升教学成效上发挥着至关重要的作用。[④]

3. 日本融合教育教师团队建设

日本的融合教育实施模式与美国类似，重视"通级指导"。它包括三种方式，即学生在自己的学校接受通级指导的"自校通级方式"、学生到校外接受特殊指导的"他校通级方式"、学生接受来自其他学校的在特殊教育上有专门知识和技术的教师巡回指导的方式。[⑤] "通级指导教师"是核心力量，负责运营"通级指导教室"，根据儿童的特点设计教育课程，制作个别化教育计划、儿童指导记录等。"通级指导"涉及校内、外的支持，校内支持包括组建校内委员会，由校长、教务主任、特别支援教育协调员等构成。其中，特别支援教育协调员发挥重要作用，由特殊教育专业人员担任，联络

---

① 冯雅静，王雁. 美国"双证式"融合教育教师职前培养项目的概况和启示——以田纳西大学早期教育融合教师培养项目为例[J]. 中国特殊教育，2015(3).

② 周丹. 美国融合教育教师发展演化及对我国的启示——基于教师专业发展的视角[J]. 现代特殊教育，2018(11).

③ 景时，邓猛. 英国的融合教育实践——以"特殊教育需要协调员"为视角[J]. 学习与实践，2013(6).

④ Teaching Personnel. Classroom Support Staff Handbook[R]. 2013，16-17.

⑤ 甘昭良. 从隔离到全纳：特殊教育发展的理论与实践[M]. 厦门：厦门大学出版社. 2012：233.

校内外合作、协调与沟通，负责提供教师培训、收集残疾儿童资料、联络专业机构等。[①] 除了"通级指导"之外，还有一种"支持助手制度"的形式。它是各学校除了教师外还要配备专门的教员或职员，对轻度障碍的学生进行个别指导。日本的普通学校还为轻度障碍学生提供"特别教育指导"，主要由言语治疗师、物理治疗师、心理治疗师、看护等医疗人员承担，视学生程度进行不同的专门训练。[②]

4. 台湾地区融合教育教师团队建设

我国台湾地区倡导将特殊教育教师与其他领域的专业人员相结合，通过沟通合作的过程，以专业团队的形式为身心障碍学生提供全面性的评估、诊断与教育服务。具体专业团队的运作模式有多专业模式、专业间模式和跨专业模式三种，对特殊儿童的介入提供直接服务、间接服务和咨询三种方式的服务。[③] 无论学生是何种安置方式，都将有不同结构的融合教师团队提供支持服务。如在普通学校，普通教师和特教专业人员之间的合作就成为必然。另外，台湾在教育现场引入特殊教育助理员，以回应有效照顾、教育特殊学生的诉求，缓解教育现场人员不足的矛盾。在相关特殊教育文件中明确规定，高级中学以下各个教育阶段学校为发展特殊教育，可依实际需要，遴选及聘用特殊教育教师、特殊教育相关专业人员、教师助理员和特教学生助理人员。特教助理员作为实施特殊教育的主要相关人员，对于特殊学生接受公平而有质量的教育服务，弥补教育现场的人力不足，具有重要意义。[④]

可见，当今各个国家与地区都在根据融合教育发展的水平、社会氛围、教师专业发展现状等摸索融合教育教师团队建设的经验。首先，融合教育教师团队可以从专业和类型方面进行划分。专业方面，融合教育涉及教育、心理、生理等不同的学科领域；类型方面，则包括特殊教育教师、普通教育教师、协调员等不同类型。其次，融合教育团队工作内容丰富、复杂。

---

① 伊丽斯克，邓猛，乌云毕力格. 桥梁或枷锁：日本资源教室"通级指导"模式 [J]. 外国教育研究，2016(11).

② 张杰. 日本全纳教育的实施体系、改革方向及面临的问题[J]. 外国中小学教育，2010(10).

③ 汤滟秋，唐静，韩睿婷. 台湾地区特殊教育专业团队透析及借鉴[J]. 绥化学院学报. 2019(4).

④ 杨银，秦铭欢. 我国台湾地区特殊教育助理员发展概况及其启示[J]. 现代特殊教育(高等教育研究). 2018(20).

针对特殊学生的需要，在其教育教学、社会适应、生活自理等各个方面均有所涉及。最后，建立分工明确、协同合作的团队制度。团队中所包含的成员众多，需要建立既能够让不同类型、不同专业教师发挥所长，又能够利于教师通力合作、权责分明的制度。

三、融合教育教师专业发展概述

（一）融合教育教师专业发展的结构

融合教育教师专业发展也是其专业素养不断提升的过程。教师的专业素养是教师综合素质的集中表现，是教师在教育教学过程中表现出来的对学生身心发展有直接或潜在影响的品质。[①] 美国要求融合教育教师具有区别于普教教师和特教教师的专业素养，只有具备融合教育专业素养的教师才能胜任融合教育工作。所谓融合教育素养，是指在融合教育教学情境下，教师能够帮助处于同一场域中的残疾学生和普通学生一起学习，实现全体学生共同进步与有效发展的融合性特征与品质。融合教育素养并非是普通教育教师素养与特殊教育教师素养的简单叠加。

孟万金探讨全纳教育理念下教师专业素养结构，提出了专业理念、专业智能、专业情怀及专业规范四个关键系统。[②] 冯雅静通过搜集国内外相关文献、与我国教师专业标准进行对比，以及征求一线随班就读教师及高校特殊教育专家意见，归纳和总结出随班就读教师在知识、技能和态度三方面必备的核心专业素养。[③] 王雁等人指出，随班就读教师及其专业素养构成提升随班就读工作质量的关键，其专业素养包括专业态度、专业知识、专业技能和获取支持的能力四个方面。专业态度是指随班就读教师如何看待随班就读工作对残疾学生、教师专业发展、学校及社会发展的影响。专业知识是随班就读教师对相关政策法规、理论知识、实践知识等的掌握情况。专业技能是随班就读教师针对残疾学生特点设计教学目标、教学内容和教学效果评价等方面的具体表现。获取支持的能力是随班就读教师对专业支

① 王雁，朱楠. 中国特殊教育教师发展报告[M]. 北京：北京师范大学出版社，2015：188.

② 孟万金. 全纳教育理念下教师专业素质及专业化标准研究[J]. 中国特殊教育，2008(5).

③ 冯雅静. 随班就读教师核心专业素养研究[J]. 中国特殊教育，2014(1).

持主动寻求与获得的能力。① 兰继军等人认为全纳型教师的培养目标可以用"通识加专长"来概括。通识特征是指所有教师都应该接受全纳性教育课程的培训,使全纳教育知识和技能成为教师的基本素质要求之一。专长则是根据不同岗位、不同水平的全纳型教师而采取的差异化策略。他又将全纳型教师划分为三个层次,初级层次重点强调对特殊需要儿童的积极态度和情感,专业层次侧重于对在普通学校中接受教育有困难的儿童进行特殊教育和辅导,专家层次则是从学习的角度对所有学生进行差异化的教学指导。② 可以看到,态度情感、知识技能是融合教育教师专业发展的主要内容。有的研究者还指出教师专业素养包括教育教学、沟通与合作、态度与信念,以及反思与发展四个维度。③

综上,融合教育教师专业发展的结构主要涵盖了专业态度、专业知识、专业技能、专业合作等方面的内容(见图1-1-2)。其中,专业态度即融合教育教师所具备的融合教育理念,对特殊学生的接纳态度、情感投入等。专业知识是指融合教育教师具备的有关特殊学生发展特点、融合教育基本理论、特殊教育相关政策法规等方面的知识。专业技能即融合教育教师在实践中,应对学生特殊需要所采用的策略与方法,如课堂教学调整策略、个别辅导策略、专业指导策略等。专业合作是指融合教育教师为共同解决特殊学生面临的困难,进行多方沟通,寻求支持或提供支持,相互合作的过程。

(二)我国融合教育教师专业发展现状

融合教育教师专业发展水平是融合教育发展的基础和关键。进入普通学校的每一个特殊学生的教育责任实实在在地落在每一个融合教育教师身上。我国目前融合教育发展处于从强调数量转向强调质量的重要阶段,融合教育教师专业发展对特殊教育质量产生至关重要的影响。我国随班就读

---

① 王雁,王志强,冯雅静,等. 随班就读教师专业素养现状及影响因素研究[J]. 教师教育研究,2015(4).

② 兰继军,于翔. 加强教师教育改革 培养全纳型的教师[J]. 中国特殊教育,2006(1).

③ Meng Deng, Sisi Wang, Wenjuan Guan, Yan Wang. The Development and Initial Validation of a Questionnaire of Inclusive Teachers' Competency for Meeting Special Educational Needs in Regular Classrooms in China[J]. International Journal of Inclusive Education, 2016(6).

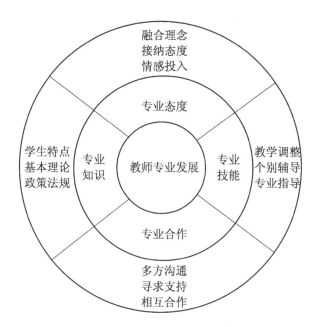

图 1-1-2　融合教育教师专业发展的结构

实践的发展初始，就引入联合国教科文组织编写的《课堂上的特殊儿童——教师培训教材》对随班就读教师进行培训。经过多年发展，我国融合教育教师在数量上和结构上不断增加和丰富。但我国融合教育发展较晚，基础较薄弱，特殊教育发展水平较低。加之我国融合教育教师定义与角色定位始终不清晰，而且数量有限，融合教育教师专业发展面临严峻挑战。相关研究表明，融合教育教师专业发展的困境主要表现在以下几个方面：

1. 对融合教育的态度

调查发现，普通学校教师对残疾儿童随班就读持消极态度，他们仍然认为隔离的特殊学校更适合残疾学生。[①] 相似的研究也发现普通学校教师普遍对残疾儿童随班就读持保留意见，认为残疾儿童随班就读的主要困难是在普通学校学习成绩跟不上、学习压力大的问题。[②] 在关于自闭症学生融合教育的态度方面，有研究发现超过八成的教师认为随班就读不是自闭症儿

[①]　颜廷睿，侯雨佳，邓猛. 普通教育教师与特殊教育教师对残疾儿童教育安置态度的比较研究[J]. 基础教育，2017(6).

[②]　张悦歆. 普校教师对残疾儿童随班就读的态度研究[J]. 教育学报，2016(3).

童教育安置的最佳选择，态度受到教师特殊教育从业经验和教龄的影响。[1] 然而，其他调查发现，大多数普通教师对随班就读持有积极的态度，表明在国家政策的引导下，大多数教师已经接受了随班就读的观念，但仍有一定比例的普通教师对随班就读采取"不确定"的谨慎态度。[2] 熊琪等调查发现，教师对于融合教育所蕴含的愿景都持较为积极的态度，但涉及与自身利益直接相关的工作量方面，教师的态度表现则较为消极。[3] 其他研究者指出教师对特教学校持最赞成的态度，但同时又对融合教育有较高的支持率；此外，相比于城市教师，农村教师对融合教育持更加积极的态度。[4] 由此，关于教师融合教育态度研究的结论并不一致，"积极"与"消极"并存，较高比例教师对融合教育持中立态度。

2. 融合教育专业知识水平

我国融合教育教师的专业知识水平令人担忧。王佳总结了随班就读教师的专业知识是指随班就读教师在进行教育教学活动时，能够将学科知识以随班就读学生能够接受的方式传达出来所需要掌握的学科教学知识。调查显示，超过一半的随班就读教师表示，因为缺乏专业知识，他们面对随班就读学生时心有余而力不足。[5] 王雁等总结指出，当前我国随班就读教师的融合教育知识普遍不足，缺乏对特殊教育基础常识的了解。[6] 其他调查发现，随班就读教师的专业知识得分显著低于专业态度和专业技能；专业培训显著影响专业素养各维度得分，教师接受的特殊教育培训越多，越容易掌握随班就读工作所需的专业知识和技能。[7] 赵斌等的调查也得出相似的结

---

[1] 关文军，颜廷睿，邓猛. 随班就读学校教师对自闭症儿童教育安置的态度研究[J]. 残疾人研究，2017(4).

[2] 赵斌，林逸，黄星宇，等. 全纳教育视域下义务教育阶段教师融合教育素养研究[J]. 绥化学院学报，2020(1).

[3] 熊琪，Terry Cumming，李泽慧. 随班就读教师融合教育教学效能感研究[J]. 中国特殊教育，2019(2).

[4] 邓猛. 普通小学随班就读教师对全纳教育态度的城乡比较研究[J]. 教育研究与实验，2004(1).

[5] 李佳. 随班就读教师专业发展调查研究——以四川省为例[D]. 成都：四川师范大学，2020.

[6] 王雁，黄玲玲，王悦，等. 对国内随班就读教师融合教育素养研究的分析与展望[J]. 教师教育研究，2018(1).

[7] 王雁，王志强，冯雅静，等. 随班就读教师专业素养现状及影响因素研究[J]. 教师教育研究，2015(4).

论，普通教师融合教育素养得分由低到高依次为专业知识、专业技能和专业理念。[①]

3. 融合教育专业技能水平

教师的融合教育专业技能水平参差不齐。昝飞等调查发现，相比于特殊教育学校教师，普通学校教师对在融合课堂开展教学以及与他人合作方面的效能感水平更低，表明普通学校教师对如何采用差异教学方式满足不同学生需要以及与不同人员合作方面还不是非常自信。[②] 冯雅静等对资源教师专业素养进行调查，发现专业技能得分最低，这可能与资源教师培训质量未得到保证有关。[③] 然而，王佳在研究中指出，大多数教师都能够在课堂上采用一些策略关注随班就读学生，例如"给予随班就读学生表现或者回答问题的机会""及时给予表扬""安排比较负责任的同学帮助随班就读学生一起学习"等。[④] 王雁等的调查发现，随班就读教师专业技能在专业素养四个维度中得分最高，由于随班就读教育对象一般为各类轻度残疾儿童少年，针对普通学生的教学策略容易迁移到残疾学生身上。小学教师专业技能得分显著高于初中教师；教龄在6～15年的教师，专业技能得分显著高于3年以下的教师；接受过特殊教育在职培训的教师在专业素养各维度得分都显著高于未接受过培训的教师。[⑤] 其他研究者分析了影响教师融合教育教学效能的因素，得出相似的结论，发现不同学历、教龄、职称、学段等的教师在教学效能感上有明显差异：本科及以上学历的教师高于专科学历教师；教龄在7年以上的高于教龄少于7年的教师；职称较高的教师教学效能感优于职称较低的教师；幼儿园教师高于小学阶段的教师。[⑥]

① 赵斌，林逸，黄星宇，等. 全纳教育视域下义务教育阶段教师融合教育素养研究[J]. 绥化学院学报，2020(1).

② 昝飞，刘春玲，王勉，等. 上海市在职教师融合教育自我效能感的调查研究[J]. 中国特殊教育，2011(5).

③ 冯雅静，朱楠. 随班就读资源教师专业化发展的现状与对策[J]. 中国特殊教育，2018(2).

④ 李佳. 随班就读教师专业发展调查研究——以四川省为例[D]. 成都：四川师范大学，2020.

⑤ 王雁，王志强，冯雅静，等. 随班就读教师专业素养现状及影响因素研究[J]. 教师教育研究，2015(4).

⑥ 熊琪，Terry Cumming，李泽慧. 随班就读教师融合教育教学效能感研究[J]. 中国特殊教育，2019(2).

4. 寻求专业合作或获取支持的能力

王雁等指出获取支持的能力是融合教育素养的重要构成，然而调查发现，相较于专业态度、专业知识和专业技能，随班就读教师获取支持的能力最差，可能是由于普通学生人数的优势及产生的教育需求占据教师更多的精力，此外，在当前教育体制下，残疾学生全面发展被忽视，进而限制了随班就读教师对支持的主动获取。① 其他研究者调查发现资源教师与随班就读教师有较高比例的合作经验，合作内容以"个案实际辅导需求"和"个案相关资讯交流"为主；合作困难普遍存在，随班就读教师较为被动，观念并未得以转变。② 课程的融合对教师的专业素养提出较高的要求，需要教师主动寻求专业人员的支持，并建立长期的合作关系。因此，加大师资培养力度，并建立相互支持的融合教育师资团队是增加教师融合教育知识、让教师感受融合教育的魅力从而提高教师融合教育质量的有效途径。

(三)融合教育教师专业发展的需求

研究发现，多数随班就读教师都没有经过职后培训。教育部特教处2007年组织国家级专家对随班就读师资状况的调研结果表明，只有37.80%的随班就读的师资经过特殊教育培训，而有62.20%的随班就读教师没有经过培训。③ 马红英等对上海市随班就读教师现状的调查发现，上海市仍有2/3的随读教师没有接受过特殊教育专业培训，1/3的随读教师认为自己的专业知识和技能在随班就读工作中不够用。④ 王雁等对北京市随班就读教师的调研发现，69.5%的教师没有接受过特殊教育在职培训。⑤ 为此，需要基于目前推进教师专业发展的现实情况，了解融合教育教师对于专业发展的需求。

1. 教师专业发展的内容需求

在培训内容上，马红英等调查发现随读教师非常看重随班就读学生的

---

① 王雁，王志强，冯雅静，等. 随班就读教师专业素养现状及影响因素研究[J]. 教师教育研究，2015(4).

② 王佳. 融合教育背景下资源教师与随班就读教师合作现状的调查研究[D]. 成都：四川师范大学，2018.

③ 彭霞光. 中国全面推进随班就读工作面临的挑战和政策建议[J]. 中国特殊教育，2011(11).

④ 马红英，谭和平. 上海市随班就读教师现状调查[J]. 中国特殊教育，2010(1).

⑤ 王雁，王志强，冯雅静，等. 随班就读教师专业素养现状及影响因素研究[J]. 教师教育研究，2015(4).

心理健康和学业学习。① 谭和平等调查发现，随班就读教师对特殊教育相关知识的需求期望较高。随班就读教师最需要掌握的是特殊学生学科教学策略和心理辅导等基本知识，其次是个别化教育计划实施策略和特殊学生学业评估等知识。而在技能层面，教师们依然认为最重要的是特殊学生的学业辅导技术和心理疏导技术。② 朱政鑫等对参与自闭症儿童行为管理培训的教师进行调查，发现他们希望未来的教学中能多介绍一些中、重度自闭症学生的相关知识和教育干预措施。教师希望能够利用较多实例或者案例来讲解知识，使培训内容能联系课堂实际。③

2. 教师专业发展的形式需求

专业培养上的缺位使得普通中小学的教师在担任随班就读教育教学工作时存在着"先天不足"的困境。④ 目前，只能依靠职后培训予以补偿。但职后培训体系不健全、培训质量不尽如人意。2007 年教育部特教处的调研结果表明，54.7%的教师由学校自己组织座谈、研讨，集中专业培训的比例较小。⑤ 冯雅静认为我国融合教育师资的培训工作，从培训形式上来看仍然较为单一，主要为短期的集中培训，由高校特殊教育专家或研究者就特殊教育领域的相关知识和理论进行讲座，对一线教师的实践指导和经验交流、分享的机会较少，导致培训效果和教师参与的积极性并不理想。⑥ 研究者总结，教师专业发展最有效的做法是将教学、培训和研究结合起来，结合教师在教学中遇到的问题对他们进行培训，并且组织他们围绕问题进行研究。⑦

由此可以看出，我国融合教育教师急需结合教学实际问题的专业培训。但就目前而言，大多数地区为教师提供的培训机会较少、培训方式单一、

---

① 马红英，谭和平. 上海市随班就读教师现状调查[J]. 中国特殊教育，2010(1).

② 谭和平，马红英. 上海市随班就读教师专业化发展需求的调查研究[J]. 基础教育，2012(2).

③ 朱政鑫，邓晓蕾. 基于融合教育的普校教师特教培训的思考——以上海市静安区自闭症儿童行为管理培训为例[J]. 长春大学学报，2019(3).

④ 李拉. 专业化视野下的随班就读教师：困境与出路[J]. 教育理论与实践，2012(23).

⑤ 彭霞光. 中国全面推进随班就读工作面临的挑战和政策建议[J]. 中国特殊教育，2011(11).

⑥ 冯雅静. 国外融合教育师资培训的部分经验和启示[J]. 中国特殊教育，2012(12).

⑦ 华国栋. 加强教育研究促进随班就读发展[J]. 中国特殊教育，2003(5).

培训内容不合理，无法解决教师当前所面临的教育问题。因此，可以采取职前普通教育师范生融合教育素养培养和职后普通教育教师融合教育培训两种方式。就职后培训来讲，为教师提供丰富、适切的专业培训是教师的现实需求，也是当前政府部门、特教中心为提高我国融合教育水平所能提供的有效措施之一。

（四）促进融合教育教师专业发展的方式

以往关于促进融合教育教师专业发展方式的研究主要集中在专业培训方面，部分研究涉及对教师的融合教育指导。普通教育领域还重视科学研究在教师专业发展中的作用。

1. 融合教育专业培训

（1）培训内容。多数研究者关注随班就读教师的专业培训与发展。华国栋提出，随班就读教师应具有对随班就读学生测查评估与教育安置的能力、制定随班就读教学计划的能力、照顾差异的课堂教学能力、进行有针对性的教育训练的能力，以及获得教学需要的帮助与支持的能力。[①] 此外，他还指出，应将残疾的概念和分类、残疾儿童的心理特点、残疾对儿童学习的影响等内容作为随班就读教师应有的基本知识；把对残疾儿童的学习评价、根据残疾儿童特点进行课堂教学、开发残疾儿童的潜能、争取对残疾儿童帮助与支持，作为随班就读教师应有的基本技能；把行动研究与教学反思作为教师的基本能力。[②] 马红英、谭和平对国外随班就读教师的培训内容进行总结，认为随班就读教师的培训应着重理论、知识和技能三个方面。基本理论包括特殊学生的生理、心理特点及教育需求；知识层面包括不同残疾类型学生的学习特点和学习能力、特殊学生的评估基础知识、特殊的教学策略、融合教育班级的管理、个别化教育计划制定、特殊学生环境适应等；教学技能方面重点培训教师个别化教育计划的实施方法、特殊学生的教育评估操作，特殊学生行为观察、记录与分析技术，教学具制作，特殊学生自理能力训练法，特殊学生行为矫正技术，特殊儿童机体康复技术，特殊学生的交往技巧等。[③]

---

① 华国栋. 随班就读教学[M]. 北京：华夏出版社，2004：6-8.

② 华国栋. 残疾儿童随班就读师资培训用书[M]. 北京：华夏出版社，2006.

③ 马红英，谭和平. 略论融合教育教师的特殊教育专业培训[J]. 现代特殊教育，2009(10).

　　由此，随班就读教师专业培训的内容主要涉及专业知识和专业技能两个层面，前者偏重理论讲授，后者则偏重实践应用。其中，专业知识涉及残疾的概念、分类，特殊学生的身心发展特点，融合教育基本理论等方面。专业技能涵盖个别化教育计划的制定与实施、残疾儿童的学习评价、根据残疾儿童特点开展课堂教学、教学具制作、特殊学生行为观察、情绪与行为管理策略、特殊学生交往技巧等多方面的内容。

　　(2)培训形式。赵方春等人总结了随班就读教师培训包括岗前培训与在职培训两方面，前者是"集中式"的，在教师承担随班就读工作之前系统地开展专业理论知识为主的培训。后者是"分散式"的，定期组织讲座、研讨活动等提升随班就读教师的专业技能。[1] 谭和平等人通过调查发现，随班就读教师最赞同的培训形式是教学观摩。[2] 此外，随着现代化信息网络的发展，也可探索网络培训的方式，从而打破时空限制，具有很强的灵活性和开放性，如通过即时性聊天工具、论坛等方式开展专题研究、案例分析等活动。[3] 赵斌等人指出校本培训是一种重要形式，以教师任职学校为基本培训单位，以提高教师素质、促进教师发展和随班就读学生发展为主要目标，由学校计划、实施对本校教师进行培训。[4] 我国台湾地区除了理论研修，还非常重视对融合教育教师的教学实践指导，既有现场观摩的教学研讨，又包括教学录像的分析研讨；既有整体的教育教学培训，又有个别的教师教学实践支持。[5] 由此，融合教育教师培训的形式总体包含"集中式"和"分散式"两种方式，集中式多以理论讲授为主，分散式则包括讲座、研讨、教学观摩等多种形式。随着现代技术的发展，网络培训因其灵活性、开放性等优势，可成为融合教育教师培训的重要形式。

　　(3)专业培训架构。韩文娟总结了香港"全校参与"的融合教育教师培训模式，包含三层课程架构，分别为基础、高级和专题课程。自 2007 年起，

---

　　① 赵方春，罗文达. "特教中心学校"在"随班就读"师资培训中的功能研究[J]. 中国特殊教育，2004(10).

　　② 谭和平，马红英. 上海市随班就读教师专业化发展需求的调查研究[J]. 基础教育，2012(2).

　　③ 皋岭. 网络教研与教师的专业化发展[J]. 现代特殊教育，2008(3).

　　④ 赵斌，姜小梅. 我国残疾儿童少年随班就读师资培训中的问题及对策[J]. 绥化学院学报，2014(4).

　　⑤ 马红英，谭和平. 略论融合教育教师的特殊教育专业培训[J]. 现代特殊教育，2009(10).

香港已经推出两次为期 5 年的教师培训项目。其中，基础课程主要关注教师照顾不同学习需要，了解相关教学策略，掌握理论与实践的方法，课时要求为 30 小时，教师参训比例为 10％。高级课程主要关注教师如何获取额外支持，包括核心、选修课程单元，以及校本专题研修集等，课时为 90 小时，每所学校至少 3～6 名教师参训。专题课程主要关注具体某类特殊学生的学习需要，如学习障碍、情绪与行为障碍、感知沟通障碍等，课时为 90～120 小时，每校至少 1 名教师参训。①

2. 融合教育专业指导

王雁等人研究发现，随班就读教师缺乏专业人员指导，在师范教育阶段特殊教育知识相关课程的缺失和职后专业培训不足的情况下，专业指导是提升随班就读教师专业素养的有效途径。② 赵斌等人提出网络研修的模式，随班就读教师可以随时提交自己的教学心得与困惑，与专家及时沟通，教师既可以开展教学行动研究，也可以实现同行专业资源共享。③ 谭和平、马红英在研究中发现，随班就读教师最希望获得的专业支持形式是专家或巡回指导教师定期指导，从而获得及时的帮助。④ 由此，专业指导作为专业培训的重要补充，可以促进教师在实践中提高融合教育教学与管理的能力，从而提升融合教育教师的专业素养。

3. 开展融合教育研究

张华军总结了研究对于教师素养提升的重要作用，指出研究有利于培养教师科学、系统探究的思维方式，帮助教师提高自主反思和批判的意识和能力，促进实践问题的解决。⑤ 开展教育研究需要有来自学校及校外专业

---

① 韩文娟. 香港"全校参与"融合教育模式下的普通教育教师培训及启示[J]. 现代特殊教育，2016(22).

② 王雁，王志强，程黎，等. 随班就读教师课堂支持研究[J]. 教育学报，2013(6).

③ 赵斌，姜小梅. 我国残疾儿童少年随班就读师资培训中的问题及对策[J]. 绥化学院学报，2014(4).

④ 谭和平，马红英. 上海市随班就读教师专业化发展需求的调查研究[J]. 基础教育，2012(2).

⑤ 张华军. 论教师作为研究者的内涵：教师研究性思维的运用[J]. 教育学报，2014(1).

人士，以及多方联动的整合机制，为教师开展教育研究提供根本保障。[①] 有研究者指出，以案例分析为主的教学研究有利于促进融合教育教师解决实践中的问题，教师通过"收集案例—分析讨论—总结反思"的过程，既补充了专业知识，又解决了实际问题，还能促进教师专业伦理和师德发展。[②] 可见，开展有关融合教育的实践研究是提升教师融合教育素养的重要方式，对于教师解决融合教育工作中的实际问题具有重要意义。

（五）融合教育教师专业发展的政策保障

国家与地方关于融合教育教师专业发展的政策主要集中在保障教师的专业培训方面，也有政策对融合教育教师业务指导进行了规定。2012 年，教育部颁布的《关于加强特殊教育教师队伍建设的意见》明确规定，"各地要同步开展特殊教育学校教师和承担随班就读任务教师的全员培训"。教育部2017 年出台的《普通学校特殊教育资源教室建设指南》指出，"区域内特殊教育指导中心或特教学校应加强对资源教室的业务指导和评估，定期委派专人为资源教师提供培训和业务支持"。2017 年国务院颁发的《残疾人教育条例》中提出："在普通教师培训中增加一定比例的特殊教育内容和相关知识，提高普通教师的特殊教育能力。"2013 年，《北京市残疾儿童少年随班就读工作管理办法（试行）》指出："充分发挥市特殊教育中心在管理、指导区县随班就读师资培训工作中的作用。市特殊教育中心培训的人员主要包括：区县特殊教育管理干部、巡回指导教师、资源教师和随班就读骨干教师。"此外，"接收随班就读学生的学校要积极开展针对主管随班就读干部、资源教师和随班就读任课教师的学习、培训、教研等活动"。同年颁布的《北京市中小学融合教育行动计划》明确规定："把随班就读教师的培训纳入教师继续教育培训计划，实施市、区分层培训制度，市特殊支持教育中心组织重点培训，区县负责对随班就读教师全员培训，不断提高随班就读干部教师的专业化水平。完善随班就读教师专业发展标准体系。"

海淀区《关于进一步加强融合教育工作的指导意见》规定，"定期选派主管领导、班主任、资源教师参加市区级特殊教育专业培训，鼓励教师参加

---

① 王丽华，褚伟明. 促进教师研究的学校内部机制构建：国际进展与前瞻[J]. 教育发展研究，2015(6).

② 赵斌，姜小梅. 我国残疾儿童少年随班就读师资培训中的问题及对策[J]. 绥化学院学报，2014(4).

随班就读评优课、教研活动。教师培训将纳入继续教育管理,专、兼职资源教师须持证上岗"。《海淀区普通学校资源教师和随班就读教师管理办法》对融合教育教师参与专业学习的课时进行了规定,"资源教师每学年参加专业学习的时间不少于 40 课时,随班就读教师每学年参加专业学习的时间不少于 4 课时,均纳入特殊教育继教管理系统"。《海淀区特殊教育提升计划(2019—2022 年)》将特殊教育知识与技能纳入普通教师专业必修课范围,有利于提升普通中小学教师的融合教育专业素养。

(六)融合教育教师专业发展的理论基础与理论框架

1. 融合教育教师专业发展的理论基础

(1)素质模型理论

融合教育教师的专业发展包含多个层次,不同的层次在教师素养中分别占据不同的位置。这契合"素质模型理论",该理论又被称为"洋葱理论",如图 1-1-3 所示。

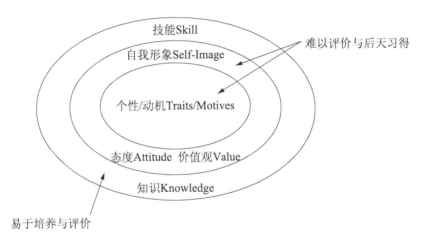

图 1-1-3 素质模型理论

该模型由美国学者理查德·博亚特兹在麦克利兰的"冰山模型"基础上提出,最初是在人力资源管理方面用于考察人员具备哪些素质,是否符合职位要求,以及进行人员测评时使用。

"素质模型"包含三个层次,各核心要素由内至外分别是个性、动机、自我形象、态度、价值观、知识、技能等。其中,个性与动机为核心,不易评价,也难以通过后天学习获得;自我形象以及态度和价值观为中间层;

知识和技能为外层，这两类能力容易发展，也易于评价。[①] 动机是推动个体为达到目标而采取行动的内驱力；个性是个体对外部环境及各种信息等的反应方式、倾向与特性；自我形象是指个体对其自身的看法与评价；态度是个体的自我形象、价值观，以及社会角色综合作用外化的结果；知识是个体在某一特定领域所拥有的事实型与经验型信息；技能是个体结构化地运用知识完成某项具体工作的能力。将该理论应用于促进融合教育教师专业发展的一个重要启示是不仅要关注教师的专业知识与技能的获得，而且要改变教师的态度与价值观念，激发融合教育教师的内在动机。

（2）社会生态系统理论

20世纪80年代，社会生态系统理论（Society Ecosystems Theory）正式作为一门理论被提出，强调"人在情境中"。把人类生存成长于其中的社会环境（如家庭、制度、社区等）看作一种社会性的生态系统，强调生态环境对于分析和理解人类行为的重要性，注重人与环境间各系统的相互作用。[②] 布朗芬布伦纳在20世纪70年代较早地提出生态系统理论，[③] 从生态学的视角理解个体发展，社会生态系统理论则进一步对社会环境与个体行为的关系进行分析。现代社会生态理论最著名的代表人物之一查尔斯·H. 扎斯特罗博士在与卡伦·K. 柯斯特-阿什曼（Karen K. Kirst-Ashman）教授合作出版的《人类行为与社会环境》（第6版）一书中，打破个人与环境之间的对立，把个体的社会生态系统划分为微观系统（Micro system）、中观系统（Mezzo system）和宏观系统（Macro system）三个层次。他指出，微观系统是指处在社会生态环境中看似单个的个人，实则既是一种生物的、又是一种社会的、心理的社会系统类型；中观系统是指与个体直接接触的小规模群体，包括家庭、朋辈、职业群体或其他社会群体；宏观系统则是指比小规模群体更大一些的社会系统，包括文化、制度、习俗、社区等，如图1-1-4所示[④]。

———————————

① 刘莺. 上海市基础教育培训机构教师胜任力优化研究[D]. 上海：华东师范大学，2016.

② 师海玲，范燕宁. 社会生态系统理论阐释下的人类行为与社会环境——2004年查尔斯·H. 扎斯特罗关于人类行为与环境的新探讨[J]. 首都师范大学学报（社会科学版），2005(4).

③ Bronfenbrenner U. Toward an Experimental Ecology of Human Development[J]. American Psychologist, 1977, 32(32): 513-531.

④ [美]查尔斯·H. 扎斯特罗，[美]卡伦·K. 柯斯特-阿什曼. 人类行为与社会环境[M]. 师海玲，孙岳，等，译. 北京：中国人民大学出版社，2006：11-19.

将社会生态系统理论应用于促进融合教育教师专业发展的一个重要启示是不仅注重教师个人的内部生长，而且需注重周围环境对教师的影响，例如同事、其他专业机构与专业人员、制度规范、政府行为、政策措施等多方面的影响，增加对融合教育教师的全方位支持。

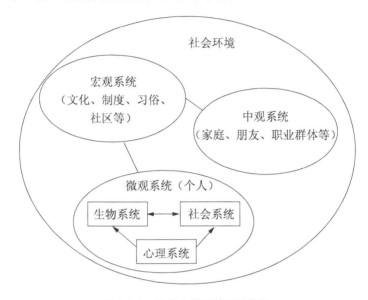

图 1-1-4　社会生态系统理论框架

2. 融合教育教师专业发展的理论框架

依据"素质模型"和社会生态系统理论，结合以往关于融合教育教师专业素养结构、内容、需求，以及专业发展方式的研究，融合教育教师专业发展的理论框架如图 1-1-5 所示。

融合教育教师的专业发展是一项全方位的工程，体现了生态性与系统性的特点，既与教师自身特质有关，又深受周围生态环境的影响，周围环境通过多方面的支持作用于教师的专业素养。融合教育教师专业发展的生态支持模型包含微系统、中系统和宏系统三个层次。微系统是教师自身的态度、动机、知识和技能等方面的素质，中系统主要指与融合教育教师发生关联的专业人员支持，以及参加的培训和教育研究等活动。宏系统是整个社会文化、残疾观念，以及国家及地方有关特殊教育和融合教育发展的制度设计与政策规定等。三个系统之间相互关联，缺一不可。宏系统中的要素一般不直接作用于融合教育教师的专业发展，但往往会"无形"地产生影响，起到"润物细无声"的效果。例如，当社会的残疾观念发生变化，不

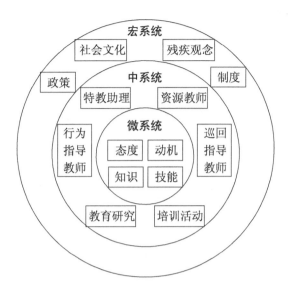

图 1-1-5 融合教育教师专业发展的生态支持模型

再认为"残疾"是学生天生自带的缺陷,而更强调"残疾"是学生差异化的体现,是周围环境设计不当带来的障碍时,教师的教育理念也会随之变化,变得更加包容,从而探索不同的教学方法改变不利的环境。相较于宏系统,中系统的要素影响更为直接与"有形",无论是组织融合教育教师参加不同主题的专业培训,还是参与教育研究,抑或不同融合教育教师之间的合作,都能够在短时间内对融合教育教师的专业发展产生影响。微系统是融合教育教师自身的特质,是当教师受到中系统和宏系统影响时,教师内部发生的变化。换言之,微系统也相当于融合教育教师专业发展的直接体现。

第二节 北京市融合教育及教师团队发展历程

一、北京市融合教育发展回顾

北京市正在着力建设和谐社会首善之区,建成符合首都地位的现代特殊教育体系。融合教育是特殊教育发展的总体趋势,是促进教育改革、提升教育质量的基本举措。近些年来,融合教育发展逐渐受到广泛重视。多年来,北京在融合教育的政策支持、物质保障、专业指导、师资培训和教育教学质量提高等方面都做出了有益的探索和切实的实践,走在全国前列,起到示范引领的作用。① 北京市从 20 世纪 80 年代中期开始随班就读试验，逐步发展到融合教育，经历了以下的历程。

（一）三类残疾儿童少年试点随班就读，保障入学（1988—2004 年）

北京市残疾儿童少年随班就读工作起步早、发展快。北京市自 1988 年起，相继开展盲、低视力、轻度智力障碍，以及听力言语等残疾儿童少年随班就读的试验与推广工作。1988 年下半年，在金钥匙视障教育研究中心主任徐白仑先生的倡议下，北京市首先在房山区石楼乡梨园店、大次洛两所农村小学进行了盲童的随班就读试验工作。1989 年 9 月，在中央教科所陈云英博士的指导下，北京市对随班就读教师进行培训，先后在宣武区老墙根第一小学、朝阳区北花园小学、昌平沙河镇中心小学开展智力障碍儿童随班就读试验，并于试验三年后在昌平全面推广。1990 年国家教委确定在北京市开展聋童随班就读试验，并编写全国聋童随班就读教师指导手册。② 1991 年 9 月，海淀区六一中学（现北京理工大学附属中学）开展了盲生在中学随班就读的试验，成效显著。1992 年 11 月，北京市在国家教委基础教育司的委托下，开展听力语言残疾儿童随班就读试验，进行全市听残学生随班就读的现状调查，出版了《听力残疾儿童随班就读的工作手册》。③ 自此，三类残疾儿童的随班就读试验全面开展，随班就读工作机制也初步建立，残疾儿童入学率由 1990 年的 64.15％提高到 1998 年的 97.24％，提前完成北京市"九五"特教规划的普及指标，④ 保障了三类残疾儿童入学。在教师培训方面，"十五"期间，全市有近 10000 名教师接触到随班就读教学。⑤ 北京市形成了完整的随班就读工作管理、师资培训、教科研网络，在全国较早开始探索资源教室、特殊教育中心等专业支持模式。1997 年北京市在

---

① 颜廷睿，关文军，邓猛. 北京市中小学融合教育实施情况的调查研究[J]. 残疾人研究，2017(2).

② 刘艳虹，顾定倩，焦青. 改革开放 30 年北京市特殊教育发展及现状研究[J]. 中国特殊教育，2008(10).

③ 北京市教育学会特殊教育研究会. 北京市特殊教育 50 年[M]. 北京：华夏出版社，1999：47-55.

④ 周耿. 北京市随班就读综合教育模式的构建与实践[J]. 中国特殊教育，2000(3).

⑤ 刘艳虹，顾定倩，焦青. 改革开放 30 年北京市特殊教育发展及现状研究[J]. 中国特殊教育，2008(10).

宣武区后孙公园小学建立第一个资源教室，为特殊学生回归主流，在少受限制的环境中学习创造了良好的条件。

(二)初步探索随班就读工作体系，形成机制(2005—2012 年)

为了进一步推动随班就读的发展，2005 年，北京市发布《关于在全市各区县开展建立随班就读工作支持保障体系工作的通知》(京教基〔2005〕23 号)，明确提出要加强资源教室的建设，使之成为对随班就读工作支持保障的一项重要举措；同时制定实施《北京市随班就读资源教室建设与管理的基本要求(试行)》，以进一步加强对资源教室的规范化建设，充分发挥其作用。《关于在全市各区县开展建立随班就读工作支持保障体系工作的通知》要求"把建立随班就读工作、支持保障体系工作作为促进义务教育高标准、高质量均衡发展的重要举措"，指出"各区县建立健全两个网络，区教委—随班就读学校连接的管理网络、区教研室(或特教学校、特教中心)教研员—随班就读学校教师构成的教研和指导网络"。《北京市随班就读资源教室建设与管理的基本要求(试行)》(京教基〔2005〕24 号)，将资源教室作为建立随班就读工作体系的重要抓手，对资源教室的建设与管理作出了具体的规定，指导学校建好、管好、用好资源教室。截至 2012 年，北京市有随班就读学校 1091 所，随班就读学生数 5616 人，资源教室总数达到 148 个。[①]资源教室真正发挥了在学校随班就读工作中的支持作用，促进了北京市随班就读工作的健康发展。一系列保障、支持政策的出台，使北京融合教育工作逐渐系统化，逐渐形成了北京随班就读工作体系。

(三)全面推进融合教育发展，注重质量(2013 年以来)

2013 年，北京市相继颁布了《关于进一步加强随班就读工作的意见》《北京市残疾儿童少年随班就读工作管理办法(试行)》，以及《北京市中小学融合教育行动计划》，致力于保障残疾儿童拥有平等享受公共教育服务的权利，建成符合首都地位的现代特殊教育体系。其中，《关于进一步加强随班就读工作的意见》(京教基二〔2013〕1 号)提出提高认识，在新的形势下，进一步加强首都残疾儿童少年随班就读工作，具有重要而深远的意义。在此基础上，进一步加强和完善北京随班就读工作管理体制和运行机制，在随班就读对象确认、入学管理机制、教育教学、资源中心建设、师资队伍建

---

① 孙颖. 北京市资源教室建设现状与发展对策[J]. 中国特殊教育，2013(1).

设、政府责任等方面都做了详细规定①。在此基础上又出台了《北京市残疾儿童少年随班就读工作管理办法（试行）》，在随班就读对象的确认、评估、安置，随班就读制度和人员等方面的支持与保障，教育与教学，师资培训等几方面进一步细化。2013 年 6 月《北京市中小学融合教育行动计划》启动，提出的工作目标是促进全市每一所公办义务教育学校接收随班就读学生，使义务教育阶段有能力的残疾儿童少年均可就近进入普通学校学习。拓展残疾儿童少年义务教育年限，稳步扩大残疾少年高中阶段随班就读规模，积极为逐步实现"同班就读"创造条件。要求加强师资队伍建设、营造社会支持氛围，加大经费投入和督导评价等。这是北京市首次在政策文件中明确"融合教育"的发展方向。该项政策确定了"不断提高残疾儿童少年教育质量"的目标，确立了特殊教育支持中心引领、随班就读主体工程、特殊教育教师队伍建设等多项重点任务，要求各区县至少建立 1 个示范性的特殊支持教育中心，引领区域内特殊教育发展；全面提高特教教师综合素质与专业化发展，从而全面提升残疾儿童少年融合教育的质量。到 2013 年，北京市有 5682 名残疾学生在 1093 所普通中小学就读，② 这些学生约占全市义务教育阶段在校残疾学生总数的 66%；接收随班就读特殊学生的中小学占到全市义务教育阶段学校总数的近 80%，随班就读特殊学生生均公用经费是普通学生的 6.8 倍，③ 居全国之首。

2018 年，北京市又出台了《北京市第二期特殊教育提升计划（2017—2020 年）》，进一步明确了融合教育发展的方向，更加强调普教与特教责任共担、资源共享、工作共进协式发展。截至 2016 年，建有市级特殊教育中心 1 个、区级特教中心 15 个，普通中小学建有资源教室近 400 间，基本形成"市特教中心—区特教中心—学区资源中心—学校资源教室"四级专业支持与服务体系，为普通学校融合教育提供专业支持、指导和服务。④ 在 2016 年，第一期《特殊教育提升计划（2014—2016 年）》收关时，北京市残疾儿童少年义务教育入学率已经达到 99%，就近入学率达到 92.5%。2017 年

---

① 北京市教委. 关于进一步加强随班就读工作的意见[EB/OL]. http：//jw. beijing. gov. cn/xxgk/zfxxgkml/zfgkzcwj/zwgkxzgfxwj/202001/t20200107 _ 1562763. html. 2013-02-16.

② 北京市人民政府办公厅. 北京市中小学融合教育行动计划[EB/OL]. http：// service. bdpf. org. cn/zwpd/zcfg/jypxl/c16200/content. html，2013-4-25.

③ 宗河. 帮助更多残疾学生实现梦想[N]. 中国教育报，2013-07-19.

④ 徐建姝. 北京：打造融合教育的"首善之区"聚焦供给侧结构改革，深入推进融合教育发展[J]. 现代特殊教育，2016(17).

北京市残疾人事业发展统计公报显示，464名残疾儿童在普通幼儿园接受教育，融合比例达到56％；4543名残疾儿童就读于普通中小学，融合学校1017所，占普通中小学数量的67％。根据北京市特殊教育中心2015年的统计数据显示，全市共有1356所普通中小学开展融合教育，占北京市所有中小学(1440所)的94.2％；北京市建有资源教室的学校212所，其中小学137所，中学75所。目前，经过多年的探索和积累，融合教育已成为北京市残疾儿童接受教育的主要形式，逐步形成了特色鲜明的北京融合教育模式，宏观上已经形成了朝向融合的教育发展格局，即普通学校为主体，以各级特殊教育中心为指导、以特殊教育学校为骨干、以特教班(资源教室)和送教上门等多种形式为补充。与此同时，也形成了自上而下的全市融合教育专业指导体系(见图1-2-1)。

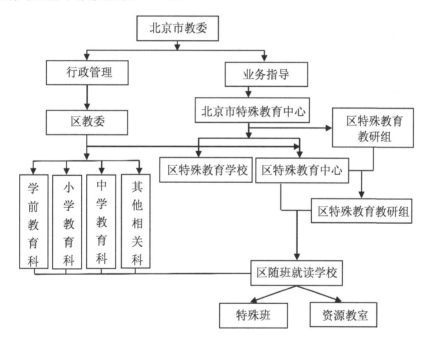

图1-2-1　北京市融合教育专业指导体系

经过30多年的努力，北京市已经有5000余名残疾儿童在普通学校随班就读。在国家规定的"以特殊教育学校为骨干，以辅设班和大面积的随班就读为主体"的特殊教育格局基础上，探索了资源教室、特殊班、个别化辅导室、特殊学校相辅相成的不同安置服务模式。在此基础上，形成了"以特殊教育学校为骨干，以随班就读为主体、以送教上门为补充"的特殊教育办学体系。

二、北京市融合教育教师团队发展历程

（一）成立专门的特殊教育教师培训机构

1990年6月，北京市召开了第一次特殊教育工作会议，对于北京市特殊教育的发展具有重要的历史意义。本次会议要求"加强师资队伍建设，抓紧、抓好特教师资的培养、培训工作"，"在北京市第一师范学校内设立特殊教育师资培训中心"，承担北京市特教新教师培养和在职教师的培训，以及北京特教的教研和科研工作。1991年，北京市成立特殊教育教研中心，它是联合国儿童基金会与国家教育委员会的合作项目之一。特殊教育教研中心工作接受北京市教委基础教育处和特殊教育学院的双重领导；负责培训北京市特殊教育在职教师，开展特教教师的继续教育；开展全市特殊教育学校和普通学校随班就读的教学研究；指导全市特殊教育学校的科研工作；与特殊教育学院教务处、科研部共同开展高等特殊教育的研究。① 它的出现标志着北京地区特教师训工作进入规范化、制度化的时期，并成为基础教育师资培训事业的一个有机的组成部分。② 1996年11月，北京市第二次特殊教育工作会议指出，"在全市初步形成以北京特殊教育师资培训中心为龙头，以11个学科中心教研组为骨干，以特教学校为依托的教研网络"。北京市特殊教育师资培训中心负责对随班就读工作进行指导、咨询服务，以及师资培训、教研等工作，制定培训计划，确定培训目标和培训内容等。1990—1999年，北京市特殊教育师资培训中心共组织7次视力障碍、听力障碍和智力障碍的随班就读教师培训班，共计培训226人次，在初期的随班就读教师的培训工作上发挥了至关重要的作用。③ 北京市《关于进一步加强随班就读工作的意见》对巡回指导教师的编制、待遇和职责范围进行明确规定，北京市特殊教育教研中心承担起各区巡回指导教师培养的职责。

---

① 刘艳虹，顾定倩，焦青. 改革开放30年北京市特殊教育发展及现状研究[J]. 中国特殊教育，2008(10).
② 北京市教育学会特殊教育研究会. 北京市特殊教育50年[M]. 北京：华夏出版社，1999：47-59.
③ 北京市教育学会特殊教育研究会. 北京市特殊教育50年[M]. 北京：华夏出版社，1999：47-55.

（二）分类培养融合教育教师

为提高随班就读教师的特教知识和专业技能，北京市在市、区两个层级上对随班就读主管干部和教师开展了多种形式的师资培训工作，较大幅度地提高了随班就读教师的专业素养。各区特殊教育教研中心结合本区融合教育工作的发展实际，优先关注随班就读教师的培养，普及融合教育的基本理念与知识，教授部分融合教育的策略与技能。随着资源教室项目的推进，各区都逐渐关注资源教师的培养，注重为接收随班就读学生的普通学校培养特殊教育专业人才。至此，北京市融合教育教师团队逐步壮大，由最初的随班就读教师及主管领导逐步扩展到资源教师和巡回指导教师，海淀区还培养了行为指导教师和特教助理教师。融合教育教师团队的壮大是融合教育发展到更高阶段的必然要求，体现了北京市越加关注专业人员在融合教育发展中的主体作用，越加注重通过不同人员的协作提高融合教育发展的质量。

一方面，在数量上融合教育教师团队的人数大幅度增加。根据北京市特殊教育中心 2015 年的统计，普通中小学资源教室的资源教师 437 人，其中专职 67 人，兼职 370 人；随班就读教师有 21884 人。另一方面，在结构上融合教育教师团队更加多样和合理。在随班就读提出之初，特殊学生类别主要是听力障碍、视力障碍、智力障碍三类，障碍程度则以轻度为主，所以对教师的培训主要是对随班就读教师的培训为主，尚未出现资源教师、巡回指导教师等。随着我国融合教育的发展，进入普通班级的特殊学生类型和程度都发生了改变，资源教师、巡回指导教师、行为指导教师、特教助理教师纷纷应运而生，融合教育教师团队的成员构成日趋合理。

（三）建立融合教育教师教研网络

为扎实推进融合教育教师实践技能的提升，北京市关注教研网络的构建，建立了市级、区级和校级的融合教育教师教研网络，既注重理念的宣导、策略的教授，又关注及时解决融合教育实际遇到的问题，提高了融合教育教师的专业理念、专业知识和专业技能，从而全面提升融合教育教师团队的专业化水平。到 2008 年，北京市 16 个区县成立了区县级的随班就读教研组 43 个，聘任教研员 357 名。有 8 个区县成立了特教教研室，任命了特教教研员。校级教研组共有 394 个，每学期教研组的研究活动都在 4 次以上。一个市、区县、学校三级教研网已经建立起来。[①] 北京市特殊教育教研中心定期组织市级教研活动，就融合教育教师教学、指导等实际遇到的问题针对性地加以研究解决。市级教研员主要由各区巡回指导教师、骨干资源教师和随班就读教师组成，已经成为推动北京市融合教育发展的骨干力量。北京市各区也建立了自己的融合教育教研体系，例如海淀区成立了学校本位融合教研组、资源教师教研组、行为指导教师教研组、个案支持教研组等，采用个案分享、讲座培训、现场观摩、集体研讨等多种方式就本区融合教育存在的现实问题进行解决。鼓励学校开展校本融合教研，融合教育主管领导和资源教师组织协调，宣导融合教育理念，并集中解决校内融合困难学生的问题，提高他们的受教育质量。

第三节　海淀区融合教育及教师团队发展历程

北京市海淀区融合教育发展经历了由自发行为，到政府主导，再到主动构建全面的融合教育支持系统的过程。海淀特教中心在海淀区融合教育发展中扮演了重要角色。特教中心从建立到独立标志着海淀区融合教育发展到更高水平阶段。海淀特教中心从成立之初便重视教师的作用，从资源教师、随班就读教师、主管干部等的单独培训，到注重发挥教师团队的力量，不断拓展融合教育教师团队成员，将特教助理教师和行为指导教师纳入其中。至今，海淀区融合教育教师团队已经实现了成员构成多元化、专业教师资质化、支持服务系统化的特点。

一、海淀区融合教育发展回顾

（一）融合教育萌芽：融合教育发展处于自发阶段（2001 年之前）

2001 年之前，海淀区各普通中小学接收适龄儿童、少年就近入学，其中也包括一些轻度的智力残疾、听力残疾、视力残疾、肢体残疾的学生。但当时"随班就读""融合教育"等概念尚未普及，学校对残疾学生或特殊学生知之甚少。融合教育工作的开展仅限于普通学校内，且大多处于自发状态。普通学校与特殊教育学校"各自为政"，往来甚少；特殊学校骨干示范

---

① 刘艳虹，顾定倩，焦青. 改革开放 30 年北京市特殊教育发展及现状研究[J]. 中国特殊教育，2008(10).

作用难以发挥，普通学校随班就读工作缺乏支持。全区融合教育发展处于
"三无"水平，无专门机构、无专项经费、无制度规范；即区内没有具体负
责融合教育工作的部门与单位，没有对融合教育工作的经费投入，更没有
形成规范的管理办法。

(二)融合教育起步：成立特殊教育管理中心(2002—2015 年)

1. 成立特殊教育管理中心

2002 年，海淀区成立了第一个专门负责区域融合教育工作的机构——
海淀区特殊教育管理中心，隶属于海淀区培智中心学校(现更名为北京市健
翔学校)，这标志着区域融合教育工作被正式纳入政府管理与工作范畴。海
淀区特殊教育管理中心于 2004 年在区内首次提出"融合教育"的概念，要求
学校提供适当的教育环境使所有特殊学生有机会进入普通学校学习。[①] 然
而，"随班就读""融合教育"的相关理念与知识仍旧鲜为人知，海淀特教管
理中心需要不断向上级领导及普通学校普及、宣传这一理念。前期的主要
工作方式是由特教学校委派兼职巡回指导教师，必要时邀请海淀教委特教
督导员，进入普通学校进行融合教育理念的普及与宣导，针对特殊学生的
表现为学校教师提供具体指导。

2. 在普通学校建立资源教室

海淀区在 2005 年建立了区内第一个资源教室。资源教室是建在普通学
校内，专为特殊学生提供适合其特殊需要的个别化教学的场所(教室)，[②] 是
普通学校的特殊教育专业教室。这标志着海淀区融合教育得到进一步深入
发展。海淀特教管理中心负责学校资源教室项目的审批与建设指导，资源
教室成为特教管理中心与普通学校联系的桥梁。自 2005 年起，区内资源教
室建设数量逐年攀升，截至 2015 年，全区已经建有 70 个资源教室，负责为
校内特殊学生提供服务(见图 1-3-1)。尽管资源教室建设数量骤增，但区内
缺乏专业教师，容易导致资源教室功能不能发挥、设施设备使用率过低等
情况，亟须培养专业的资源教师。

3. 调研区内融合教育基本情况

特殊教育管理中心发现普通学校教师对融合教育的认识及其掌握的特

---

① 王红霞，彭欣，王艳杰. 北京市海淀区小学融合教育现状调查研究报告[J]. 中
国特殊教育，2011(4).

② 徐美贞，杨希洁. 资源教室在随班就读中的作用[J]. 中国特殊教育，2003(4).

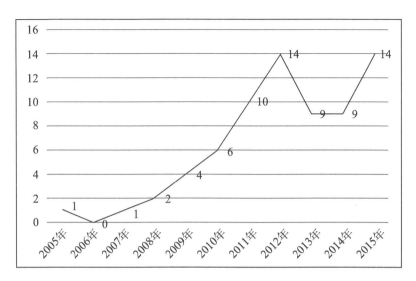

图 1-3-1　2005－2015 年资源教室建设统计图

殊教育知识和技能、学校领导的支持、特殊学生家长的态度等直接影响融合教育工作的开展与成效。为了更好地在未来开展融合教育实践和研究工作，需要从整体上了解海淀区特殊学生在普通班级中的融合现状。2010 年，海淀区特殊教育管理中心的教师"用脚步丈量海淀"，走访了全区 82 所开展融合教育的普通小学，调查了 211 名教师、62 名校级领导干部以及 140 名特殊学生家长。本次调研发现学校领导都听说过随班就读、融合教育的名称，但教师对融合教育知识与技术知之较少，大多数领导与教师对融合教育持中立与模棱两可的态度。但是，被调查的教师、学校领导、家长都对融合教育提出指导、培训、质量提升等要求（见表 1-3-1）。①

　　4. 培养融合教育"种子学校"

　　2012 年，海淀区特殊教育管理中心开始拥有独立办公经费，3 名正式在编人员负责全区融合教育的推进，协助区教委制定特殊教育与融合教育相关政策、负责全区特殊教育数据的统计与上报工作、随班就读学生备案管理，开展师资培训、巡回指导、家长咨询、学生评估、教育安置、康复训练、课题研究等多项工作，探索区域融合教育的发展路径。与此同时，海淀区特殊教育管理中心开始在全区培养融合教育"种子学校"，试图"以点

---

　　① 王红霞，彭欣，王艳杰. 北京市海淀区小学融合教育现状调查研究报告[J]. 中国特殊教育，2011(4).

带面"，以"星星之火"点燃融合教育的新火种。

表 1-3-1 2010 年海淀区融合教育基本情况调查结果

	教师	学校领导	家长
融合现状	41.9%听说过融合教育理念； 33.5%听说过个别化教育计划； 20%认为自己会制定IEP。	100%听说过随班就读安置形式； 72.6%了解融合教育理念； 82.3%不了解资源教室的意义。	71.6%满意家校沟通； 47.0%满意有针对性的学校活动计划； 48.5%满意有针对性的教学方法。
融合态度	75.3%对融合持中立态度； 6.4%对融合持反对态度； 18.3%对融合持赞成态度。	56.9%对融合持中立态度； 100%认为学生应有自己的学习计划； 75.8%认为应有专业教室提供教学服务。	68.7%期望孩子学习知识； 67.2%期望孩子自主学习； 35.8%期望孩子社交能力提升； 15.7%期望孩子有好习惯。
融合需求	家长工作指导技巧； 学校资源支持； 特教专业培训。	政策支持； 师资培训； 评价机制。	学校承担教学责任； 创造良好教育环境； 学校提高教学质量。

5. 出台融合教育相关政策

此外，为规范融合教育的管理，加强对融合教育工作的指导，海淀区还于 2015 年出台了《海淀区关于进一步加强融合教育工作的指导意见》。该文件从加强融合教育思想认识、规范融合教育管理、特殊教育师资培训、资源教室运作、特殊教育预警机制、个别化教育服务等诸多方面做出具体规定，对区域融合教育发展起到重要的规范作用。

(三)融合教育全面推进：特殊教育研究与指导中心独立(2016 年 11 月至今)

1. 成立独立法人的特殊教育研究与指导中心

北京市海淀区特殊教育研究与指导中心作为独立法人事业单位的成立标志着海淀区融合教育进入全面推进的阶段，也标志着我国特殊教育区域指导中心从以前的从属于特殊学校的"一个学校，两块牌子"，不能充分发挥区域协调、组织管理、指导支持等功能的状态，转向独立运作、专业管理、融合发展的特殊教育新机制。该机构的成立是中国特色的特殊教育及融合教育发展道路初步形成的具体体现。

2016年11月8日，北京市海淀区特殊教育研究与指导中心（以下简称"海淀特教中心"）正式揭牌成立，作为海淀区教育委员会直属事业单位，拥有独立法人和编制，主要负责本区域特殊教育教学、科研、教师培训、资源开发和康复训练的组织统筹；负责对本区域融合教育工作的管理和指导，建立健全融合教育管理和服务机制。海淀特教中心的定位在于以研究为导向，以指导为核心，为海淀区融合教育发展提供专业支持与服务。海淀特教中心的宗旨在于完善区内融合教育支持体系，铸造国内领先、国际一流的"海淀特教"品牌，使每一个残疾儿童少年及有特殊教育需要的儿童少年就近享受优质教育。

图1-3-2 北京市海淀区特殊教育研究与指导中心成立揭牌仪式

海淀特教中心分为发展规划部、融合指导部和教育科研部三个部门，设一名中心主任，每个部门设置一名负责人。发展规划部负责协调特教中心各部门之间的关系，负责中心的人事、财务与后勤保障工作；组织融合教育重大项目活动，拟定区域融合教育相关政策，统筹融合教育资源，负责资源教室项目等。融合指导部负责融合教育的巡回指导、筛查评估、师资培训、个案支持、特教助理等相关工作，为区内融合教育发展提供专业支持。教育科研部负责融合教育课题研究，课题成果推广，全区特殊教育数据收集，组织征文活动，并承担中心的宣传工作。海淀特教中心自独立后，秉持"融合·发展·引领·创新"的理念，立足融合教育支持保障体系的建构，从政策保障、专业人员培养、专业指导、课题研究与推广、宣传交流等多个层面全面推动融合教育本土化发展，保证融合教育的质量。

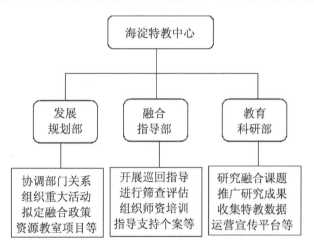

图 1-3-3　海淀特教中心组织结构图

2. 出台多项融合教育相关政策

在政策保障上，海淀区颁布了《海淀区普通学校资源教师和随班就读教师管理办法》《海淀区普通学校随班就读学生生均公用经费使用办法》《海淀区普通学校资源教师特殊教育津贴发放和管理办法》《海淀区特殊教育提升计划（2019—2022 年）》等政策，从资源教师和随班就读教师管理、生均公用经费、资源教师津贴以及特殊教育质量提升等方面做出规定。具体内容包括资源教师任职资格、资源教师与随班就读教师主要职责、考核、奖励与津贴等方面，并列出随班就读学生生均公用经费使用范围，用于规范资源教师与随班就读教师以及随班就读学生生均公用经费的管理。

3. 分类培养融合教育教师

海淀特教中心分类开展资源教师上岗培训与专业技能提升培训、随班就读教师全员培训、融合教育主管领导培训、特教助理教师培训、行为指导教师培训等，并通过教研活动、论文评选等多种方式提升教师专业水平，意图打造多层次、全方位的融合教育教师团队。2016 年 11 月至 2019 年，海淀特教中心共培养了 180 名资源教师，其中 145 人取得海淀区资源教师资格证书；培训了 1507 名随班就读教师，培养了 30 名特教助理教师，对 117 名教师开展行为分析与指导培训。

4. 形成巡回指导工作机制

在专业指导方面，海淀特教中心形成了巡回指导工作机制（如图 1-3-4 所示），巡回指导教师在接到学校的诉求后，下校对有特殊教育需要的学生进行课堂观察、教师访谈，综合了解学生情况之后，为教师提出针对性指导建议，并形成指导报告。必要时，家长带领学生前往中心做全面评估，综合了解学生在认知、适应行为、动作等多方面能力的表现。依据评估结果，对学生进行合理的教育安置，将普通班级融合、资源教室上课、特教中心上课等相结合，为学生提供个性化的课程。此外，学校领导、普通班级教师、资源教师、家长、巡回指导教师等应共同为学生制定个别化教育计划（Individualized Education Plan，IEP），并加以执行。

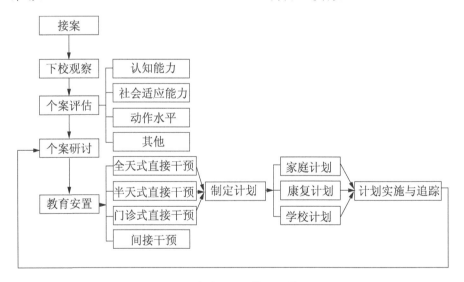

图 1-3-4 海淀区巡回指导工作机制

近三年来，海淀特教中心共巡回指导 236 校次，筛查学生 881 名，评估学生 271 名，直接支持个案 234 名。特教中心巡回指导的校次和筛查学生的数量大幅增加，个案支持数量有明显增多。专业指导有效促进了区内特殊学生融合教育质量的提高，支持特殊学生个性化成长，帮助特殊学生家长解决困扰，指导学校营造良好的融合环境。

表 1-3-2　2017－2019 年海淀特教中心服务的学校与学生数

	巡回指导校次	筛查学生数(人)	评估学生数(人)	个案支持人数(人)
总服务量	236	881	271	234
2017 年	84	308	67	93
2018 年	98	350	63	69
2019 年	54	223	141	72

5. 推动融合教育课题研究

在课题研究方面，海淀特教中心于 2017 年顺利完成了国家课题"随班就读工作机制与保障体系研究"，并于 2018 年在海南省儋州市举办了《随班就读工作机制与保障体系研究》国家课题成果推广会。海南省各地市、河南省郑州市、北京市海淀区的 200 余名代表参与了本次会议。本次成果推广会对资源中心和资源教室发展趋势、特教中心功能定位、融合教育支持服务、学校融合教育工作等多项主题进行了探讨与分享，对促进融合教育区域均衡发展意义重大。海淀特教中心还公开出版了《巡回指导的理论与实践》《资源教室建设方案与课程指导》《教学相长：特殊教育需要学生与教师的故事》，记录海淀区融合教育经验，促进领域内交流合作，形成本土融合教育实践特色与机制。

图 1-3-5　《随班就读工作机制与保障体系研究》成果推广会在海南儋州举行

6. 促进融合教育宣传交流

此外，海淀特教中心还打造了"一刊一网一号"的宣传平台，面向区内学校发行内部期刊《海淀特教》，包括言理、资讯、人物、实践、特言特语、融合漫画、好书推荐等多个栏目，成为区内的专业交流平台。此外，中心建立了自己的微信公众号"海淀特教中心"，设置了海特快讯、专业指导、融合漫画、答疑解惑等多个板块，借助网络新媒体打开海淀区特殊教育的窗口。

图 1-3-6　季刊《海淀特教》

2017 年，海淀特教中心组织了海淀区融合教育国际研讨会，为海淀区融合教育发展搭建了国际交流平台。大会主题为"融合·支持"，充分彰显了海淀区融合教育发展的理念。会议级别高，规模大，影响面广，邀请到来自美国、英国、俄罗斯、澳大利亚、日本等海内外三十多名著名专家学者；参会代表涵盖高校、科研机构、学区管理中心、特殊学校、融合学校（含幼儿园）等单位，共计 400 余名。研讨会采用主会场、分会场结合的方式，搭建了国际融合教育交流平台，展示了海淀区本土化融合教育模式，

图 1-3-7　海淀区融合教育国际研讨会

涵盖了融合教育领域的关键问题，包括不同融合教育发展模式、融合教育课程与教学、融合教育支持策略等方面，推动社会宣导，受到广泛称赞。

二、海淀区融合教育教师团队构建历程

(一)融合教育教师分类培养

1. 分类培养的总体情况

海淀区自 2009 年起便着手对融合教育教师进行分类培训，包括巡回指导教师培训、资源教师培训、融合教育主管领导培训、随班就读教师全员培训、特教助理教师培训、行为指导教师培训等。实现了"分步进行、以点带面"的培训路径，先培训融合教育主管领导，从领导层宣导融合教育理念与做法，有利于有效减少融合教育推进过程中的阻力。之后大力开展资源教师培训和随班就读教师培训，他们是学校融合教育工作的"主力军"，提高他们的专业能力有利于切实增强融合教育的执行力度与实施质量。近三年来，海淀区开展了行为指导教师和特教助理教师的培养工作，这两类人员是学校融合教育教师的重要补充，是学校融合教育工作专业度与程度深入的集中体现。

截至 2019 年，海淀区共培训了 416 名教师，其中 305 名取得海淀区资源教师资格证书；累计培训了 4037 名随班就读教师，330 名融合教育主管领导，30 名特教助理教师，85 名持有"中国应用行为分析师"(CNABA)资格证书和 35 名在学"国际副应用行为分析师"(BCaBA)资格证书的行为指导教师。培训类型逐年增加，培训规模显著扩大，在坚持资源教师资格认证培训与随班就读教师全员培训的基础上，创新了特教助理教师与行为指导教师的培训工作方式，培训人数详见表 1-3-3。

表 1-3-3　2011－2019 年海淀区融合教育教师培养人数统计表　　单位：人

	资源教师	随班就读教师	融合教育主管领导	特教助理教师	行为指导教师
2011 年	/	/	100	/	/
2012 年	75	430	60	/	/
2013 年	60	560	170	/	/
2014 年	50	150	/	/	/
2015 年	51	880	/	/	/

	资源教师	随班就读教师	融合教育主管领导	特教助理教师	行为指导教师
2016 年	/	510	/	/	117
2017 年	70	430	/	12	85
2018 年	56	277	/	11	37
2019 年	54	800		7	35
合计	416	4037	330	30	274

注：行为指导教师培养是延续四年的项目，分为不同阶段，考核合格的教师才可以继续接受培养，具体内容见第三章第四节。

2. 融合教育教师培养过程

海淀区历经十年探索，在不同阶段承担不同融合教育教师的培养任务。各类融合教育教师职责与特殊教育专业水平起点各不相同，这也决定了专业培养的内容与形式不尽相同，培养模式各具特色。

（1）巡回指导教师培养。巡回指导教师负责为全区普通中小学融合教育工作的开展提供专业指导与服务，在全区起到专业引领的作用。海淀区自2009 年起探索对巡回指导教师专业能力的培养，为巡回指导教师提供专业发展的平台。相较于其他融合教育教师的培养，巡回指导教师培养的内容专业性、理论性强，包括心理评估、动作评估、融合教育模式等。培养的形式多样，包括专题讲座、主题教研、参加专业会议、外地交流参观等。例如，巡回指导教师参加韦氏儿童（幼儿）智力评估的培训、儿童适应性行为评估培训等。此外，部分巡回指导教师还兼任北京市教研员，定期参加市里组织的自闭症基地、融合教育学校本位以及专业评估等主题的教研活动。

（2）资源教师培养。资源教师负责校内资源教室运作，推进学校融合教育工作。海淀区在2011 年 12 月启动了第一期资源教师上岗培训项目，培训内容分为理论基础与专业技能，逐渐加入"教育实习"与"考核评估"的环节，形成了"理论培训（Theoretical Training）＋教育实习（Educational Practice）＋考核评估（Assessment）（TEA）"资源教师资格认证模式。这一模式使得海淀区资源教师培训走向正规化道路，使资源教师工作岗位实现专业化、资质化的目标，有利于提升资源教师对特殊教育的认同感，明确职责与待遇，拓宽专业发展的道路。该模式在全国资源教师专业化培训中具有很强的创新性与引领性。

（3）随班就读教师培养。随班就读教师直接承担特殊学生班级教育教学工作。因此，培养重点在于普及融合教育理念与基础策略，使随班就读教师接纳差异、认同融合、相互配合、促进发展。随班就读教师全员培训的内容涵盖融合教育基本理念、融合教育政策、常用的融合教育课堂教学策略等三个模块的内容。随班就读教师培训形式不断创新，如将集中培训与入校培训、学区培训相结合等。截至 2019 年，海淀特教中心已组织了 10 次入校培训，2 次学区培训，8 期全员培训，覆盖了四千余名随班就读教师。意图涵盖区内所有教授随班就读特殊学生的教师，提高培训的覆盖面与有效性。

（4）特教助理教师培养。特教助理教师是特殊学生班级融合的直接支持辅助人员。特教助理教师的培养更加偏重操作性强的专业技能，例如课堂突发行为处理技巧、辅助课堂参与的技巧、社会交往技巧等。培养形式更加弹性与灵活，包括专题讲座、巡回指导、主题教研、个案研讨等，密切结合他们在辅助支持特殊学生过程中遇到的问题与需求。海淀区自 2016 年起开展特教助理教师的培养工作，共为全区培养了 30 名特教助理教师，形成了较为系统的培养与考核机制。

（5）行为指导教师培养。行为指导教师是能够为本校或区内学生问题行为管理提供专业支持与指导的人员，需拥有行为分析与干预相关资格证书。海淀区在 2016 年启动了行为指导教师的培养工作，分阶段开展中国应用行为分析师（CNABA）和国际副应用行为分析师（BCaBA）的培训。培养内容围绕特殊学生行为功能分析与干预，培养形式呈现多元化特色，如理论讲座、网络学习、在线研讨、视频督导、实地督导等。行为指导教师培养具有明显的专业性、深入性、系统性与进阶式的特点。

（二）初步构建融合教育教师团队

海淀区经过多年的实践，发现融合教育工作的推进不可能由任何一方独立完成。融合教育教师不可能也不应该是孤立的，融合教育的发展离不开团队的力量。为此，海淀特教中心逐步在融合教育工作中凝聚不同的融合教育教师力量，通过建立并完善巡回指导机制、制定与实施个别化教育计划、组织融合教育教研活动等多种方式，充分发挥巡回指导教师指导、主管领导统筹、资源教师协调、班主任教师主导、任课教师协助、特教助理教师辅助的作用，构建"各司其职、各有所长""相互配合、共同发展"的融合教育教师团队。

1. 完善巡回指导工作机制

学校的随班就读教师长期坚守在融合教育工作一线，最先发现问题、最需解决问题，尽管他们缺乏特殊教育的专业背景，但是并非孤立无援。海淀特教中心经多年实践建立了巡回指导工作机制，由巡回指导教师对学校上报的特殊教育需要学生进行课堂观察与访谈，就学生的特殊教育需求为学校领导、班主任教师和任课教师提供教育建议，包括课程调整、行为管理、教学策略、支持性环境营造等多方面，帮助教师解决最棘手的困难。当学生所需支持程度较高时，巡回指导教师将建议学生做深入的评估，将评估的结果反馈给家长或学校资源教师，为资源教师提供教育安置、个性化课程等方面的建议。

2. 制定与实施个别化教育计划

个别化教育计划（Individualized Education Plan，IEP）是特殊学生在学校接受教育的个性化方案。海淀区由特教中心或学校发起为学生召开 IEP 会议，学校领导、资源教师、班主任教师、任课教师、特教助理教师、特殊学生家长、巡回指导教师，必要时邀请特教专家等共同参与研讨。在 IEP 会议前，资源教师负责收集特殊学生的相关资料，例如评估结果、课堂表现、特殊困难、家长期望等多方面的内容，形成初步的 IEP 文本。在召开 IEP 会议过程中，小组成员依据特殊学生的评估结果，共同确定学生的长短期发展目标、课程教学调整策略、额外支持、转衔安置决定等，为学生接受高质量的融合教育提供依据。之后，班主任教师、任课教师依据 IEP 的内容规定，商讨特殊学生课堂教学的调整，协同合作，达成一致。

3. 组织融合教育教研活动

海淀区成立了五个区级融合教育教研组，即个案支持教研组、学校本位融合教研组、资源教师教研组、行为指导教师教研组和特教助理教师教研组，全面覆盖了巡回指导教师、资源教师、行为指导教师、随班就读教师、特教助理教师等。教研组针对教研员所在学校融合教育工作面临的问题进行集体研讨探究，深入挖掘背后的原因，通过头脑风暴的方式共同讨论最佳的解决方式。教研组还共同学习交流融合教育具体的实践策略，如学生课堂教学调整的方法、IEP 的制定方式、学生行为干预的路径、特教助理教师辅助策略等多方面的内容。通过集中研讨的方式，融合教育教师各自发挥专业优势，增强团队的力量。

（三）融合教育教师团队发展壮大

海淀特教中心不断探索区内融合教育发展的创新举措，其中，培养专业的特教助理教师与行为指导教师的做法在国内处于领先地位。

1. 特教助理教师应需而生

近年来，自闭症谱系障碍学生数量大幅增长，由于部分学校融合环境尚不健全，教师缺乏专业技能，很多自闭症学生难以适应普通班级学习生活，甚至出现严重的情绪行为问题，在普通学校遭遇重重困难。此外，普通学校还广泛存在特殊教育需要学生，如注意力缺陷多动障碍、情绪行为障碍、社交障碍、严重心理障碍等。他们在普通班级中表现出较多的行为问题，或在社交上存在严重困难，普通班级教师难以有效应对，他们往往难以参与普通课堂，甚至对其他学生的学习产生严重干扰。在此背景下，特教助理教师应需而生。特教助理教师扎根普通学校，为特殊学生提供直接的支持，如帮助特殊学生参与课堂，辅助学生社会交往，帮助学生进行情绪的疏导，管理与规范学生的行为表现，及时处理学生在学校面临的突发情况，做好与家长和教师的交流与沟通，配合与支持班主任教师与任课教师的工作，必要时寻求巡回指导教师的专业指导。

2. 行为指导教师发挥功能

行为指导教师经过严格而系统的关于学生功能行为分析与问题行为干预方面的培训，拥有中国应用行为分析师资格（CNABA）或国际副应用行为分析师资格（BCaBA），是海淀区在学生行为管理方面专业化程度最高的教师。行为指导教师来源多样，不仅有特教中心的巡回指导教师，而且有来自普通学校的资源教师和随班就读教师。他们优先立足本校，处理学生的问题行为。随班就读教师在发现学生的问题行为之后，反映到资源教师处，由资源教师联系行为指导教师（资源教师可能本身为行为指导教师），深入课堂，系统记录学生问题行为的数据，全面分析行为功能，制定行为干预的方案，协同资源教师、随班就读教师、家长等共同对学生的行为进行干预。行为指导教师还可在区特教中心协调下，为学区内临近学校学生的问题行为干预提供指导建议。

三、海淀区融合教育教师团队特点

(一)成员构成多元化

海淀区融合教育教师团队由多元主体构成,主要包括巡回指导教师、资源教师、行为指导教师、特教助理教师、融合教育主管领导、随班就读教师等。他们各有专长、各司其职,拥有共同的愿景与目标,即促进特殊学生更好地融入并参与普通班级学习生活,提高其受教育的质量。巡回指导教师来源于区级特教中心,拥有特殊教育专业背景,具有丰富的特殊教育实践经验,负责为全区普通学校随班就读教师、资源教师、特教助理教师等提供咨询建议。资源教师是普通学校内的特殊教育专业人员,他们经过较为系统的特殊教育培训,取得海淀区资源教师资格证书,为校内特殊学生提供资源教室课程,为随班就读教师提供咨询建议。行为指导教师是对学生行为问题进行干预和指导的人员,他们既可以是巡回指导教师,又可以是资源教师,需要拥有行为分析师资格证书。特教助理教师是特殊学生的直接支持人员,辅助特殊学生管理行为、促进其社会交往和课堂参与。学校主管领导负责全校融合教育工作的统筹与管理工作,对学校融合教育开展起到至关重要的作用,对资源教师和普通班级教师进行行政管理,宣导融合教育理念,提供专业培训机会,协调课程安排等。随班就读教师直接教授特殊学生,是融合教育推进的主力军,负责在班级营造良好的融合氛围,进行课程、教学与评价的调整,与家长进行沟通,必要时对特殊学生进行个别辅导。

(二)专业教师资质化

海淀区资源教师和行为指导教师"持证上岗",实现了专业教师"资质化"。就总体形势而言,普通学校缺乏特殊教育专业人员,普通学校教师缺乏特殊教育背景,融合教育工作经验不足,难以有效处理特殊学生的突发行为,难以保证特殊学生的课堂参与和学习质量。因此,海淀特教中心重视普通学校特教专业人员的培养,设置专业"门槛",严守资源教师的准入资格,通过开展系统的岗前培训,一方面规范资源教师的任职过程,增强资源教师对自身岗位的认同,另一方面提升资源教师的专业水平和从事融合教育工作的能力。海淀特教中心自 2011 年起,每年组织一批资源教师上岗培训,不断完善培训体系,逐步构建起"理论培训+教育实习+考核评价

(TEA)"的资源教师资格认证模式，通过该模式培训的教师可获得资源教师资格证书。行为指导教师肩负学生行为干预和指导的重任，学生行为的处理需要有科学且严格的干预方案，教师的任何举动都会对学生行为干预的进程产生重要影响，也直接决定了学生行为干预的效果。为此，需要有专业的行为指导教师，他们经过严格程序的培养，能够调动学校相关资源，具备处理学生行为问题的能力。海淀特教中心自 2016 年起，开始培养中国应用行为分析师(CNABA)和国际副应用行为分析师(BCaBA)，通过初阶、中阶和高阶三个阶段的理论学习与实践督导，目前已有 85 名教师取得中国应用行为分析师(CNABA)资格证书。

(三)支持服务系统化

融合教育发展需要融合教育教师相互协作、整合资源，实现资源网络化、支持系统化，让资源围绕学生、支持无缝衔接。目前，海淀区已经初步构建起"区级特教中心—学区融合教育资源中心—学校资源教室"的融合教育三级支持体系(如图 1-3-8)。区级特教中心辐射全区，提供指导，解决最困难的问题；学区资源中心服务学区，资源协调，协助学校解决问题；学校资源教室针对本校，支持个案，直接解决学生问题。区特教中心负责审批、指导、评估学区融合教育资源中心与学校资源教室，学区融合教育资源中心可以协调、辅助和补充学校资源教室的功能。截至 2019 年，海淀

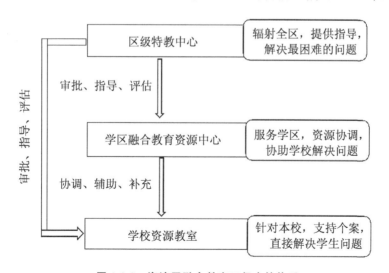

图 1-3-8 海淀区融合教育三级支持体系

区已建立 8 个学区融合教育资源中心，91 个学校资源教室，分别占学区数的 47.06％和接收特殊学生学校数量(168 所中小学)的 54.17％。

在三级支持体系中，融合教育教师是主体，即人员的支持。学校资源教师是资源教室的直接负责人，其工作的开展需要得到学校领导和普通班级教师的支持，也需要巡回指导教师的引领，如学生筛查与评估、专业资源配备和资源教室课程实施等多方面。特教助理教师可以辅助普通班级教师管理特殊学生行为，增强学生课堂参与；同时，特教助理教师也需要得到巡回指导教师和行为指导教师的定期指导，更好地促进学生融入普通班级。学区级资源教师负责统筹学区资源，衔接巡回指导教师和学校资源教师。巡回指导教师辐射全区，为区域普通学校主管领导、资源教师、普通班级教师和特教助理教师提供指导，也可以直接对特殊学生及其家长提供支持服务。

第二章　融合教育教师团队结构与协作机制

第一节　融合教育教师团队结构分析

　　融合教育教师团队由不同角色的融合教育教师构成，他们各自承担不同的职责，分工明确，又需要相互合作，共同为特殊学生提供融合教育教学与服务。融合教育教师可以有不同的分类方式，如依据角色可以分为融合教育实施者、指导者、辅助支持者等；依据学科背景可以分为特殊教育学背景、普通教育学背景、心理学背景和康复学背景等；依据来源可以分为普通教育学校的融合教育教师、特殊教育中心的融合教育教师和专业机构的融合教育教师。融合教育教师团队结构如图 2-1-1 所示。

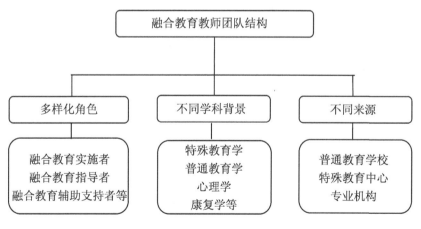

图 2-1-1　融合教育教师团队结构

一、融合教育教师多样化角色

沃德伦（Waldron）在 1996 年提出，普通教育教师是实施融合教育的第一层人员，特殊教育教师和特教助理员是第二层人员；除此之外，还有学区的提供咨询者、大专院校的师资培训人员，以及研究计划的执行人员。钮文英在此基础上进行了丰富和细化，将实施融合教育的人员分成了五个层次（见表 2-1-1）。① 可以看到，融合教育教师的构成多样、分工明确、相互支持和补充。其中，普通教育教师既承担着教导普通学生的任务，又直接对特殊学生负责，是最核心的融合教育实施者。特殊教育教师因为在特殊教育评估、个别化教育计划制定、个别化教学等方面的专业性则能够为普通教育教师提供专业支持。而特教助理员是普通教育教师班级教学和管理的直接合作者，直接对特殊教育学生负责。其他人员，如咨询者、培训者则对融合教育教师提供支持。

表 2-1-1　实施融合教育的人员及其扮演的角色

层次	实施融合教育的人员及其扮演的角色
第一层	普通教育教师：教导所有学生。
第二层	特殊教育教师和特教助理员：与普通教育教师合作，向所有学生提供支持服务。
第三层	学区的提供咨询者（如身心障碍专业团队）：支持普通和特殊教育教师。
第四层	大专院校的师资培训人员：实施融合教育人员的准备和训练。
第五层	研究计划的执行人员：研究融合教育的实施现状、模式和策略。

（一）融合教育的实施者

在我国融合教育的直接实施者，大多是随班就读教师。随班就读教师是班级中有特殊学生的普通教师，负责特殊学生的日常教学、课堂管理、学校生活等多个方面，并且对特殊学生同伴关系的建立起着关键的引导作用。他们是教授特殊学生的主体，也是决定融合教育实施效果的关键人物。

———————————

① 钮文英. 拥抱个别差异的新典范：融合教育［M］. 2 版. 台北：心理出版社. 2015：557.

随班就读教师所具备的融合教育理念、对融合教育的态度、专业技能和获取支持的能力都对其实施融合教育的过程和成效产生重要影响。特殊学生进入普通班级后，普通班级的教师自然而然成为随班就读教师，成为融合教育的实施者，承担起教育有特殊教育需要的学生的任务。特殊学生作为班级中的一分子，首先需要被班级接纳，进而能够"坐得住"并且"学得好"。但是这三个层次及其递进关系并非仅靠特殊学生、普通学生即可自然发生的。第一，随班就读教师需要通过班级活动、班会、小组合作等不同的方式，在班级管理中营造融合、接纳的班级氛围，使特殊学生不被歧视、不被边缘化，真正成为班级中的一员，使其"留得住"。第二，很多特殊学生，如智力障碍学生、自闭症学生因其自身障碍往往伴随有一定的行为问题，如随意走动、吵闹等。这在一定程度上影响到教师教学、班级管理，对于随班就读教师来说是个挑战。应该以怎样的态度对待这些行为问题，用怎样的方法解决行为问题，如何引导普通学生看待这些行为问题，都是随班就读教师需要考虑和解决的，使其能够"坐得住"。第三，特殊学生进入普通学校，最重要的任务还是学习。在普通班级中，随班就读教师既要进行集体教学，又要照顾到特殊学生的需要，使其能够"学得好"。课程融合成为融合教育最难实现的目标。可见，从特殊学生进入普通班级开始，随班就读教师就成为融合教育的实施者，不论在哪一个层次的态度、知识和技能水平，都将对特殊学生、普通学生、融合教育产生直接的、至关重要的影响。

(二)融合教育的指导者

随班就读教师大多为学科教师，缺乏特殊教育的专业背景。当面对有特殊教育需要的学生时，由于缺乏对学生的了解、缺乏专业的技能，他们面临多重困难，因此需要得到专业人员的支持与指导。融合教育的指导者包括资源教师、巡回指导教师及高校专家等。资源教师是普通学校中具有特殊教育背景的专业人员，是资源教室的具体负责人，可以为教授特殊学生的随班就读教师提供咨询与指导。他们具体的职责包括筛查与评估、教学与指导、咨询与沟通、行政事务、公共关系、教科研等。其中，指导方面主要表现为设计并运用特别的教学方法和行为指导策略，进行个别训练和指导；选择、设计适合个别学生需要的教材、教具和多媒体；指导或协同完成普通班级的差异教学等。① 所以，他们是特殊教育和普通教育沟通的桥梁，负责对特殊儿童进行个别辅导、补救教学，对普通班级教师和家长提供咨询与支援等服务。资源教师的专业化发展水平直接决定了资源教室功能能否有效实现，进而影响随班就读工作的整体质量和残疾儿童的受教育水平。②

巡回指导教师一般由区特教中心派出，前往区域内的多所学校，为随班就读教师、资源教师以及主管领导等提供指导与支持。具体地，巡回指导教师的指导主要体现在针对学生进行筛查评估与咨询指导，对随班就读教师进行课堂教学指导，对资源教师的资源教室运作进行相关指导，对随班就读教师进行培训和指导等。③ 高校专家具有深厚的专业理论背景与研究基础，可以为融合教育发展提供前瞻性的、理论性的参考及教科研工作指导。具体地，他们对融合教育教师可以进行相关的特殊教育理念培养、知识等方面的培训，提供其他国家和地区融合教育的实践经验，采用适当的评价工具对融合教育教师的课程和教学进行评价并提出改善建议等，也可对融合教育教师的教育教学探索和试验提供指导和帮助。

（三）融合教育的辅助支持者

融合教育的发展不仅需要实施者、指导者，而且必要时还需要辅助支持者。例如对于认知能力较弱的自闭症儿童，为促进其更好地参与课堂，形成良好的社交关系，学校或家长可为其配备特教助理教师。特教助理教师，在我国台湾地区翻译为特殊教育助理员或简称为特教助理员，目前有研究者将其翻译为辅职教师。他们在保障融合教育质量中扮演着不可或缺的角色。④ 高威认为辅职教师作为直接辅助教师教学的准专业人员，是残障学生和其他专业人员对接的关键纽带。他们在专业人员的指导下开展辅助

---

① 王和平. 随班就读资源教师职责及工作绩效评估[J]. 中国特殊教育，2005(7).

② 冯雅静，朱楠. 随班就读资源教师专业化发展的现状与对策[J]. 中国特殊教育，2018(2).

③ 王秀琴. 巡回指导教师在随班就读中的作用研究——基于北京市海淀区2011—2013年巡回指导工作的实践[J]. 现代特殊教育，2014(7).

④ Frencb NK，Lou Pickett，A. Paraprofessionals in Special Education：Issues for Teacher Educators[J]. Teacher Education and Special Education：The Journal of the Teacher Education Division of the Council for Exceptional Children，1997，20(1)：61-73.

普教教师教学、执行个别化教育计划（IEP）、支持学校与家庭沟通等工作。[①]
特教助理教师是促进特殊学生融入普通班级的重要支持人员，其最重要的
职能是促进特殊学生参与普通课程，独立进行学习，并提高融合质量。[②] 而
杨银等人则认为他们不仅要协助开展课程与教学，而且需要指导特殊学生
遵守学校生活规范，处理学生情绪行为的挑战，关注校园安全等事项。总
体来看，特教助理员在教学现场中的角色定位倾向于校园生活服务员、教
学协助员及安全保卫员。[③] 当学校有言语障碍、肢体障碍等学生时，可根据
情况通过购买服务等方式引入康复类教师，如言语治疗师、物理治疗师等。

　　特殊学生除了促进其全面发展的发展性课程之外，还需要根据其实际
需求设置功能性课程，对其言语、行为、动作等进行专业康复。康复内容
和方式可以参考教学目标和内容，基础能力的发展也将一定程度上改善其
在教育教学中的表现。所以，康复专业人员也需要与随班就读教师及时沟
通、协同合作。此外，心理咨询教师是促进特殊学生心理健康发展的重要
支持人员。

二、不同学科背景融合教育教师

　　研究者认为特殊学生往往存在较大个体差异，所需要的教育和康复服
务各异。所以，融合教育支持系统要求组成一个专业支持团队，对每名特
殊学生展开整体评估，并根据评估结果设计个别或小组康复教育计划，配
备必要的辅助人员、辅具，提供相应的康教服务。专业支持团队的成员通
常由两部分人员组成：专业人员，如普教教师、特教教师、治疗师、医
（护）师等；职业人员，如辅职教师、护工等。[④] 这就需要来自不同的学科背
景的专业人员共同构成融合教育教师团队，来满足特殊学生的教育、康复
需求。其中，特殊教育专业背景的教师当然不可或缺，他们为残疾学生提
供专业的个别化指导和教学；普通教育学科教学教师则从学科教学的角度，

　　① 　高威. 实现高质量的融合教育：美国辅职教师制度化路径及启示[J]. 基础教
育，2018(2).

　　② 　Teaching Personnel. Classroom Support Staff Handbook[R]. 2013，3.

　　③ 　杨银，秦铭欢. 我国台湾地区特殊教育助理员发展概况及其启示[J]. 现代特殊
教育（高等教育研究），2018(20).

　　④ 　高威. 实现高质量的融合教育：美国辅职教师制度化路径及启示[J]. 基础教
育，2018(2).

为特殊学生的课程与教学提供直接教学与支持，心理学和康复学背景的教师则为特殊学生的心理健康和相关能力康复提供服务。

（一）特殊教育学背景的融合教育教师

来自特殊教育学科背景的教师是融合教育教师团队的骨干力量，包括巡回指导教师、资源教师、特教助理教师、行为指导教师等。巡回指导教师由特教中心或特教学校教师担任，因其需要对普通教育教师进行特殊教育专业的指导和支持，对特殊学生进行个别化的服务，所以应具有系统的特殊教育学科背景，应具备特殊教育及相关专业本科以上学历，或在职期间经过不少于一年系统的特殊教育专业培训。他们应该精通如何对随班就读生进行有效的指导（如分层教学的实施），如何对有特殊教育需求学生进行初步评估与筛选，如何与家长（特别是有特殊教育需求的学生家长）沟通等技能。①

资源教师工作于普通学校，可由特殊教育专业背景的教师担任；也可选拔优秀的普通教育教师经过系统的知识、技能培训后担任。他们应该熟知融合教育理念，了解各类特殊学生的发展特点，掌握融合教育实践的技巧与策略，能够为随班就读教师提供有效的指导建议。

特教助理教师不同于传统的"陪读"和"安全员"。如前所述，他们既需要对普通教师的教学提供支持，又需要对特殊学生的学习实施个别辅助，还需要能够有效处理特殊学生的各种情绪行为问题，承担帮助特殊学生融入普通班级的责任。所以，他们同样应该具备一定的特殊教育专业能力。行为指导教师主要是针对学生行为问题频发的状况应运而生的，他们可以对特殊学生在不同情境中，如课堂、课间休息、独处、与人交往等情境中的行为问题进行观察、评估并能够据此提出科学的解决方法。所以，他们需要经过系统的行为问题评估、矫正的培训，具备行为分析师的资格。

（二）普通教育学科背景的融合教育教师

在融合教育教师团队中，大多数教师并没有特殊教育专业背景。随班就读班主任、随班就读任课教师、学校主管领导等，他们多为各学科教师出身，如语文、数学、化学、生物等学科教师，却承担着直接教授特殊学

---

① 王秀琴. 巡回指导教师在随班就读中的作用研究——基于北京市海淀区2011—2013年巡回指导工作的实践[J]. 现代特殊教育，2014(7).

生或引领学校融合教育发展的主体责任。因此，如何提高普通教育学科背景的融合教育教师专业素养，成为当前提高特殊学生受教育质量的关键。目前，我国的随班就读教师还以普通教育教师为主。而他们往往在职前教育中接受的是学科教育教学，从未接触过特殊学生和特殊教育，更不用说融合教育的相关课程。研究者提出学科教师需要具备学科知识和专业基础，及了解所教学科的核心概念、结构及研究工作，能够组织知识、具备整合跨学科知识的技能；能够使用一般学科课程和专业知识为特殊儿童提供个别化的教学活动，能够调整学科课程和其他专业课程知识，使其适用于特殊儿童。

综上所述，特殊教育专业的教师不仅要具备特殊教育的知识和技能，而且需要有扎实的学科知识和专业基础。可以看到，对于学科教学专业的普通师范生和教师来讲，系统补充特殊教育与融合教育的理念、知识和技能同样必不可少。在普通教师职前职后的培养方案中加入系统的特殊教育内容，对融合教育教师应该具备的专业核心素养进行培养和训练是必然的选择；走普通教育和特殊教育相结合、相补充的专业化、创新性融合教育教师培养道路。[①]

(三)心理学背景的融合教育教师

融合教育有助于特殊学生的学业发展与身心健康。特殊学生通过与普通学生的交往互动，不仅改变了普通学生关于残疾的观念，而且对特殊学生的心理与行为产生巨大的影响，有利于特殊学生尽早适应主流社会环境，也有利于社会对残疾人的接纳。[②] 但是，特殊学生在我国融合教育环境中由于各种不利因素影响，他们的心理健康状况不容乐观。如王琳琳等人认为随班就读要求智力障碍学生不仅要学会应对学业与成长的压力，而且要适应新的学校、社会环境带来的挑战，出现心理健康问题的可能性比较大。[③]江琴娣研究发现随班就读轻度智力落后学生的心理健康问题比正常学生和

---

① 邓猛，赵梅菊. 融合教育背景下我国高等师范院校特殊教育师资培养模式改革的思考. 教育学报，2013(6).

② 邓猛，肖非. 隔离与融合：特殊教育范式的变迁与分析[J]. 华中师范大学学报（人文社会科学版），2009(4).

③ 王琳琳，赵斌. 随班就读智障儿童积极心理健康教育探析[J]. 绥化学院学报，2013(7).

辅读学校学生的心理健康问题更突出，有待相应有效的教育支持。① 王淑荣等人的调查指出尽管听力残疾学生心理健康状况总体是好的，但有 43.75％属于中等焦虑水平，有 3.13％属于高焦虑水平。②

所以，许多特殊学生，如听力障碍、视力障碍、智力障碍等学生在普通学校中的心理健康状况亟须受到关注。为促进特殊学生全面融入普通班级，保持心理的健康状态，研究者提出教育主管部门要加强对心理健康教育教师的业务培训，及时督促和评价心理健康课的开设与实施情况，加强随班就读教师的特殊教育理论培训和考核，③ 需要发挥心理咨询师或学校心理教师的作用，营造安全、和谐的心理氛围，辅助特殊学生形成积极的认知模式，调节其心理状态，促进心理层面的融合。例如，美国 2004 年颁布的"教育所有残障儿童法"(Individuals with Disabilities Act，简称为 IDEA)规定心理服务包括，实施心理的和教育的测试以及其他评估；解释评估结果；获取、整合、解释与学习相关的儿童行为和状况；与其他工作人员商量实施学校项目计划，以满足儿童通过心理测验、面谈和行为评估所表现出来的特殊需要；计划和管理一项心理服务方案，包括对儿童和家长的心理咨询帮助开发积极行为干预策略。④

(四)康复学背景的融合教育教师

部分特殊学生由于生理原因存在言语障碍或肢体障碍等，需要单独设置康复类的课程，对学生进行听力、言语语言、动作、生活适应、行为等方面的康复，提高学生在言语及肢体上的功能。无论是普通学校的教师还是特殊学校的教师都无法以一己之力承担不同障碍类型、障碍程度特殊学生的康复需求。所以，学校需要借助康复教师的力量，如物理治疗师(Physical Therapist，PT)、职业治疗师(Occupational Therapist，OT)、言语治疗师(Speech Therapist，ST)等。

物理治疗师的职责是为他人提供服务，使他人在一生中都发展、维持

---

① 江琴娣. 随班就读轻度智力落后学生心理健康问题的研究[J]. 中国特殊教育，2005(2).

② 王淑荣，国家亮. 随班就读听力残疾学生的心理健康状况调查研究——以山东省济南市随班就读听力残疾学生的心理健康状况为例[J]. 中国校外教育，2011(S1).

③ 同上。

④ 叶元. 美国特殊教育相关服务研究[D]. 上海：华东师范大学，2011.

和恢复最佳运动及功能。① 物理治疗师主要工作职责包括：评估学生肌能、体能、心肺、肌张力、关节活动和姿势功能；提供学生接受手术前后的照顾；通过个别训练、小组训练、班级教学、课堂协作、入宿训练、综合活动辅导等形式组织各类物理治疗训练；设计、改装及订购物理治疗器材；协助相关科目的课程发展与教学，如体育科、感知肌能科、肌能辅导、引导式教育等；为其他教职员工、家长、义工等提供物理治疗知识培训；为学生提供辅助用具佩戴和使用指导，开展个别学生转换姿势、运动或步行等专业训练。职业治疗(也称"职能治疗""作业治疗")是通过目的性的活动，改善、发展、恢复、增强生理、心理发展障碍者的体能和心智功能，提高其独立执行任务、独立生活的能力，提高其生活质量。美国国家残障儿童信息中心提出职业治疗可能涉及自理能力和适应性生存、功能性移动、定位、感官运动的进行、精细运动和粗大运动进行、生活技能或职业技能训练，以及社会心理适应。言语治疗是一门涉及语言学、心理学、听力学、统计学、病理学、解剖学和生理学等知识，为沟通障碍人士提供评估、治疗、咨询等专业服务的学科。言语治疗师的工作主要为：组织学生吞咽能力和言语语言能力的评估与训练；设计、改装及订购言语治疗器材；协助语文、常识、音乐等相关科目的课程发展与教学；为其他教职员工、家长、义工等相关人员提供言语治疗知识培训。②③

三、融合教育教师的不同来源

(一)普通学校的融合教育教师

普通学校是融合教育发展的主要场所，学校教师的专业能力及相互协作的关系是制约融合教育实施的关键因素。普通学校场景中的融合教育教师主要包括随班就读教师、资源教师与特教助理教师等。他们具有不同的专业背景，承担不同的角色，通过相互合作、协调配合形成支持普通班级特殊学生发展的合力。随班就读教师尤其是班主任教师，既要负责学科教学，又要通过班级管理工作促进特殊学生在普通班级的物理融合。他们需

① 王欣，王于领，黄卫平，等. 世界物理治疗联盟物理治疗师专业准入教育指南(2011版)[J]. 中国康复医学杂志，2012(10).
② 徐芳. 香港重度智障儿童的学校康复服务[J]. 现代特殊教育，2014(5).
③ 叶元. 美国特殊教育相关服务研究[D]. 上海：华东师范大学，2011.

要通过主题活动、主题班会、个别辅导等形式，营造班级接纳和包容的氛围，为特殊学生的社会融合创造良好的条件。他们还需要通过家长会、主题讲座等方式获得普通学生家长的理解和接纳。另外，他们也是特殊学生学科教学教师团队的核心组织者，以获取学科教师的配合和支持。资源教师是普通学校中具有特殊教育背景的专业人员，是资源教室的具体负责人，可以为教授特殊学生的随班就读教师提供咨询与指导。他们一般由具有特殊教育专业背景的教师、特殊学校教师或经过系统培训后的普通教育教师担任。特教助理教师是促进特殊学生融入普通班级的重要支持人员，其最重要的职能是促进特殊学生参与普通课程，独立进行学习，并提高融合质量。因为对其有一定的教育教学，尤其是个别化教学、辅助普通教育教师和其他学科教师教学的要求，所以他们需要经过更为复杂、复合的培训。

（二）特殊教育指导中心的融合教育教师

特殊教育指导中心是推进区域融合教育发展的重要力量，是联结教育行政部门、高等院校、普通学校、特殊教育学校的核心纽带，其成员由特教专干、教研人员及专业化较强的巡回指导教师构成，巡回指导教师是最为关键的力量。巡回指导教师负责在区域内各所普通学校间穿梭并提供专业支持，包括为随班就读教师、资源教师及主管领导提供咨询建议，筛查特殊教育需要的学生，并为程度较重的学生提供直接的干预与指导。巡回指导教师发挥了桥梁作用，桥梁的一头连接着资源教师、随班就读教师及学校的需求，另一头连接着特殊教育的各项资源（自身技能以及专家的资源等），巡回指导教师或作为主讲者，或作为学习者参与到各项培训中。[①] 所以，研究者建议在特殊教育学校、区特教中心的专业支持指导下，进一步完善巡回指导模式，即特教专家和教师定期走访学校，开展案例研讨、筛查评估、训练指导工作，以协助学校及时解决各种融合问题。可见，巡回指导教师因对其有较高的特殊教育、融合教育专业性的要求，应该由特殊教育专家或者具有足够的特殊教育工作经验的特殊教育教师担任，能够为普通学校教师、资源教师提供专业的、具有针对性的指导，能够具体开展评估、个别化教育计划制定、康复训练、个别化教学、课程和教学调整等多方面的工作。

---

① 王秀琴. 巡回指导教师在随班就读中的作用研究——基于北京市海淀区2011—2013年巡回指导工作的实践[J]. 现代特殊教育，2014(7).

（三）康复训练机构的融合教育教师

随着融合教育的发展，越来越多障碍程度较重的特殊学生进入普通学校，这些学生不仅需要普通班级的集体教学，而且需要额外的支持服务。学校可在区特教中心的协调下，必要时引入专业康复训练机构的康复类教师、心理咨询教师等，为特殊学生提供针对性的康复训练与心理咨询等服务，从而弥补特殊学生的缺陷，发挥其潜能，提高特殊学生适应普通班级及社会生活的能力。如前所述，不同障碍类别、障碍程度的特殊学生，如感官障碍、智力障碍、自闭症等学生在不同的年龄有不同的发展需求，可能需要心理、行为、认知、言语、粗大动作和精细动作、生活自理、社会适应等不同方面专门课程，获得行为指导教师、作业治疗师、物理治疗师、言语治疗师等一对一的指导和服务。这些工作一般都由来自专业康复训练机构获得相关的从业资格证书的专业人员承担。他们主要来自医疗卫生系统及残联相关部门、民办或者公办的康复机构等单位。特殊学生的发展是一个完整的、综合的过程，应该在课程调整的时候考虑到特殊学生在康复课程方面的实际需要。

第二节　融合教育教师团队构成

融合教育教师团队成员角色不同、学科背景各异，来源也不尽相同。海淀区现阶段建立了以随班就读教师为主体、以资源教师为骨干、以巡回指导教师和行为指导教师为指导、以特教助理教师为辅助的融合教育教师团队；形成了校内资源教师与特教助理教师两类专业人士"两条腿走路"、校外巡回指导教师与行为指导教师"双重指导"的教师团队格局。

一、巡回指导教师

（一）巡回指导教师的内涵

巡回指导教师是指在校际为特殊教育需要学生提供特殊教育服务，同时为普通班教师提供有关特殊教育的咨询建议等的专业人员。[①] 有研究者指出，巡回指导教师是指在特殊教育资源中心服务的专职教研员，主持一般

---

① 王文科. 特殊教育导论[M]. 台北：心理出版社，2000：22-25.

性行政工作、教科研活动及安排特教研习活动、会议等，并提供相关专业的咨询服务，对辖区内的资源教师、融合班级进行指导及年度工作评估。①朴永馨教授在《特殊教育辞典》中指出，巡回指导教师以巡回教学的方式对一个地区的若干所学校、家庭、医院中的特殊儿童进行定期或专项辅导，同时也对学校教师、特殊儿童家长提供指导，任务是经常巡回辅导本地区的随班就读工作。② 本书中的巡回指导教师指的是任职于海淀特教中心的专职教师，他们负责为全区融合教育工作提供专业咨询与指导。具体而言，他们对普通学校特殊教育需要学生进行筛查与评估，对学生进行个案支持与辅导；为随班就读教师与资源教师提供课堂教学的咨询，组织专业培训与教研活动；对学校整体融合教育工作的开展进行引导等内容。总之，巡回指导教师是融合教育发展的重要指导者，具有系统的特殊教育专业背景，衔接特殊教育与普通教育，联合特教专家与普通教师，为区域融合教育发展提供专业支持。

(二)巡回指导教师的来源

巡回指导教师一般由区域特殊教育中心的专职教师担任，或由特殊教育学校的教师兼任。专业性较强的特教教师兼任巡回指导教师是目前各地普遍的做法。海淀区巡回指导教师的来源与区域融合教育的发展历程紧密相关，经历了三个阶段。

第一阶段：特教教师兼任巡回指导教师。随着融合教育试点工作的推进，特教学校教师拓展了工作领域，走进普通学校，为融合教育的开展提供支持与指导。这一阶段海淀区的巡回指导教师由特教学校教师兼任，特教教师在安排好学校教学工作的同时，与普通学校教师建立联系，开展工作。然而，特教教师兼任巡回指导教师难以保证巡回指导的时间。特教学校与普通学校在学校氛围、课程教学等多方面存在差异，特教教师很少有时间去对普通教育进行研究，导致巡回指导与实际发展容易脱节。

第二阶段：特教教师成为专职巡回指导教师。2010 年，海淀区培智学校委任教学副校长全面负责区域融合教育指导工作。特教学校设有专职的巡回指导教师岗位，教学副校长及两名教师成为海淀区首批专职巡回指导

---

① 刘慧丽. 融合教育理念下资源教师角色的指导模式研究[D]. 武汉：华中师范大学，2013.

② 朴永馨. 特殊教育辞典[M].3 版. 北京：华夏出版社，2014：76.

教师。拥有了专职的巡回指导教师，区内的巡回指导工作逐渐常态化、规范化、专门化。尽管如此，3 名专职巡回指导教师人数太少，难以满足全区所有中小学的融合教育指导需求。

第三阶段：特教中心教师成为专职巡回指导教师。2016 年，北京市海淀区特殊教育研究与指导中心（简称海淀特教中心）成立，拥有独立的建制与法人地位，有 15 个人员编制，巡回指导教师的数量得到保证。专职巡回指导教师拥有特殊教育、心理学或普通教育专业背景，各有所长，分工明确，巡回指导的覆盖范围明显增加，深入程度得以提高。专职巡回指导教师各自负责不同学区的普通中小学，确保与学校建立紧密的指导联系。

（三）巡回指导教师的专业素养

巡回指导教师作为融合教育的支持者和资源提供者、合作者、协调者和督导者，[①] 需具备专业指导、沟通协调、组织管理等多方面的专业素养。

首先，巡回指导教师应具有专业指导的能力。巡回指导教师具有系统的特殊教育专业背景，或具有多年特殊教育相关工作经验，对普通学校教育的特点有所了解，能够承担对区域普通学校融合教育工作指导的职责。巡回指导教师需具备指导课堂教学的能力，通过深入普通课堂进行观察与记录、对学生本人和班主任教师进行访谈，了解学生的特殊教育需要，针对学生的特点为教师提供政策参照、课堂教学、行为干预、社会交往等多方面的指导建议。必要时，巡回指导教师对学生进行专业的评估，或者依据评估结果指导或参与学生个体化教育计划（IEP）的制定，为学生在普通学校接受融合教育提供专业参考。巡回指导教师还应熟知资源教室运作的相关专业知识和策略，为资源教室的硬件配备、环境布置、课程开设、教学实施等方面提供指导建议。

其次，巡回指导教师需擅长沟通与协调。巡回指导教师的工作对象呈多样化特点，既有普通学校的领导、资源教师、普通班级教师、特教助理教师，又包括特殊学生家长，以及特殊教育领域内的专家等。这要求巡回指导教师能够具有良好的沟通技巧，能够就特殊学生的发展特点、安置方式、支持策略等方面进行有效沟通。此外，巡回指导教师还应具有较强的协调能力，由于不同利益主体的立场与关注焦点不同，如特殊学生家长、

---

① 张悦歆，王蒙蒙. 随班就读巡回指导教师制度研究进展和建议[J]. 中国特殊教育，2017(11).

普通学生家长、普通班级教师之间可能由于学生问题行为对课堂带来的干扰而产生分歧与矛盾，这是融合教育中常见的问题。此时，巡回指导教师需综合考量问题的原因，协调不同主体之间的关系，用专业的力量及时化解矛盾冲突。

最后，巡回指导教师能胜任组织与管理等工作。巡回指导教师还承担组织全区随班就读教师、资源教师、特教助理教师，以及行为指导教师培养的工作。因此，巡回指导教师应具备组织培训、教研活动等方面的能力。此外，巡回指导教师需要统筹科研院校、社会机构、医院、社区等多方资源，为区内融合教育服务，从而提高巡回指导工作的效率。巡回指导教师还参与组织特殊学生的个体化教育计划（IEP）会议或个案研讨会，召集学生家长、学校融合教育主管领导、资源教师、班主任教师、特教助理教师等参加，准备研讨相关的资料，推进研讨会的进展。此外，巡回指导教师还负责全区随班就读学生备案、数据管理和资源教室评估等方面的工作，这要求巡回指导教师具备常规管理等方面的能力，制定相关工作计划，监控计划完成情况，并对结果进行评估等。

（四）巡回指导教师的工作职责

2014 年，海淀特教中心对区域内普通中小学校进行了调查，发现：普通学校对巡回指导教师的工作内容期待依次为筛查评估、信息调查、资源教室建设指导、课堂教学指导、师资培训、康复训练和其他工作等。2017 年海淀区编制了《北京市海淀区特殊教育研究与指导中心岗位职责与说明》的内部制度，对巡回指导教师的工作职责进行明确，分为巡回指导、学生筛查、学生评估、数据管理、随班就读备案、指导资源教室、指导特教助理、指导送教上门、组织教师培训等 10 项内容共计 100 个条目（详见附件2-1）。

第一，完成巡回指导工作。巡回指导是指教师定期或不定期前往区域内不同学校，根据学校教师或领导在融合教育工作推进中遇到的困难提供针对性的指导，向班主任了解学生的学校表现、突出问题、助教的陪读情况、教育困惑、期待解决的问题，并给予困惑解答和具体建议；向部分学生家长了解学生生长发育史、家庭教养环境，必要时建议家长带学生赴医院问诊，为家长提供家庭教育建议，促进家长和学校的彼此理解与合作；对特殊需求程度较高的学生进行定期跟踪指导；巡回指导教师在过程中及时填写《巡回指导工作记录》（详见附件 2-2）。

第二，负责学生筛查工作。海淀区目前已基本建立三级筛查机制（见图 2-2-1），当班级教师发现学生存在特殊教育需要时，向学校提出筛查需求，并填写《特殊教育需要学生筛查表》（详见附件 2-3），由资源教师进行初步筛查。巡回指导教师在学校资源教师对特殊学生初筛之后，进入课堂观察，对学生和教师进行访谈，筛查出有特殊教育需要的学生，并给班主任和资源教师提供针对性的建议。当巡回指导教师介入时，需提前做好入校筛查的安排，进入课堂观察学生的表现，课下与学生进行深入的互动，对教师进行访谈，从而综合了解学生的表现。筛查结束后，巡回指导教师需整理筛查信息，填写筛查反馈表，并向学校进行反馈。

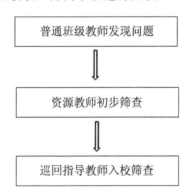

图 2-2-1　海淀区特殊教育需要学生三级筛查机制

第三，对学生开展教育评估工作。学生评估是具有评估资质的巡回指导教师对提出评估申请的学生进行认知或适应行为等方面的教育评估。学校或家长提出教育评估需求后，需由家长知情同意后，由家长填写《特殊教育需要学生评估申请表》（详见附件 2-4），巡回指导教师安排具体评估时间、评估人员，根据实际需要对学生进行认知能力、社会适应行为、动作、语言、阅读与书写能力等方面的评估。为全面了解学生，巡回指导教师需要对家长进行访谈，了解学生生长发育史、家庭教养环境、学业发展水平、学校适应状况、社会交往水平、家长对学生的期望、家长的困惑与期待解决的问题。巡回指导教师在评估之后撰写评估报告，并反馈给家长，在家长同意的情况下，对学校做出反馈（见图 2-2-2）。

第四，负责全区特殊学生数据管理工作。巡回指导教师需要对全区特殊教育学校数据及融合教育数据进行动态分类管理。巡回指导教师根据各上级单位下发的数据统计通知，设计融合教育和特殊教育数据等相关调查

图 2-2-2　巡回指导教师入校进行课堂观察与访谈

表，撰写各校填报调查表的通知，并收集、整理各校上报的纸本及电子版
调查表，严格审核各校上报的随班就读数据，确保数据的准确性。之后，
巡回指导教师按照学区、学校、特殊学生障碍类型、年级等不同维度进行
统计分析，将数据收集的结果上报给相关部门。

　　第五，管理随班就读学生备案工作。随班就读备案工作对学生的生均
公用经费，以及考试等都会产生影响，特教中心受海淀教委委托，负责全
区随班就读学生的备案。巡回指导教师负责审批随班就读申请及撤销手续，
严格审核学生家长向学校提交的医院诊断证明材料，对符合申请标准的学
生办理随班就读备案。对提出撤销随班就读申请的情况，需由家长将医院
出具的证明材料上交学校，巡回指导教师到学校对学生进行具体评估，如
符合撤销标准即可予以办理撤销手续。

　　第六，指导资源教室/资源中心建设与运作(见图 2-2-3)。巡回指导教师
逐步完善资源教室/资源中心的管理流程，负责初步审批和指导完善资源教
室/资源中心项目材料，为学校下发资源教室建设确认函。在建设过程中，

巡回指导教师为学校或学区提供资源教室/资源中心设施配备以及环境布置的指导建议。在资源教室/资源中心建成之后，巡回指导教师组成评估团队，开展硬件评估与全面检查评估，审查资源教室运作的相关档案，听取普通学校主管领导的工作汇报，听取资源教师现场课，做出综合评估（见图2-2-4）。此外，巡回指导教师还需提供资源教室/资源中心管理与运作方面相关的咨询服务。

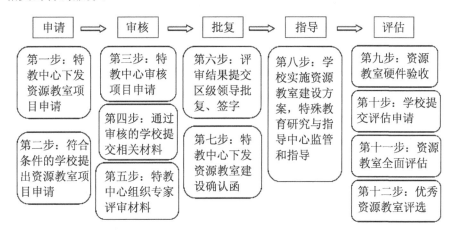

图 2-2-3　海淀区资源教室管理流程图

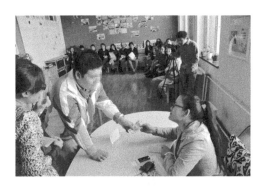

图 2-2-4　巡回指导教师对资源教室进行全面评估

第七，指导特教助理教师（见图 2-2-5）。巡回指导教师于每学期初对招募的特教助理进行岗前专业培训，开展特教助理的巡回指导，对于突发情况和课堂支持进行实战指导，并填写《特教助理巡回指导记录表》（详见附件2-5）。巡回指导教师定期组织特教助理教师开展专题教研活动，就工作中面临的实际问题进行集体研讨并研制方案。巡回指导教师还需与家长和学校及时沟通，做好学校教师及家长对特教助理教师的满意度调查等工作。巡回指导教师于每学期末对本学期特教助理工作进行总结。

图 2-2-5　巡回指导教师组织特教助理教研活动

第八，指导送教上门工作。巡回指导教师于每年 6 月底之前，做好送教上门学生的摸底调查工作，完成调查记录。巡回指导教师需于 7 月做好下一年度送教上门工作的规划。对送教上门教师的工作进行巡回指导，并填写《送教上门巡回指导记录表》(详见附件 2-6)。为提高送教上门工作的质量，巡回指导教师定期组织送教上门教研活动，及时发现并解决送教上门过程中出现的问题和所需要的支持。

第九，组织教师培训研修工作(见图 2-2-6)。巡回指导教师开展培训需求调研，根据结果完善培训方案，依据方案进行教师培训，对学员培训情况进行考核，对考核合格者颁发培训结业证书，如资源教师资格认证培训、随班就读教师全员培训、行为指导教师培训等。巡回指导教师负责特殊教育教师的继续教育备案工作，维护校本培训继教系统，授予校本培训学分。

图 2-2-6　巡回指导教师组织教研活动

此外，巡回指导教师还负责组建区级融合教育教研组，发起并参与教研组活动，完善教研计划与总结。

第十，开展特殊学生示范教学与干预。巡回指导教师还有直接对特殊学生进行干预与康复的职责，将教学与研究相结合，探索特殊学生个别化课程的内容体系与教学实施策略，为区内资源教师个别化教学提供示范与借鉴。特教中心在区内建立三级支持机制（见图 2-2-7），对于特殊教育需要程度较低、学校资源教师能够应对的学生，则由资源教师在学校资源教室进行干预；对于没有资源教室的学校，或者学校资源教室不足以应对的学生，

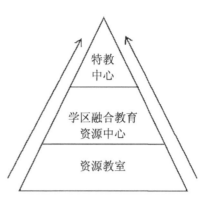

图 2-2-7　海淀区特殊教育需要
学生三级支持机制

由学区融合教育资源中心进行干预；对于特殊教育需要程度较重，或者存在严重情绪行为问题的学生，则由特教中心巡回指导教师介入进行直接干预。这类学生由特殊学生家长向特教中心提出康复训练申请，并填写《特殊教育需要学生康复训练申请表》（详见附件 2-7）。巡回指导教师依据特殊学生的评估结果或发展水平，制定康复训练计划，实施干预，填写《特殊教育需要学生康复训练记录》（详见附件 2-8），并及时与学生家长就课堂表现进行反馈，给予家庭训练指导（见图 2-2-8）。

图 2-2-8　为特殊教育需要学生开展康复训练

(五)巡回指导教师的日常工作

【案例 2-2-1】

巡回指导教师的一天

张老师具有近 30 年的特殊教育工作经验,担任专职巡回指导教师已有 8 年时间。她的日常工作主要涉及对学生进行教育评估,包括韦氏儿童智力测验、适应行为评估等;下校协助展开学生筛查,帮助发现有特殊教育需要的学生,为随班就读教师提供针对性的建议;以及为需要支持程度较大的特殊学生提供持续的入校指导,帮助资源教师和随班就读学生制定个别化教育计划,在实施过程中提供跟踪支持等。表 2-2-1 显示了张老师入校协助筛查时的一日安排。

表 2-2-1　张老师的一日筛查安排

时间	地点	安排
8：50—9：30 (第二节课)		一(1)班学生袁××、张××,一(4)班学生危××
9：40—10：10		一(1)班班主任杨老师、一(4)班班主任赵老师
10：20—11：00 (第三节课)		一(5)班学生邢××、徐××、李××
11：10—11：40	南楼二层 图书馆	一(5)班班主任张老师
11：50—13：00		午餐
13：00—13：30		二(3)班学生李××、二(4)班学生沈×
13：40—14：10		二(3)班班主任王老师、二(4)班班主任王老师
14：20—14：50		四(3)班学生李××、五(4)班学生李××
15：00—15：30		四(3)班班主任董老师、五(4)班班主任刘老师
15：30—17：00		给班主任反馈

案例中的张老师是一位具有多年经验的巡回指导教师,表格简单地呈现了张老师入校筛查的安排。虽然这只是巡回指导教师所有工作的一个侧面,但已经直观地体现了巡回指导教师工作的特点:节奏快、任务重与协调性好。巡回指导教师入班后对特殊学生进行课堂观察,必要时与学生进行互动,使用准备的筛查材料让学生完成某项任务,更深入地了解学生的

综合表现。此外，巡回指导教师需要及时将自己的观察结果反馈给班主任教师，帮助教师调整对待学生的方式，必要时建议学生做进一步的专项评估。

二、资源教师

（一）资源教师的内涵

资源教师是学校负责推动资源教室工作的核心人物，是普通学校的特殊教育专业人员，提供诊断评量、教学、咨询等服务，一般由接受过特殊教育专业培训、具备特殊教育专业基本素养的教师担任。[①] 资源教室是设在普通学校中，专为特殊学生提供适合其特殊需要的个别化教学的场所（教室）。[②] 资源教师在鉴定、教育和评估特殊儿童方面受过专门训练，针对特殊儿童在班级授课中存在的疑难问题予以个别或小组辅导，以使其跟上教学进度。同时，与特殊儿童所在班级的教师、家长合作，为特殊儿童制定辅导教学计划。[③] 王和平认为，资源教师是指承担评估和计划的制定、资源教育、咨询以及日常管理和行政事务等多方面工作的主要资源人士。[④] 由此，资源教师的基本定位就是在普通学校从事特殊教育工作的专业人员。当前，许多学校资源教师由于身兼数职，或者培训不够，专业素养不足，专业认同度不够。因此，必须明确资源教师是衔接特殊教育与普通教育资源的核心人物的地位，他们是融合教育教师团队中的骨干人员与主力军。

（二）资源教师的专业素养

研究表明，资源教师应是具有特殊教育专业素养的专业人员，要为教师及学生提供诊断评量、教学、咨询等服务。如果未能谨慎选择资源教师，将严重影响资源教室的使用效率。学校在建设资源教室之初，应慎选有热忱、有活力且具有专业素养的教师担任资源教师。[⑤] 具体而言，资源教师应至少具备五种专业素养，即态度与信念、专业知识、教学技能、沟通合作

---

① 王振德. 资源教室的理念与实施[J]. 中国特殊教育，1997(3).
② 徐美贞，杨希洁. 资源教室在随班就读中的作用[J]. 中国特殊教育，2005(3).
③ 朴永馨. 特殊教育辞典[M]. 3 版. 北京：华夏出版社，2014：76.
④ 王和平. 随班就读资源教师职责及工作绩效评估[J]. 中国特殊教育，2005(7).
⑤ 王振德. 资源教师的角色功能[J]. 特殊教育季刊，1986(6).

能力，以及反思能力。[1][2][3]

第一，资源教师应具备良好的态度和信念。资源教师的态度决定其教育行动，态度经常被认为是融合教育取得成功的关键因素。[4] 正确的残疾观及融合教育理念，是融合教育获得成功的基本前提。资源教师对于融合教育工作的理念往往引导着其具体的行动，科学性、前瞻性的理念有利于指导资源教师在学校资源教室，以及融合教育工作中取得显著成就。资源教师对融合教育富有热情，更容易在工作中积极进取，不断进行自我完善。

第二，资源教师应拥有丰富的专业知识。资源教师是普通学校内对特殊教育最为了解的专业人员。因此，资源教师应该了解并熟悉特殊学生的身心发展特点及行为特征、特殊学生班级管理的策略、融合课程与教学方法的调整、融合环境的创建、资源教室建设与运作等方面的专业知识。这是资源教师为融合教育教师提供指导，为特殊学生提供康复训练、学业补救或心理辅导的重要基础。

第三，资源教师应具备扎实的资源教室教学技能。资源教师不仅仅是资源教室的管理者，还必须在资源教室中完成一定的教学任务，为随班就读及特殊教育需要的学生提供康复训练、学业补救教学、各种兴趣活动、心理辅导等。资源教师只有亲自接触特殊学生，才能够在教育他们的过程中，不断提升实践能力与专业素养，积累丰富的教学经验，并以此为随班就读教师提供切实的专业支持。

第四，资源教师应具备较强的沟通与合作能力。首先，资源教师需要与学校融合教育教师、学校融合教育主管领导、区级特殊教育中心保持长久联系，要求资源教师有良好的沟通合作能力。这有利于资源教师和融合教育教师及时交流，发现问题，了解需求，并以专业的知识与技能为他们

---

① Deng M，Wang S，Guan W，Wang，Y. The Development and Initial Validation of a Questionnaire of Inclusive Teachers' Competency for Meeting Special Educational Needs in Regular Classrooms in China[J]. 2017，4：416-427.

② Mu G M，Wang Y，Wang Z，et al. An Enquiry into the Professional Competence of Inclusive Education Teachers in Beijing：Attitudes，Knowledge，Skills，and Agency[J]. International Journal of Disability，Development and Education，2015(8)：1-19.

③ 王红霞，王艳杰. 资源教室建设方案与课程指导[M]. 北京：华夏出版社，2017：9-11.

④ Deng，M.，and K. F. Poon-McBrayer. Inclusive Education in China：Conceptualisation and Realization[J]. Asia-Pacific Journal of Education，2004，24(2)：143-156.

提出适用的解决方案。其次，资源教师还可以将学校融合教育发展的愿景向学校领导反映，提高学校行政支持力度。最后，资源教师与区级特殊教育中心及时沟通，有利于获得特教中心的专业支持，从而提升学校融合教育发展的专业化水平。

第五，资源教师应具备良好的反思能力。资源教师服务的对象特殊，且服务范围较广，需要具备多方面的能力。其中，反思与总结是推动资源教师发展的关键。无论是专业培训的知识或技能、课堂观察到的学生表现、资源教室教学的实践，还是与各利益主体的沟通，资源教师都需要对其中重要的环节进行总结与反思。这就要求资源教师在日常工作中多积累文本及视频资料，或通过写日志、观察记录等方式收集资料，从而促进专业素养的持久提升。[1]

(三)资源教师的来源

资源教师一般来自普通学校，他们是普通教育学校中推进融合教育工作的专业教师。由于教师编制的限制，资源教师多由普通班级的教师兼任，或者学校的心理教师、德育教师担任，只有部分学校聘有专门的具有特殊教育学业背景的资源教师。前两种来源的资源教师，他们具有多重身份，身兼数职，需要接受多头管理，从而导致精力分散，难以系统、稳定地推动学校资源教室与融合教育工作。

1. 普通班级任课教师担任兼职资源教师

很多学校在开展融合教育工作的初期，专业师资极度缺乏。大多数学校采用的方式是学校指定并委派教授特殊学生的班主任教师或任课教师参加海淀区组织的资源教师培训，了解特殊教育以及融合教育的基础知识、资源教室与融合教育工作的内容，学习特殊学生融合教育的方式方法等。然而，普通班级任课教师的主要工作仍旧是面对普通班级开展集体教学，只有较少的时间投入到为特殊学生提供资源教室服务上。

2. 普通学校心理教师兼任资源教师

多数学校选派学校内的心理教师任专职或兼职资源教师工作。这些学校将融合教育工作与学校心理工作紧密结合。心理教师兼任资源教师是当前海淀区多数学校采用的方式，心理教师一般而言具备一定的心理学基础，

---

① 江小英，牛爽爽，邓猛. 北京市普通中小学融合教育基本情况调查报告[J]. 现代特殊教育，2016(7).

而心理学与特殊教育学关系密切。心理教师对于特殊学生的发展特点、学生评估、特殊教育的基础理论、个别化干预或团体辅导的相关技能等能够较快掌握。心理教师在普通小学有固定的课时要求，并在职称晋升、专业发展等多方面具有稳定的制度保障。因此，心理教师兼任资源教师的方法最被学校接受，心理教师也较容易接受并适应资源教师的工作性质。但心理教师的双重身份也难以保证充足的时间用于管理和运作资源教室，专业化发展及认同也存在问题，难以为特殊学生设计并实施有效的融合教育方案。

3. 普通学校聘用专门的资源教师

越来越多的学校理解并接纳融合教育的理念，投入更多的资源推进融合教育，提升教育教学质量，创建和谐的学校文化，发展优质适性的教育。在对融合教育工作重视的情况下，越来越多的学校聘用特殊教育学专业背景或心理学背景的毕业生或教师担任专职资源教师。专职资源教师专门负责资源教室的相关工作，组织在校内建立融合教育工作小组，为特殊学生制定个别化教育计划，并规划全校的融合教育工作方案，为特殊学生提供固定课程的辅导，通过课堂观察为特殊学生所在班级班主任教师与任课教师提供指导性建议。专门聘用具有专业基础的资源教师，有利于确保为特殊学生服务的时间与质量，保证校内融合教育工作的稳定性与持续性。聘用专职、专业的资源教师的做法在海淀区呈加速发展的趋势，这有力地推动了融合教育向更高水平发展。

（四）资源教师的工作职责

海淀特教中心进一步规范资源教师的管理工作，制定《海淀区普通学校资源教师和随班就读教师管理办法》。文件对资源教师的工作职责进行了明确（详见附件 2-9），主要包括管理与运作资源教室、学生筛查与评估、制定个别化教育计划、设计与实施资源教室课程、指导随班就读教师、沟通与合作等方面的内容。

第一，管理与运作资源教室。资源教师是资源教室工作的执行者，需完善资源教室的硬件建设、环境布置与制度规范，合理设计资源教室的工作区域，如办公区、接待区、咨询区、训练区、团体辅导区、心理咨询区等；配备合适的专业资源，如感统训练器材、沙盘、注意力评估系统、大字课本、轮椅等多种资源；制定《资源教室规章制度》《资源教师岗位职责》《资源教室工作流程》等，完善资源教室管理机制。此外，资源教师还负责管理校内特殊学生的融合教育档案，负责特殊学生数据的上报与动态管理（见图 2-2-9）。

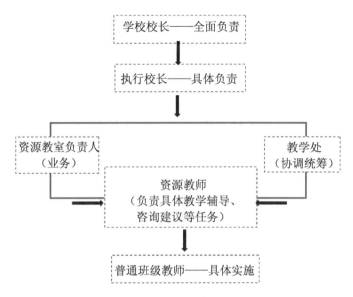

图 2-2-9　资源教室管理机制图

　　第二，开展学生筛查与教育评估。班主任教师在日常教学中发现有特殊教育需要的学生，并上报给资源教师。资源教师根据教师的描述对学生进行初步筛查，使用观察记录表（见表 2-2-2），入班观察学生，对学生进行简单的测试，并对班主任教师和学生家长进行访谈，从而综合了解学生的基本情况与特殊需要。拥有资质的资源教师可对学生的具体表现进行综合评估。初筛后，需要由区级特教中心介入做进一步筛查或评估，资源教师需及时与特教中心取得联系，上报需求。

表 2-2-2　资源教师课堂观察记录表

姓名		性别		班级		时间	
地点		观察者		科目		有无学伴	
授课教师		有无陪读					
观察过程	情绪行为表现	出现情境	原因分析	处理结果			
				采取措施	结果		建议

　　第三，制定并推进实施个别化教育计划。为特殊学生制定个别化教育计划是实现融合教育中特殊学生"一人一案"的具体做法。资源教师依据学生筛

查与评估的结果，为学生制定初步的个别化教育计划，包括学生基本情况、生态环境、评估结果与能力表现、教育安置与建议、课程教学调整、特殊教育支持、长短期目标、实施效果评估、学科计划等多方面的内容。资源教师负责组织个别化教育计划会议，由学校融合教育主管领导、班主任教师、任课教师、资源教师、学生家长、特教中心教师等共同参与并达成一致意见。资源教师与随班就读教师依据个别化教育计划的内容，对特殊学生实施教学，提供合适的专业支持，从而促进特殊学生在校内享有优质的融合教育资源。

第四，设计与实施资源教室课程。资源教室的服务对象应涉及残疾学生、其他特殊需要学生及全体学生。近年来，我国的普通学校普遍以昂贵的建设经费打造只为某几个残疾儿童服务的资源教室的做法，使资源教室的运作机制难以维持。因此，资源教室开门办学，从单一的为残疾学生而设的资源教室走向整合全校优质教育资源的"资源教室群"服务所有学生。"资源教室群"的建设可在传统的康复类与学科补救类资源教室基础之上，通过资源教室课程设置、资源配置、教室命名的独特性凸显资源教室的服务特色(见图 2-2-10)。[1] 特色类资源教室的核心在于"资源"功效的发挥，为学生的素养教育与全面教育提供场所，确保资源教室特色课程的有效实施。

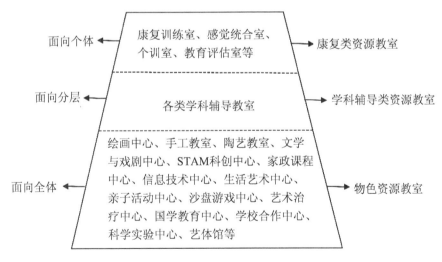

图 2-2-10 "资源教室群"

---

[1] 王琳琳，马滢. 我国融合教育资源教室建设与运作的思考[J]. 残疾人研究，2019(1).

资源教室课程是资源教室服务的核心，资源教师需依据校内特殊学生的障碍类型与发展特点，不断开发有体系、有特色的资源教室课程，例如认知类、社交类、补救教学类、情绪管理类、潜能开发类等方面的课程，形成了具有海淀特色的"资源教室'5＋P'课程内容体系"（见图 2-2-11）。基于特殊学生的特点，资源教师设计教学目标、教学内容与评价方式，针对性地为特殊学生提供个性化教学，如个别训练或团体辅导。依据《海淀区普通学校资源教师和随班就读教师管理办法》，普通学校专职资源教师每周对有特殊需要的学生开展的资源教室课程不少于 10 节；兼职资源教师对有特殊教育需要的学生开展的资源教室课程不少于 5 节。

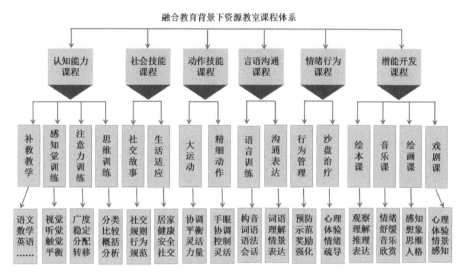

图 2-2-11　资源教室"5＋P"课程内容体系

第五，指导随班就读教师。随班就读教师在教学过程中，除了随班就读学生的班主任和任课教师以外，学校其他教师对融合教育及随班就读的概念了解得并不是很深入，有时也会对随班就读学生在校园中的行为产生困惑，资源教师在这时就可以成为一个校内指导者。有疑问的教师可以随时向资源教师进行咨询，共同探讨更适合学生的教育方法，例如课堂教学的调整、学生问题行为的预防与处理、班级融合教育氛围的营造等多方面。之后，教师在教授随班就读学生时，能够基于对学生特殊需要的认知，了解如何更好地进行交流，为有特殊需要学生提供包容的融合教育氛围，提供适合、优质的课堂教学。

第六，完成多方沟通与合作。专职资源教师承担对特殊学生家长提供

图 2-2-12　实施资源教室课程

咨询建议的职责。专职资源教师从班主任处综合了解特殊学生在班级融合中面临的问题与困难，对于有特殊困难的学生，资源教师须及时与学生家长进行沟通，了解学生在家庭中的表现，分析学生面临困难的原因，为家长提供家庭指导，实现家校一致、共同育人的目标。资源教师还是普通学校与特教中心的重要联系人，起到中介和桥梁的作用，将学校融合教育工作中面临的问题与困惑反映给特教中心，及时寻求专业的支持与指导。同时，资源教师也可以将区特教中心所拥有的专业资源与信息及时传达给所在学校，从而提高融合教育工作的专业程度。

(五)资源教师的日常工作

【案例 2-2-2】

我是资源教师

第一次入班时，我并不知道小萌是随班就读学生，只是感觉当我在上课时这个女孩总是用一种防备警惕的眼神看着我，仿佛对谁都有敌意。小萌从不参与课堂活动，如小组讨论或被点名起立回答问题，她总能找到理由(例如梳头发、找不到课本等)逃脱。出于资源教师的直觉,我认为这个孩子也许是一名特殊孩子。因此,在种种情况发生之后,我和小萌的班主任决定邀请家长来学校进一步沟通了解孩子的情况。通过和父母的面谈,我们得知,原来小萌在小学一年级时根据老师的建议做了智力测试,结果属于轻度智力障碍。

后续为小萌制定个别辅导计划和方案,我才了解到已经步入初一的小萌,只会5以内的加减法,不懂得数字0的含义,不会拼音,只会简单抄写。拿到小萌最新的智力测试结果后,我惊呆了,原本小萌小学阶段只是轻度智力障碍(66分),现在已经属于中度的智力障碍(41分)。作为一名资源教师,我能做的就是尽可能帮助她,用她能理解的方式学知识,提升她的自信心,以便今后能更好地适应环境,走向社会。

之后,我和小萌每天会在资源教室上一节抽离式的个训课,辅导的重点主要包括三个方面:生活技能与常识、生活数学及兴趣培养。另外,小萌每周还会有一节个体沙盘课。小萌很喜欢上个训课,每次个训课之前都主动到办公室找我,早早做好上课的准备。在学习的过程中,小萌也很认真,虽然有时也会遇到理解困难的问题,但是总能坚持完成个训课的练习和任务。我也尽可能多地鼓励她,让她看到自己的努力和进步。三个月下来,小萌的生活自理能力有了很大提高,可以自己去食堂给饭卡充值,能自主挑选、购买和使用卫生巾;在数学方面,可以用掰手指的方法计算10以内的加减法(买东西、找零钱),会背并默写出自己的生日和身份证号,能相对熟练地按顺序数出百位数,并能初步判断大小,会用手机计算器进行三位数以内的加减法运算。更重要的是,小萌在班上还有了自己的好朋友……尽管这些进步在普通学生看来微不足道,但我知道,小萌为此付出了很多的努力!

(海淀进修实验香山分校资源教师　张蕾)

上述案例中的资源教师是一名普通中学的专职资源教师,她凭借资源教师敏锐的专业"嗅觉"发现了小萌这一随班就读学生。她通过长期跟踪观察了解到小萌从不参与课堂活动,数学能力显著落后,通过与班主任教师及家长沟通了解到小萌在小学阶段一直处于"随班就混"的状态。小学阶段的"被边缘化"致使她的认知能力不仅没有升高,与同龄人差距反而越来越大。资源教师根据小萌的发展水平为她制定了个训辅导计划和方案,确定了辅导的课时,明确了辅导的内容,包括:生活技能与常识、生活数学及兴趣培养等。经过一段时间的辅导，小萌在生活自理、数学运算、同伴关系等多方面都有了明显的进步。在这一案例中，资源教师具备了良好的融合教育理念与态度，具备丰富的专业知识，掌握了实用技能；承担起为特殊学生制定个别化训练计划、设计与实施资源教室课程、完成与随班就读教师和家长多方沟通与合作等方面的职责。

三、随班就读教师

(一)随班就读教师的内涵

随班就读教师是指承担有残疾学生随班就读的普通班级教育教学工作的教师，即承担随班就读工作的普通中小学教师；他们是促进残疾学生学业及身心全面发展的主力军。[①] 随班就读教师首先是一名普通教师，并且随着随班就读的不断发展和教师素养要求的提高，每一名普通教师都有可能成为随班就读教师，二者之间并没有严格界限。[②] 随班就读教师的概念有广义和狭义之分。广义来说，有特殊教育需要的学生所在班级的班主任及任课教师称为随班就读教师。狭义而言，班级有随班就读备案学生的班主任和任课教师称为随班就读教师。在本书中，采用随班就读教师的广义内涵，即有随班就读备案的学生及其他有特殊教育需要的学生所在班级的班主任和任课教师。

(二)随班就读教师的专业素养

随班就读教师专业素养是指教师能够帮助处于同一场域中的残疾学生和普通学生一起学习，实现全体学生共同进步与有效发展的实然融合性特征与品质。[③] 随班就读教师不仅要有教好所有学生的普通教育素养，而且要有能够应对特殊学生需求的专业素养。这种素养是基于教师共性素养之上的更加专业化、科学化、特殊化的融合教育素养，但并非是普通教育教师素养与特殊教育教师素养的简单叠加。综合国内外相关研究，随班就读教师的专业素养归可纳为如下四个方面。

---

① 王雁，王志强，程黎，等. 随班就读教师课堂支持研究[J]. 教育学报，2013 (6).

② 冯雅静. 随班就读教师核心专业素养研究[J]. 中国特殊教育，2014(1).

③ 周丹，王雁. 美国融合教育教师素养构成及启示[J]. 比较教育研究，2017(3).

首先，具备融合教育理念，认同融合教育是实现特殊学生接受公平且优质教育的必由之路。随班就读教师对特殊学生以及融合教育的理念与态度往往是决定其采取融合教育行动的重要前提。[①] 随班就读教师首先需要了解融合教育的基本理念与内涵，理解并接纳学生差异性的普遍存在，明确融合教育对于促进特殊学生及普通学生发展的重要意义。我国最新出台的《小学教师专业标准（试行）》和《中学教师专业标准（试行）》中均体现了融合教育的理念和要求，如尊重个体差异，主动了解和满足学生的不同需要；尊重教育规律和学生身心发展规律，为每一位学生提供优质适性的教育等。

其次，具备特殊教育相关知识，包括具备特殊教育需要学生的身心发展特点、特殊教育基本理论和相关法律的知识。[②] "知者行之始，行者知之成。"随班就读教师只有了解了特殊学生的发展特点与规律，才能够更深入地理解不同学生多样性的原因，明白特殊学生并非学习态度不端正，而是学习能力较普通学生弱。随班就读教师还需要掌握关于特殊教育的法律常识，如《义务教育法》第四条规定："凡具有中华人民共和国国籍的适龄儿童、少年，不分性别、民族、种族、家庭财产状况、宗教信仰等，依法享有平等接受义务教育的权利，并履行接受义务教育的义务。"

再次，具备融合教育教学的能力，包括对教学环境、教育目标、教学内容、教学方法、教学评价方式等进行调整的能力，以及对班级的管理与经营、家长沟通与合作等能力。随班就读教师在了解学生发展特点的基础上，创设包容、尊重的班级融合氛围，有针对性地调整特殊学生的学习任务，选择适合学生能力的学习材料，并综合采用视觉、听觉等多种方式结合的直观、形象的教学手段。

最后，具备自主发展意识，包括能主动寻求专家帮助和家长、学校与社会的资源支持，对教学过程做出反思与总结。[③] 随班就读教师缺乏系统的特殊教育专业背景，对于特殊学生的了解更多的是基于经验总结，当特殊学生面临严重情绪行为问题，或者难以取得课堂进步时，随班就读教师需

---

① 邓猛. 融合教育与随班就读：理想与现实之间[M]. 武汉：华中师范大学出版社，2009.

② 邓猛. 我国特殊教育教师教育的困境与出路初探[J]. 现代特殊教育，2009(9).

③ Deng M，Wang S，Guan W，Wang，Y. The Development and Initial Validation of a Questionnaire of Inclusive Teachers' Competency for Meeting Special Educational Needs in Regular Classrooms in China[J]. International Journal of Inclusive Education，2017，21：1-12.

要及时向校内资源教师寻求帮助，必要时获得巡回指导教师的指导与支持。寻求支持的过程不仅增强了随班就读教师的专业技能，而且使得特殊学生从中受益。随班就读教师还需及时总结课堂教学中是否对特殊学生给予关注，探索多元方式促进其课堂参与，并对方法的有效性做出反思。

（三）随班就读教师的工作职责

随班就读教师是直接面对班级特殊学生的班主任或任课教师，他们的身份为普通教育教师，面对班级所有的学生；在关注普通学生的同时，需考虑特殊学生的差异需要，初步发现有特殊教育需要的学生，营造包容、和谐的班级融合氛围，调整融合教育课堂教学的内容与方法，与学校资源教师或特殊学生家长及时沟通交流。

第一，初步发现有特殊教育需要的学生。随班就读教师在授课过程中了解不同学生的表现，第一时间发现在学校学习或生活中有特殊困难的学生。例如，有的学生很难跟上教师的教学节奏，不理解基本的知识，或存在严重的情绪行为问题等。随班就读教师根据自己的观察和教学经验发现学生可能存在的特殊困难，对于自己难以解决的问题及时反映给学校的资源教师或融合教育主管领导。

第二，营造包容、和谐的班级融合氛围。教师作为班级的权威人物，是学生学习模仿的榜样。随班就读教师对特殊学生的态度与做法直接影响普通学生对特殊学生的接纳态度。在和谐、友爱、包容的班级中，特殊学生的归属感较好，师生关系、同伴关系良好，教师对特殊学生有较高的情感投入与支持。包容、和谐的融合氛围也有利于增加特殊学生对班级活动的参与，减少问题行为发生的可能性。

第三，调整融合教育课堂教学的内容与方法。特殊学生受自身认知能力、社会适应能力，或特殊困难等的影响，难以适应普通班级课堂教学的难度或授课形式，导致特殊学生跟不上普通班级的教学节奏，甚至衍生出一系列的课堂干扰行为。因此，随班就读教师需要基于特殊学生的能力发展水平和学习特点，因材施教，探索适合的教学方法与形式，必要时，对课程内容和授课方式进行精简、补充、替代等调整。例如，对学习障碍学生，教师可以增加动画形式，学生可以通过录音、口述等方式提交作业；对于低视力的学生，教师可以为学生提供大字教材等。

第四，与学校资源教师或特殊学生家长沟通交流。随班就读班主任教师负责班级的常规管理，对特殊学生的在校生活承担重要责任。随班就读教师及时发现特殊学生在班级融合中存在的困难，向学校资源教师寻求专业支持，并通过与家长沟通了解学生特殊需要背后的原因，为家长提供指导与建议。此外，随班就读教师还可以及时记录特殊学生的进步之处，对照学生的个别化教育计划，与资源教师和家长沟通并总结其中的成功之处，并总结为可以推广复制的经验与技巧。

（四）随班就读教师的日常工作案例

【案例 2-2-3】

做温暖的教育者

小瑄，上三年级，课上不认真听讲，故意跟老师唱反调，学习缺乏主动性，不能积极完成作业，学习不刻苦、缺乏毅力，没有钻研精神，处事情绪化，易冲动，不尊重老师，上课举止随意，随便离开座位，每天都会因为调皮捣蛋遭到老师们的批评。经过调查访谈，得知孩子是独生子，父母常年外出打工，从小在爷爷奶奶照顾下长大，由于是男孩，更为溺爱，再加上家庭优越的物质条件，使他养成了固执、偏激的性格，我行我素，做事不计后果，出了问题又缺乏责任感，表现出逆反心理。对于他来说，做错事老师批评已经是家常便饭，"我就是个坏孩子"的想法已慢慢根植于脑海中。像这样的孩子很容易形成"破罐子破摔"的消极想法，"犯错误，吃批评"的思维定式。

我们作为老师需要懂得尊重学生的个性差异。孩子的思想虽还不成熟，但他们希望被平等对待，他们渴求一种尊重和理解。因此，我们要摘下有色眼镜，去寻找、挖掘他们身上的闪光点予以激励，使其有成就感，并转化成其前进的动力。关爱一旦被学生接受，便能产生意想不到的奇迹。一次课上，小瑄被我没收了一本数独本，当时我没有火冒三丈，而是从孩子的兴趣出发，课下我和他进行了一次沟通，我先表明自己对数独也很有兴趣，并且给他分享了玩数独的一些技巧，保证了我们沟通之前一个良好的师生关系。之后对他上课玩数独这件事，我明确地指出，在老师上课的时候他做和课堂无关的事情的行为是不正确的。后来我们之间有了不成文的约定，就是每天他让我看自己完成的一个数独，同时当天的教学任务也要按时完成。有一次，我听到他和班里的一个孩子聊天说："张老师完成了一个难度最大的数独。"从语气中我能感受到，这个学生从心里慢慢接受了我对他的教导。

　　小瑄给了我启发——既要做温暖的老师，又要做一名有智慧的老师。首先，老师要学会运用学生资源，处理学生一些不好的行为，避免气急败坏，不因为个别同学而责备整个班的同学，可以采用树立榜样的方式激起学生的动力。其次，不忽视细节，"少成若天性，习惯如自然"，我通过"天天向上奖励卡"激励学生做得更好。例如，教育学生如何进教室，如何坐座位，如何收拾书包，如何从书包里拿出文具，如何静静地交作业等。最后，学会用恰当的肢体语言和学生交流，用自己的肢体语言告诉学生他是被关注的，他是安全的。这使我想到平时我也经常会用拍拍肩膀、摸摸头等方式，让我的学生知道老师在关注他，他的所作所为总能引起老师的注意。因为我深知：教师的一个微笑，一句温暖的话语，都可能激起学生潜在的能量，有可能改变孩子的一生。

（中国科学院附属玉泉小学　张婉）

　　上述案例呈现了一位普通小学随班就读班主任教师在面对"问题学生"小瑄时的心路历程及所采用的应对方法。案例中的教师通过阅读认同了"教育是温暖的"理念，面对小瑄课堂上各种"调皮捣蛋"的行为，该名教师也曾一度困惑与无措。遇到问题需学会分析，教师通过访谈调查，了解了小瑄在课堂上出现问题的背后原因，发现与家庭的教养方式有很大关系。教师逐步树立了融合教育理念，尝试从小瑄的立场与心理考虑问题，去尊重学生存在的个性差异，发掘学生身上的优势与潜能。之后，该名教师还通过学会运用资源、关注细节、恰当的沟通与交流等方式营造积极包容的融合教育氛围，加强与学生的沟通交流，逐步改善小瑄的问题行为，帮助学生取得进步，教师自己在这一过程中也获得了成长与成就感。

四、学生行为指导教师

　　学生行为指导教师是融合教育教师团队的重要组成部分，同时也是团队中的"新成员"之一。随着时代的变迁与人类生存方式的变化，带来了更多与情绪行为相关的问题与挑战。普通学校对于学生情绪行为问题的支持需求逐渐凸显出来。截至2018年，全区办理随班就读备案的自闭症学生达到120余人，同时，还有大量未备案但存在情绪行为困扰的特殊教育需要学生。自闭症及情绪行为问题的学生给普通学校带来的问题最多、困难最大，所需的教师支持力度也最大。普通学校目前的班额较大，单凭随班就读教师难以满足这些学生高强度的支持需求，而特教中心巡回指导教师也不能长期驻扎在一个学校。因此，学生行为指导教师应运而生，他们相继加入到区域融合教育教师团队中。尽管如此，学生行为指导教师作为融合教育教师团队中的新兴力量，尚未得到较多的关注与研究，其发展规模与速度也存在较大的局限性。

（一）学生行为指导教师的定义

学生行为指导教师是海淀区培养能够有效处理学生问题行为专业师资的一项重要创举，国内尚未有相关研究或者实践探索，尚属新生事物。学生行为指导教师指的是拥有行为分析与指导的相关资质，在学校情境中，能够对学生的问题行为制定专业的干预方案，提供直接干预或干预指导的教师。学生行为指导教师需要接受系统的关于行为分析与干预相关内容的理论培训与实践督导，需要掌握学生行为的发生、功能、与环境的关系，以及干预方案与具体方法等内容。只有经过集中培训并通过相关考核的教师才被认定为学生行为指导教师。海淀区学生行为指导教师需取得中国应用行为分析师（CNABA）的结业证书，或取得国际副应用行为分析师（BCaBA）资质。这是因为学生行为的干预具有较强的专业性，并且涉及诸多伦理的考量，教师需要接受严格且系统的培训并取得国内或国际认证的资质才能够胜任。国际副应用行为分析师（BCaBA）资质由国际行为分析师认证委员会（BACB）统一认证，该委员会具有科学、系统和规范的课程体系

图 2-2-13　海淀区学生行为指导教师工作手册

与管理流程，能够培养符合资质的行为分析及干预的专业人才。

截至 2019 年，海淀区共有 85 名教师取得 CNABA 资格，35 名教师在学 BCaBA 资质认证课程。取得行为分析资质的教师能够掌握《海淀区学生行为指导教师工作手册》的要求，依据制度规定开展行为干预与指导的相关工作。学生行为指导教师广泛分布于海淀区的特教中心、特教学校、学区管理中心，以及普通中小学，为本单位或邻近单位学校中存在问题行为的学生提供服务与指导。

（二）学生行为指导教师的专业素养

学生行为指导教师的专业素养中处于首要地位的是职业道德与操守，其次为学生行为相关的专业知识与问题行为干预技能。其中，职业道德与操守是学生行为指导教师最基本的素养，专业知识和技能是行为指导教师工作的重要保证。

第一，学生行为指导教师需具有良好的职业道德与操守。由于学生行为分析与干预涉及对环境进行改变与操纵以期改变学生的行为，包含学生和家长的隐私信息，关系到教育伦理的问题。因此，学生行为指导教师需具备较高的职业道德操守，当进行学生行为介入时需征求家长同意，与家长签订知情同意书，并承诺为学生的隐私保密，确保干预报告只为研究所用。此外，学生行为指导教师在为学生制定行为干预方案之前，必须使用科学的方法收集充足的背景资料，全面分析学生问题行为的功能及原因，确保干预方案的科学性与有效性。

第二，学生行为指导教师需掌握学生行为分析的专业知识。学生行为分析是一门系统的学问，从学生问题行为的观察、问题行为的测量与数据收集、问题行为功能的分析，到行为的干预都涵盖丰富的内容。例如，问题行为数据收集时采用观察或访谈等方法的策略，选择所干预的目标行为的标准，综合数据分析学生行为功能的知识，依据学生行为的功能开展针对性干预的方式方法等。学生行为指导教师只有接受理论培训，才能搭建关于行为分析的概念框架与知识网络，奠定为学生提供行为干预与指导的知识基础。

第三，学生行为指导教师应具备学生行为干预的专业技能。学生行为指导教师在学校情境中面临学生出现较为严重的问题行为时，能够通过直接观察，访谈学生、教师与家长，描述行为发生的状态，如频率、强度、持续时间等。综合学生的认知能力、所处环境、家庭教养方式、学生生理及心理需求等各方面因素，根据功能分析的 A—B—C 原则，即前事—行为—后果，判断行为发生的原因及功能。据此制定系统的行为干预方案，包括行为干预的目标，组建干预团队，行为干预的实施策略，行为干预效果评价等多方面的内容。依据干预方案，行为指导教师通过控制前事、改变行为、改变后果等方式对学生的行为进行干预，增强学生的自我管理能力，使干预效果得以维持。[①]

第四，学生行为指导教师需具有提供专业咨询与指导的能力。当班级教师面临学生问题行为的困扰并提出支持需求时，学生行为指导教师能够综合判断学生行为问题产生的原因，针对性地为教师提供行为处理的策略与方法。此外，学生问题行为的干预需要班级教师与学生家长的参与，并非行为指导教师一人可完成。学生行为指导教师就学生行为的功能与教师和家长进行沟通，并就班级与家庭环境中教师与家长可采取的方式提供科学有效的指导建议，从而使对学生行为的干预保持一致。

（三）学生行为指导教师的工作职责

第一，评估学生行为的功能。行为指导教师观察学生在课堂上的行为表现，包括课堂参与行为、课堂互动行为、课堂干扰行为等，使用学生行为观察记录表（如表 2-2-3 所示），系统记录学生问题行为发生的前事情景，学生问题行为的表现、强度、持续时间、频率等，以及学生行为发生之后的后果等数据。行为指导教师还可使用结构化的访谈表，通过教师访谈、家长访谈详细了解学生的行为表现及发生的生态环境，从而综合考虑学生自身能力及周围环境等多种因素，明确学生行为的功能。

表 2-2-3　学生行为观察记录表

日期	课程内容	前事事件（A）	行为表现（B）	行为后果（C）	功能假设

第二，制定行为干预方案。学生行为干预方案是学生行为指导教师专业性的集中体现，是对学生行为实施干预的重要依据。学生行为指导教师需根据对学生行为表现的了解，以及行为功能的分析，制定针对性的行为

---

① 李芳，李丹. 特殊儿童应用行为分析［M］. 北京：北京大学出版社，2011.

干预方案，包括学生个案的基本信息、学生问题行为的界定、行为功能的分析、行为干预的目标、干预的团队、干预的步骤、采取的策略，以及干预效果的评价方式等。学生个案的基本信息主要涉及出生年月、性别、障碍类型或特殊需要、能力水平、家庭环境等方面的资料；学生问题行为的界定是基于行为的严重程度或优先级选择目标行为进行具体、客观、可操作化的描述。学生行为指导教师以行为观察表和访谈内容为依据，呈现行为功能分析的结果；行为干预的目标应具体化、可操作化。干预需要团队的共同参与，包括班主任教师、任课教师、资源教师、特教助理教师及学生家长等。干预需要分阶段进行，干预方案应明确列出干预的阶段性计划，以及每个阶段应该采用的具体策略；干预方案最后应标明干预效果的评价方法，如对比干预前后学生行为表现的数据、访谈教师和家长了解行为干预的效果等方式。行为指导教师依据方案实施行为干预后，应完成《学生问题行为干预报告》（见附件 2-10）。

图 2-2-14　学生行为指导教师对学生进行干预（一对一）

第三，开展问题行为干预。针对情绪行为问题突出的学生，行为指导教师需要提供直接的行为干预，主要有三种形式：个别指导、小组指导和班级集体教学等。个别指导是行为指导教师只面对问题行为学生本人，通过行为契约、强化策略、认知行为改变等方式，塑造并维持学生课堂参与的良好行为，如安坐、听指令等课堂常规。小组指导是由行为指导教师混合选择问题行为学生及其他同伴，重点在于训练学生区分教师的指向性口令。相比于个别指导的情景，学生在小组课环境下更容易暴露问题行为，行为指导教师可以更好地解决学生问题行为，并对良好行为进行泛化。班级集体教学重点在于训练学生听从集体指令、遵守集体规则、维持同伴关系，并提升其自我管理行为的能力。

图 2-2-15　学生行为指导教师对学生进行干预（团体）

　　第四，提供行为干预的指导。行为指导教师不直接面向学生，而是向教师和家长提供学生行为问题干预的指导建议，由教师或家长对学生的行为问题进行介入。通过合作协同的方式，完善学生问题行为的三级干预机制（见图 2-2-16）。对于较为轻微的问题行为，如课堂抢话、离座等，行为指导教师做出指导，由班级教师调整教学方式或班级管理方式进行处理，避免问题行为的升级。对于较重的问题行为，如发脾气、出怪声、吐口水、偷东西等行为，则需由行为指导教师直接介入。对于严重的问题行为，如打人、自杀等，需由包括行为指导教师在内的专家团队共同制定干预方案，予以解决。学生家长需配合行为干预的进程，并在家庭环境中培养学生的良好行为。

图 2-2-16　学生问题行为三级干预机制

（四）行为指导教师的日常工作案例

【案例 2-2-4】

行为指导教师有办法

一开始想到要接触一些特殊儿童，心里莫名地恐惧，害怕那种空洞、呆滞的眼神，恐惧随时遭受凝视、攻击。当我真正成为一名行为指导教师，每天走进班级观察孩子、分析孩子、和孩子友好地交流时，顿时发现他们是多么的可爱。

在幼儿园里选择个案的时候，我的原则是选择更需要帮助的孩子。通过了解和观察，我锁定了大一班的一名发育迟缓儿童，个头小、能力弱，主要的问题行为是咬手指、脚趾，除了在跳舞这件事情上有兴趣以外，对其他的事情都不感兴趣，也缺乏能力。对幼儿的问题行为进行分析之后，我提出了可能会用到的一些方法，比如戴手套，通过感官削弱的方法帮助幼儿降低咬手指的行为。但是在家长看来，戴上手套这种方法让孩子不能正常地生活和游戏，似乎上了一个枷锁，也让孩子看上去有些"特殊"。自己慢慢意识到，我应该学会和家长共情，安抚家长的情绪和担忧，表现出愿意和家长一起帮助孩子，家长才会更愿意配合。

建立良好的师生关系是行为指导教师工作的重要前提。这学年我介入的个案是一名中班的孩子，认知水平较同龄孩子较高，绘画、识字、口语表达、阅读理解、英语、数学、科学等方面都表现出极大的兴趣和能力，但是在融入集体活动方面存在困难，也就是说听从行为弱，不能遵从教师的集体指令，在户外活动环节表现出不跟从集体做操、乱跑等现象。由于上学期我和个案之间保持了很好的关系，我总是那个肯定奖励他的人，所以他表现为愿意和我一起活动，愿意听从我的要求，跟着我一起学习健身操的具体动作。这学期刚开学不久，我的个案在集体环境中的表现越来越差，一开始只是衣服不好好穿，拖延、乱扔衣服，后来又钻桌子底下、往教室外面跑，严重影响个案的人身安全。老师已经觉得无法控制个案的行为，无奈的情绪表现之下就是极度的厌烦、排斥，随之而来的便是个案的肆意妄为和情绪崩溃。我向班级老师表达了我的观点：行为干预之前，只能向家长描述孩子的情况，表达我们接下来的计划，寻求家长的配合。基于我对个案能力水平的了解，针对影响安全问题的乱跑行为跟个案签订了行为契约，第二天乱跑的行为消失了。老师也冷静了下来，开始赞赏、表扬个案。师幼紧张的关系有所缓和，影响个案安全问题的行为和突然的情绪波动都消失了。

（北京市六一幼儿院　宋颖）

行为指导教师需要具有系统的行为分析知识与技术支撑，在日常工作中需要深入观察、访谈，运用专业知识分析个案，提出针对性的行为干预策略。行为指导教师需要与学生个案、学生家长及班级教师建立良好的合作关系，确保行为干预的顺利进行。案例中行为指导教师具有心理学背景，这为学习行为分析技术奠定了理论基础。在应对个案的过程中，行为指导教师能够"瞄准"问题症结所在，并提出针对性的方法。在与个案学生家长沟通的过程中，行为指导教师需要调整自己的技巧以征得家长的同意与配合。行为指导教师还需要与个案学生建立良好关系，自然地介入问题行为的干预，并促进班级教师的参与，使学生的良好行为能够得以泛化。

五、特教助理教师

融合教育的实施需要大量聘任支持教师，组成融合教育教师团队。[①] 但是，我国融合教育严重缺乏专业人员支持。随班就读教师、资源教师与特教助理教师是融合教育团队最核心的成员。随班就读教师是课堂层面的直接实施者，地位突出。但是，若没有资源教师和特教助理教师，随班就读教师将孤军奋战，往往出现"随班就混"的现象，融合教育质量无法保障。当前，我国大力推动资源教室建设及资源教师配备与培训，推动了融合教育质量的提升。但是，特教助理教师的作用还没有被广泛认识和接纳，其实践运用还极其少见。这导致融合教育实施的"两条腿走路"的目标难以实现。资源教师是流动的，为全校各班级服务；特教助理教师则定位于特定班级，为该班级师生服务，二者相辅相成。海淀区在系统地配备、培训资源教师的基础上，通过聘任特教助理教师促进融合教育，为融合教育发展提供专业支持。这符合国际融合教育发展的规律，也是海淀区融合教育发展的必然要求与自然结果。在国内率先形成学校内随班就读教师、资源教师、特教助理教师"三位一体"的融合教育专业团队，起到引领示范的作用。

---

① Forlin，C. The Role of the Support Teacher in Australia. European Journal of Special Needs Education，2001，16(2)：121-131.

（一）特教助理教师的内涵

1. 特教助理教师的出现及发展

特教助理教师（Paraprofessionals），又被称为特教助理员、辅职教师，国外使用特教师（Paraeducators）、教育助手（Education assistants）、助教老师（Teaching assistants）、支持老师（Support teacher）等，美国多使用特教助理教师（Paraprofessionals），而英国多使用助教老师（Teaching assistants）或者学习支持助手（Learning support assistants）等称呼。辅职教师是处境不利的边缘人群在追求社会正义和教育公平的过程中衍生出来的职业。在 20世纪 50 年代的美国，经历了第二次世界大战之后，专业教师严重短缺，学校班额过大却又必须为不断涌现的残障儿童及其他有特殊教育需要的学生群体（如较低的社会经济背景）提供教育服务。在此背景下，许多学校开始探索设立辅职教师的职位。① 但是长期以来，辅职教师的地位和作用并未得到足够的重视。20 世纪 90 年代，融合教育迅猛发展，大量的特殊学生进入普通班级。普通学校班级中学生间的差异不断增大，个别化、多样化的教育需求不断增加，但普通教育教师普遍缺乏专业能力和相关支持，无法有效应对。② 所以，特教助理教师这一职业重新得到了关注，并获得巨大的发展。无论是普通教育教师还是特殊学生、特殊学生家长等，都渐渐因为特教助理教师在融合教育中所发挥的重要作用对他们越来越依赖。国外研究者通过对自闭症谱系障碍、听力障碍等类型的特殊学生的研究发现，经过培训的特教助理教师对特殊学生的学业发展、行为和社会表现等有显著的积极影响。③④ 也正因为如此，他们的数量不断增加。例如 2006 年美国估计

---

① 高威. 实现高质量的融合教育：美国辅职教师制度化路径及启示[J]. 基础教育，2018(2).

② O'Rourke，John，West J. Education Assistant Support in Inclusive Western Australian Classrooms：Trialling a Screening Tool in an Australian Context[J]. International Journal of Disability，Development and Education，2015(5).

③ Umesh Sharma. Teaching Assistants in Inclusive Classrooms：A Systematic Analysis of the International Research[J]. Australian Journal of Teacher Education. 2016，41：118-134.

④ Farrell P，Alborz A，Howes A，et al. The Impact of Teaching Assistants on Improving Pupils' Academic Achievement in Mainstream Schools：A Review of the Literature [J]. Educational Review，2010(4).

有 357000 名特教助理教师，2014 年这一数字翻了两番。而英国的特教助理教师自 1997 年以来数量增加了三倍，目前占学校劳动力的四分之一。① 随之而来的是他们的角色发生了转变，他们被认为是融合教育实践战略的组成部分，在保障融合教育质量中扮演着不可或缺的角色。

2. 特教助理教师的角色

国内研究者认为特教助理教师是指在融合教育班级中对有特殊教育需要的学生在教育教学上给予直接支持的专业人员，负责对学生的问题行为进行管理，促进学生社会性技能的获得，教授学生基本的学习策略，增加特殊学生的课堂参与等。特教助理教师可以协助资源教师、协同随班就读教师，对特殊学生进行个别辅导，还可以参与有关特殊学生的教育决策，例如制定个体化教育计划（IEP），参加会议等。这是基于国外特教助理工作的现状及国内的零星实践，强调了特教助理教师的教学角色。国外有研究者认为特教助理教师的主要作用是让普通教育教师有更多机会与残疾学生互动并与其他专业人员合作。所以，他们更多的是在执行一系列非教学的角色。非教学角色包括行政和文书工作，提供个人护理支持，作为教师和学生之间的中间人，以及在非课堂活动中监控学生。根据对特殊学生的访谈，布罗尔（Broer）等人发现在特殊学生眼中特教助理教师充当着母亲、朋友、保护者和教师的角色。② 但是如果特教助理教师经过适当培训和监督，也可以提供补充教学服务，旨在补充而不是取代教师提供教学。③ 如詹格雷科（Giangreco）等人调查发现大多数特教助理教师报告他们在没有咨询教师的情况下做出课程和教学决策，向特殊学生提供个性化、小组教学，管理学生行为。④ 但是目前众多国外研究对特教助理教师的角色开展实证研究，试图厘清融合教育中特教助理教师与其他类型教师的界限，将有助于他们

---

① Butt，Rosemary. Employment Procedures and Practices Challenge Teacher Assistants in Mainstream Schools[J]. School Leadership and Management，2016，36(1).

② Broer，S. M.，Doyle，M. B.，Giangreco，M. F. Perspectives of Students with Intellectual Disabilities about Their Experiences with Paraprofessional Support[J]. Exceptional Children，2005，71(4).

③ Umesh Sharma. Teaching Assistants in Inclusive Classrooms：A Systematic Analysis of the International Research[J]. Australian Journal of Teacher Education，2016，41.

④ Giangreco，M. F.，and Broer，S. M. Questionable Utilization of Paraprofessionals in Inclusive Schools：Are We Addressing Symptoms or Causes? [J]. Focus on Autism and OtherDevelopmental Disabilities，2005，20(1)，10-26.

的培训和专业化。这也成为特教助理教师研究的热点和重点工作。如吉布森(Gibson)等人的研究发现，教师、家长和其他研究参与者在各种环境中所定义的特教助理教师角色并不一致，但是在学校融合、课堂管理、学生支持这三个方面基本上达成了共识。①

3. 特教助理教师专业化

国外特教助理教师的发展也经历了一个过程。有研究者报告，由于人员缺乏，许多没有经过专门训练的，没有获得资质，但与残疾人士（如同学、家庭成员）合作的人都可能自然成为教师，甚至邀请学生的父母担任替代性的辅助专业人员。② 在我国同样如此，在普通班级中出现的以父母或祖父母为主体的"陪读"家长有异曲同工的作用。除此之外，还有其他非亲属替代，如保姆、家教等。"陪读"的"陪"更倾向于"陪伴"之意，当然不能有效促进学生的同伴交往和班级融合。尤其家长陪读为主的方式更是一把双刃剑。首先，"接纳还是隔离"？家长作为特殊学生熟悉的成人，他们的陪伴无疑将有助于初期特殊学生在普通班级的融入。也许会因为成人的介入，迫于成人的压力，使普通学生形成对特殊学生的"接纳"。但也正因为"陪读"，反而会成为特殊学生的"标签"，使他们人为地变成与普通学生不同的、需要接受特殊照顾的人。也因为受到了成人的保护，特殊学生对"陪读"的"陪伴"会越来越依赖，难以走出舒适区，减少了与普通学生交往的机会，反而容易造成隔离。其次，"帮助还是替代"？陪读的本意是当融合教育教师进行集体教学而无暇、无力顾及特殊学生时，对特殊学生进行一对一的指导，提高其在课堂教学中的参与度，以帮助其"坐得住""学得好"。但是由于陪读是由家长或者其他未经过任何培训的人员担任的，往往并不能够与融合教育教师合作，在适当的时候给予特殊学生适当的指导，常常出现替代和包办的行为，如替代思考、替代回答、替代参与、替代书写等。这种"替代"让特殊学生丧失了自我决定、合作学习、自我管理的机会，表面上"都会"实则"都不会"。最后，"支持还是全揽"？特殊学生进入普通班

---

① Gibson D，Paatsch L，Toe D. An Analysis of the Role of Teachers' Aides in a State Secondary School：Perceptions of Teaching Staff and Teachers' Aides[J]. Australasian Journal of Special Education，2016，40(01)：1-20.

② Giangreco M. F.，and Broer S. M.，Edelman S. W.. The Tip of the Iceberg：Determining Whether Paraprofessional Support is Needed for Students With Disabilities in General Education Settings[J]. Research and Practice for Persons with Severe Disabilities，1999，24(4)：281-291.

级，普通教育教师首先要为学生的教育教学负责。在多数普通教育教师的职前和职后都未受过特殊教育、融合教育相关培训的情况下，陪读的出现可以让教师在心理、教学、班级管理等多方面获得支持。但是也正是由于特殊学生有人陪读，容易让教师产生推卸责任、完全依赖心理和行为，放弃对学生教育的主要责任。本来处于支持和辅助角色的陪读，反而成为教育特殊学生的主体。

与"陪读"不同，特教助理教师不只是对学生的陪伴，更多的作用应该是为学生提供支持与辅助。因而，"特教助理"一词代替了"陪读"的说法，希望特教助理教师发挥的作用是"陪伴＋专业支持"，强调他们的专业性。这正是国外研究者关注的另一个热点问题，即对特教助理教师进行培训，提高他们的专业化程度。如沃兹沃思（Wadsworth）等人提出：（1）通过集中的跨学科培训团队为特教助理教师提供关键的职前培训；（2）为新的角色和一些特别的职责准备辅助专业人员；（3）为特教助理教师强调团队协作的重要性；（4）教给他们一些有效的教学策略和教学技巧；（5）加强评估，观察和数据收集技能的培训；（6）训练他们使用适当的行为管理方法。[①] 国外研究者提出了各种培训方案，包括在职培训、定期进行专门的技能培训。在培训内容方面，提出如关于儿童福利和保护的具体方案，学校政策方案与行为管理，紧急情况和急救，个别化教育计划，保密和隐私政策及家庭与学校联络有关的程序以及特定领域的技能基础，如某种类型学生特殊教育需要、替代性沟通、融合教育实践、信息与通信技术的使用等。[②] 但是，国际上尚未就此形成统一的认识与规范。在我国，特教助理教师的角色和职责范围与国外不同，应该结合我国融合教育、融合教育教师团队、特教助理教师的现状和发展需求，形成我国本土化的特教助理教师专业素养结构，并进行相关态度、知识、技能等的专业化培训。

（二）特教助理教师的来源

随着融合教育在海淀区的大力推行，越来越多的自闭症、情绪行为障

---

① Wadsworth D E, Knight D. Paraprofessionals: The Bridge to Successful Full Inclusion[J]. Intervention in School and Clinic, 1996, 31(3): 166-171.

② Keating S, O'Connor, Una. The Shifting Role of the Special Needs Assistant in Irish Classrooms: a Time for Change? [J]. European Journal of Special Needs Education, 2012, 27(4): 533-544.

碍等残疾学生进入普通学校随班就读。这些学生可能出现的情绪行为问题、社交障碍给班级融合带来了极大挑战，其中班级管理问题和差异性教学问题尤为突出。由于普通学校的班额较大，任课教师无法同时兼顾所有学生的需求，尤其是残疾学生的特殊教育需要。班级教师难以提供一对一支持，对于特殊学生的学习需求无暇过问，导致随班就读学生出现"随班混读"现象，学生难以在班级教学中学有所获，随班就读质量令人担忧。为了使有特殊教育需求的学生顺利地融入学校班级活动，出现了"陪读制度"，一般是家长本人或家长出资雇佣他人进入班级陪读。但是，不论是家长还是社会人员，他们都缺乏特殊教育相关知识，不了解学校和学生特点，陪读质量参差不齐，只能为自闭症学生提供"保姆式"陪读服务。为了协助和支持自闭症学生适应融合环境，享受有质量的融合教育，具有特殊教育专业知识和技术的特教助理教师应运而生。

特教助理教师的来源大致经历了三个阶段，由家人陪读到家政保姆陪读，再到专业助理教师。从零散走向系统，从无序走向规范，从陪伴走向专业，从隔离走向融合。第一阶段，当特殊学生难以适应普通班级的要求出现不同的行为问题时，为使学校接纳学生，让学生享有融合的环境，家长会选择自己到学校陪伴学生并控制学生的行为。第二阶段，家长由于自身工作原因，难以亲自入校陪读，从家政市场聘请保姆，到校负责特殊学生的安全与生活，保证"不出事"即可。第三阶段，随着融合教育的普及，特殊学生受教育的权利得到保证，家长的意识不断提升，不仅关注学生"融进去"，而且要能够"融得好"。一些信息资源畅通的家长了解到特教助理教师的存在，通过特殊教育专业机构进行聘请与匹配。无论是家人陪读还是保姆陪读，其弊端有四：一是家长或保姆在身边，学生心理上有依赖，且照顾干预过多剥夺了学生自主决定的机会，使学生并不能真正"融合"进班级。二是家长每天在班级里陪坐，对教师形成无形的压力，干扰教师课堂教学。三是对普通学生心理产生影响，会把特殊孩子视为另类，拉开彼此距离，不利于营造接纳与支持的环境。四是家长做陪读，一些家长被迫辞掉工作，失去经济来源，对家庭关系和生活质量产生不利影响。

海淀区特教助理教师的配备一般由家长向特教中心提出申请，在对学生进行全面评估的基础上，特教中心会根据学生的具体需求协调配备特教助理教师。特教助理教师在上岗前需要经过系统的业务培训，在实习中考核合格后由特教中心颁发特教助理教师资格证书方可入校工作。此外，在特教助理教师的实际工作中给予定向专业培训与指导，特教中心巡回指导教师定期给予教学策略指导，组织教研，及时解决特教助理教师在工作中遇到的问题。

表2-2-4呈现了特教助理教师与家人陪读的对比表。特教助理教师经过专业培训，了解特殊学生的基本特点，掌握了处理特殊学生情绪行为的方法与技巧。当他们在与学生沟通时，表情、语气都更加坚定认真，符合学校情景的要求，提出的指令明确可操作，并坚决要求学生完成，辅助时尽量引导学生独立完成，采用积极行为支持的理念与方法，提前为学生建立行为规则或满足学生的需求，预防问题行为的发生。然而，对于陪读的家长而言，他们不是教学方面的专业人员，关注点更多的在于学生的安全、被关注程度等方面，更倾向于对学生的关爱或严厉要求，甚至会对班级教学造成不利的影响。他们在对特殊学生的辅助上，替代帮衬多，引导教授少。在行为管理上，只有当学生发生问题行为时，家长才会意识到问题的严重性，事后采取的措施不当反而会增加学生问题行为，而不知道如何进行提前预防。

表2-2-4　特教助理教师与家人陪读的对比

人员	表情	语气	指令	坚决程度	距离	辅助原则	行为支持
特教助理教师	严肃认真	平静坚定	短、明确	坚决要求	一段距离	引导独立完成	提前建立行为规则
家人	积极活跃	喜怒变化	说话多	不够坚决	贴近	解说帮衬多	发生后处理

(三)特教助理教师的专业素养

最初家长对"陪读"的要求是只要有爱心、有耐心即可，能够确保学生在校的基本生活。然而，随着家长和学校融合理念的提升，以及特教助理教师行业的发展，发现特教助理教师必须接受专业培训，形成专业素养，实现向准专业甚至是专业的转型。具体而言，特教助理教师的专业素养体现在伦理道德素养、专业理念、专业知识、沟通合作等方面。

1. 伦理道德素养

伦理道德素养是特教助理教师素质的核心和灵魂。特教助理教师的工作对象是未成年且有特殊教育需求的学生，因此特教助理教师首先需要具备爱心、耐心和责任心，还要有完善的人格，有积极向上的价值观，努力完善自我。爱岗敬业，对工作高度负责；尊重学生及家长，从学生发展需求出发，关心学生健康发展，维护特殊教育需求学生的权益。特教助理教师必须保护特殊学生的隐私，在未经学生及家长同意的情况下，不得向他人透露有关特殊学生的相关情况。此外，当特教助理教师在对特殊学生的行为进行系统、长期的干预之前，需征得家长同意。保护个案学生及服务家庭隐私及肖像等权利；服务态度文明专业，不粗鲁对待个案学生，杜绝任何打骂行为。

2. 专业理念

特教助理教师对特殊学生融合教育抱有积极的态度和坚定的信念，包容差异、尊重个性，相信通过自己辅助与支持能够促进特殊学生更好地融入普通班级。特教助理教师对特殊学生的特点应全面了解，对特殊学生的看法应客观，坚持发挥特殊学生优势与潜能的教育理念，秉持积极行为支持的理念，坚持事先预防问题行为发生而非事后解决的观念。树立为特殊学生长远发展奠基的信念，注重培养学生适应班级的技能，如遵守规则、课堂参与、社交互动、良好行为等多方面。特教助理教师具备"支持是为了不支持"的观念，引导学生加强自我管理，从而为特教助理教师逐渐减少并撤销辅助提供基础。

3. 专业知识

特殊学生个体差异大，其在班级学习和与人交往过程中需要特殊的关注和辅导。特教助理教师在上岗前要全面了解学生的特点，在工作中要具备分析和解决问题的能力。随着学生的不断发展，学生的需求不断变化，特教助理教师要有足够的专业知识，包括基本原理类知识、实践操作类知识等，例如不同类别特殊学生心理发展阶段、特殊教育基本原理、融合教育实施策略、学生情绪行为管理的技术、社交促进技巧等，从而满足学生不同发展阶段对教育的需求。

4. 沟通合作

特教助理教师不仅需要与特殊学生家长及时沟通、建立良好的合作关系，而且需要与班级教师做好沟通协调。不仅需要与学校的资源教师进行专业的交流，而且必要时需向巡回指导教师获得支持，从而多方通力合作共同为特殊学生营造良好的融合环境。特教助理教师通过与家长沟通了解特殊学生的需求，共同制定阶段性的发展目标，特教助理教师还应及时向家长反馈学生在校表现，通过口头沟通、工作日志等多种方式为家长提供全面的信息。特教助理教师应加强与普通班级教师的沟通，主动了解教师的授课内容，从而便于辅助学生参与课堂；还可以与教师交流课堂关注特殊学生的策略，为学生创造更多的发展机会。

（四）特教助理教师的工作职责

为进一步提高特教助理教师的业务能力，加强对特教助理教师工作的管理和指导，特教中心制定了特教助理教师的岗位职责，明确工作内容和方向，促进每一位特教助理教师认真履行岗位职责，出色完成岗位职责任务。特教助理教师的工作职责主要表现在个别辅导、应急处理、协同合作等方面，具体如表 2-2-5 所示。

表 2-2-5　海淀区特教助理教师工作职责

1. 辅助学生参与课堂教学；
2. 辅助学生完成各项作业；
3. 辅助学生与同伴交往活动（课间活动、小组学习、课外活动等）；
4. 与班主任及任课教师交流学生教育教学情况，商讨教育策略；
5. 每天向家长反馈，与家长交流学生教育教学情况，商讨教育策略；
6. 如遇到突发问题或学生的难点问题，及时与巡回指导教师沟通反馈；
7. 每日记录自己的辅助及沟通工作，对家长进行反馈，每周对工作进行总结与反思；
8. 每学期末组织家长及任课教师进行个案研讨；
9. 每学期末完成一篇学生案例；
10. 每周五下午参加教研活动；
11. 根据中心工作安排，参与相应的培训活动；
12. 其他相关工作。

1. 个别辅导

特教助理教师作为特殊学生的直接支持者，可以一对一、有针对性地对学生进行辅导，表现在如下六个方面。第一，辅助学生养成良好的行为习惯，例如听指令、收拾个人物品、向同学或老师问好、打开书本并翻到指定页码等。第二，帮助学生遵守班级规则，如上课安静、起立问好、保持桌面和地面整洁等。第三，辅助学生参与课堂教学，如举手回答问题、提醒认真听讲、关注同学、必要时调整学生完成任务的难度等。第四，辅助学生完成各科作业，例如抄写词语、计算、阅读、写作等，特教助理教师可以为学生搭建"支架"，如描摹临摹、借助实物、朗读题目等策略。第五，帮助学生参与同伴活动与集体活动等，培养特殊学生与同伴交往的技巧，教授在集体活动中应表现的行为，促进自然融合。第六，管理学生的行为，为学生执行系统行为提供行为规范，针对学生出现的困难，能够使用行为分析与干预的技巧进行应对。在学期末或学年末对个案学生进行个别辅导之后，特教助理教师需要撰写个案辅导与干预报告，总结支持学生的成效，范例见附件 2-11。

2. 应急处理

一些特殊需要程度较高的学生，他们存在较为严重的情绪行为，教师无法预测学生下一刻会发生的事情。普通班级学生多，教师无法一直紧紧关注特殊学生，当特殊学生发生突发情况时，如爬窗台、打同学、受欺负等，普通班级教师可能无法第一时间到达现场做出处理，这时特教助理教师可以及时介入，阻断危险，确保特殊学生以及普通学生的人身安全。处理突发事件是对特教助理教师专业技能的重要考验，需要及时处理、灵活应对，并向家长、学校教师做好反馈，给出应对建议，并及时向特教中心报备，以防突发事件上升为家校之间矛盾与冲突的"导火索"。

图 2-2-17　特教助理教师个别辅导学生

3. 协同合作

特教助理教师需要及时与家长沟通，综合了解特殊学生的需求，共同为特殊学生制定阶段性发展目标，就学生的行为准则达成一致要求。特教助理教师及时向家长反馈特殊学生在学校的日常表现、出现的问题、取得的进步、学校教师的反映等多方面的信息，也需为家长提供家庭干预的建议。特教助理教师需要与随班就读教师建立良好的合作关系，与随班就读教师共同确定对特殊学生学习的难度要求、学习内容的范围等，探讨课堂上辅助与关注特殊学生的时机与策略等。特教助理教师还需加强与资源教师的沟通合作，一方面共同探究促进特殊学生综合发展的策略，另一方面还可在课堂中泛化资源教师对特殊学生进行的个性化干预，特教助理教师还可以为资源教师提供关于特殊学生的综合信息，从而帮助资源教师提供针对性的服务。特教助理教师与特教中心巡回指导教师保持密切的联系，遇到突发情况需向特教中心报备，当遇到困难时及时寻求支持，并接受特教中心定期的巡回指导。

（五）特教助理教师日常工作案例

【案例 2-2-5】

特教助理教师的一天

5：25的闹铃声在每个工作日准时响起，洗漱、吃饭、出门、乘公交，7：30之前在北京育英学校门口等待我的学生小西。小西是典型的自闭症谱系障碍学生，每天由姥姥接送上学。每天早上，小西能够主动地和我问好并和姥姥说再见。小西进班后会到处乱看，需要我提醒才能将书掏出来，把书包放进自己的小柜里去。他的阅读能力非常差，无法完整地读下来一篇课文，通常读完一段都需要我多次提醒。

第一节课，数学老师进班了。在我的提醒下，小西准备好数学课的用具。现在三年级数学学习的内容更加抽象，难度增加，小西在数学课上也常常会出现扔书、扔笔的情况。结合数学老师上课的内容，如果是学习新知识，我会进行辅助，采用视觉提示等策略帮助小西理解，但是对于他目前的能力和状态来说理解是非常困难的。本学期我的目标主要是带领他学习简单的除法，进行简单的除法计算。

第二节课，语文学习的内容是诗歌《小小的书橱》，中间语文老师要求立书朗读时，小西把书扔到了地上。扔东西也是最近要对小西进行干预的问题行为。首先我会尽量避免他出现这一行为，如果出现了，我会要求他捡起来继续朗读或者写作业，通常我的手会稍微扶着书，提前避免小西扔书，逃避任务。

在第三节美术课上，美术老师首先给同学们介绍了今天画画的主题——画古树，讲解了绘画古树的技巧并赏析了部分古树绘画作品。美术老师说今天的课堂是要在校园里写生。我希望小西能够参与教学活动，于是小声告诉他出去写生需要注意的事情，如果玩闹、乱跑就不能继续写生了。到写生地点后，小西自由绘画，他绘画的时候特别专注，也非常安静，直到下课，小西都在很认真地绘画。

我每天都会和小西家长沟通，包括小西在学校的表现、学习的内容、需要带的文具或书籍、布置的作业等事宜。这天和家长沟通了小西在学校写生时候的表现，小西妈妈看班主任老师发群里的照片，很意外他能够这么安静地画画，能专注这么长时间很难得。特教助理教师一日的工作看似结束，其实我还有很多要做的事情，我需要对小西的一日表现进行整理、记录，针对小西学习内容有时会制作相关的简易教具，准备贴合他学习能力的学习任务等。

（北京市海淀区特殊教育研究与指导中心　束丽菲）

这个案例完整地呈现了特教助理教师在学校辅助特殊学生的详细过程。小西是一名自闭症谱系障碍学生，案例中提到了他出现注意力不集中、不按时拿出课本、扔书、扔笔等行为。特教助理教师分别采用不同的策略对学生存在的困难与问题一一突破。例如，提醒学生拿出课本与学具，提醒学生完整阅读文章，采用视觉提示和降低学习难度的方法减少学生在数学课上扔书、扔笔等逃避行为，并尽量不增加对学生行为本身的关注，避免错误地增强学生的不良行为，为学生争取参加集体活动的机会，关注学生的兴趣，增强学生的注意力，如学生在画画时注意力稳定性较高。特教助理教师还承担与家长沟通的职责，向小西家长反馈小西的一日表现，并为家长提出家庭训练的建议。特教助理教师需要完成当日记录的整理与总结，及时汇总在工作中的过程性材料。

第三节　融合教育教师团队协作机制

特殊教育需要学生除了随班就读教师、资源教师等专业人员的帮助外，还需要来自外界更多的特殊教育支持与服务。如来自巡回指导教师、特教助理教师及行为指导教师的支持与帮助，只有这些教师具有明确的分工及开展顺利的合作，让特殊教育需要学生完全融合的教育目标才能逐步实现。海淀区至今形成了以巡回指导教师和行为指导教师为指导、资源教师为骨干、随班就读教师为主体、特教助理教师为重要补充的多元一体、全员协同合作的格局。在融合教育教师团队中，教师分别承担着自己的角色，又优势互补、协作共进。

一、融合教育教师的角色

巡回指导教师、资源教师、随班就读教师、学生行为指导教师和特教助理教师具有不同的工作职责，他们在不同的融合教育情景中，扮演着不可替代的教育角色。

（一）巡回指导教师的角色

巡回指导教师是由区特教中心委派的有着丰富特教学科背景与实践经验的教师，他们穿梭于各个学校之间进行指导。巡回指导教师扮演"消防员""指挥家"的角色，通常还以"智囊团"的身份出现在学校。巡回指导教师经常"哪里有火救哪里"，帮助学校处理紧急且严重的融合教育问题，例如入学纠纷、家校冲突、突发行为问题等。巡回指导教师还能够宣导融合教育政策与理念，指导融合教育的发展方向。当学校在推进融合教育过程中遇到困难，或者是难以解决的问题时，巡回指导教师提供具体的方法路径，为融合教育的发展出谋划策。

1."消防员"

小水就读于海淀区一所优质学校。他一直是班级里的"问题学生"。一直到三年级，他总在课堂上发出声音，招惹同学，严重影响了班级正常的教学秩序。普通学生家长一度要让小水离开班级，但小水家长一方面坚定维护孩子的受教育权利，另一方面不认可学生的问题，双方家长针锋相对。僵持时间久了之后，问题大"爆发"，普通学生家长"围攻"学校，甚至还闹到教委。学校极力想解决冲突，但"空有意愿、没有方法"。家长双方互不退让，一场"退学风波之火"愈燃愈烈。

教委领导找到了特教中心，在特教中心的介入下，巡回指导教师与学校领导、班主任、小水家长展开了一场推心置腹的交谈。巡回指导教师表示理解小水家长的不易，建议对孩子进行全面的评估与针对性的训练，设计个性化课程。小水家长听得泪流满面，也对此释然，承认小水小时候各方面发育都比较慢，家长担心学校把小水"推出去"才一直否认。随后，巡回指导教师对小水进行了韦氏儿童智力评估、适应性行为评估、动作评估等，并为小水开设了动作、注意力、认知、阅读、精细等方面的个性化课程。两个月后，小水发生了明显的变化，问题行为减少了，在班里不招惹同学了。暑假开学之后，小水在班上开始有了自己的玩伴，人际关系也变好了。小水在校外还参加了篮球的兴趣班，发展了兴趣爱好。班上学生家长也意识到小水的特殊需要，变得更加包容与接纳。

在小水的案例中，巡回指导教师化身为"消防员"，及时救火，化解了一场退学风波，解决了小水家长与班上普通学生家长之间的激烈冲突。巡回指导教师用信念打动了小水家长，用专业改变了小水，帮助学校消灭了突发之火，并于无形中增强了学校的融合氛围。

2."指挥家"

有一次，巡回指导教师接到某校心理教师的申请，学校有一位被医院诊断为自闭症的学生，面对学生在学校表现出的各种问题，教师束手无策，学校有意想与家长沟通，动员家长把孩子转入特教学校。巡回指导教师进行课堂观察及访谈陪读家长后，学校的领导说道："您看这个学生有自闭症，上课经常发出声音影响班上同学学习，一下课就跑到教室外面看空调室外机的扇叶，打上课铃了也不知道回来，每次都需要家长把他拉回来。我们学校从来没有接收过这样的学生，老师也不知道该怎么教，您看他是不是应该转到特殊学校去啊？那里的老师比我们专业，对学生发展更好。"

巡回指导教师了解关于随班就读方面的文件，对随班就读政策比较了解，向学校领导做出解读："随着融合教育事业的发展，现在区内所有的学校都是融合教育学校，都应该接收随班就读学生就近入学。如果学校在学生的教育教学方面存在困难，区特教中心可以提供支持服务，例如培训教师、巡回指导、干预学生等。"这借鉴了北京市《关于进一步加强随班就读工作的意见》中第5条的规定："随班就读儿童少年，应当与普通儿童少年一样免试就近入学，普通学校要依法接收本校服务范围内经检测符合规定的残疾儿童少年随班就读。"学校领导听了巡回指导教师对政策的解读后，对融合教育有了新的认识，表示愿意让学生在学校继续就读，并且决定派学校一位负责心理教育的老师参加特教中心组织的资源教师培训，希望能够更好地为随班就读学生提供服务。

在上述巡回指导教师工作的案例中，巡回指导教师通过向学校领导进行政策宣导，为学校指明了工作的方向，奠定了融合教育的"曲调"，打消了学校将自闭症孩子转到特教学校的念头，提前预防了可能由转学引起的家校冲突风波。巡回指导教师不仅指明融合教育的方向，而且为学校提供"乐谱"，当学校存在困难时，巡回指导教师可以提供专业的支持服务，例如专业培训的机会、定期巡回指导、专业资源共享等。

3."智囊团"

小乐，就读于普通小学二年级，被诊断为自闭症谱系障碍。他长得浓眉大眼，虎头虎脑的。巡回指导教师在下校课堂观察时发现，他有时好像若有所思，沉浸在自己的世界里，口中经常会自言自语；有时也能关注到课堂上老师讲授的内容，遇到自己会的问题就会大声说出答案。对于课堂上老师发出的指令，他不能立刻执行时，家长就会不停地重复老师的指令，有时还会直接帮孩子做了。陪读家长为了不让孩子的行为影响到课堂，会拿出一个本子让孩子写一写学过的生字，或者做几道数学题。

下课了，巡回指导教师针对学生在课堂上的表现，给家长提出一些陪读的建议。首先，家长要帮助孩子建立课堂常规，如执行指令方面，家长要让孩子学会执行老师发出的集体指令，而不是教师或家长对他发出的一对一指令。其次，陪读家长要运用代币的方法帮助孩子在课堂上管住嘴巴，回答问题要举手，逐渐减少自言自语的行为。再次，陪读家长要指导孩子积极参与课堂活动。在课堂练习环节，家长可以结合孩子的能力水平，选择适合的内容让孩子独立完成，如果还有时间，可以再选择一些稍有难度但提示下可以完成的内容进行练习，逐渐延长孩子课堂参与的时间。最后，课间家长还要有意识地指导孩子与同学之间的沟通互动，如正确回应同学的主动沟通、向老师或同学提出自己的需求等，逐渐提高孩子的社交能力。

巡回指导教师作为特殊教育专业人员，掌握专业的知识与方法，具有应对特殊学生个案的丰富经验，养成了特殊教育专业智慧，为学生家长答疑解惑。上述案例中，巡回指导教师发现了家长陪读过程中存在的问题，例如家长过多重复指令，辅导与课堂脱节等。巡回指导教师针对问题提出指导性建议，包括建立课堂常规、使用行为管理的策略、辅助参与课堂的技巧、促进同学社交沟通等。巡回指导教师的建议切合了个案学生的需要，操作性强，成为特殊学生家长的智囊团。

(二)资源教师的角色

资源教师作为普通学校的特殊教育专业人员，当普通班级教师在面对特殊学生束手无策时，需辅导班主任和任课教师对学生进行教学，开展相关合作，发挥"及时雨"的作用。资源教师还要在资源教室或课堂中直接为特殊学生提供个别化的教学，发挥学生潜能，提升学生能力，变身"艺术家"，塑造和谐包容环境，为学生创造个性化特色发展的平台。资源教师还是学校的"协调人"，及时向学校主管领导反馈融合教育的相关工作，起到上传下达的作用；还与学生家长、普通班教师、巡回指导教师、特教助理教师等就特殊学生的安置方式、家庭教育、教学策略、融合活动等多方面进行协调。

1. "及时雨"

刚开学不久，一年级班主任小张老师忧心忡忡，找到资源教师诉说了烦恼。他们班有个男生小奇（6岁），在班上出现各种问题，上课随意接话、说脏话、推桌子、推同学、掐同学，导致任何同学都不愿意靠近他。当老师制止他这些行为时，他就会向老师说不礼貌的话，如"你就是个笨蛋""傻子"，甚至还出现打老师的情况。小张老师不知道如何处理，希望得到资源教师的帮助。

资源教师详细询问了小张老师关于小奇的具体表现，先入班对小奇进行了观察，在班主任的配合下邀请了家长，对家长深入访谈。经过多次真诚的沟通，资源教师了解到小奇的家庭环境优越但比较复杂，爸爸妈妈对小奇的教养方式比较极端，时而宠溺、时而严厉。之后，资源教师与班主任教师、学生家长就小奇的教育进行协商，建议家长改变教养方式，建议班主任教师在班里营造包容、友爱、安全的氛围，为小奇开设一对一的情绪行为管理的资源教室课程和他喜欢的绘画课。一学期下来，小奇有了很大的进步，能够在情绪爆发之前说出来，与同学能够一起玩耍，家长也表示小奇在家中进步明显。

上述案例中的资源教师在接到一年级班主任小张老师的求助后，及时介入，进行观察与访谈，了解学生问题背后的原因。经过共同协商，资源教师与班主任教师和家长为小奇确定了教育与干预的总体方案，营造良好的家庭与班级氛围，开设个性化的课程，帮助小奇掌握情绪与行为管理的策略。资源教师化身"及时雨"，运用自己的专业知识帮助班主任教师解决了最棘手的问题。

2. "艺术家"

小荷是伴有智力障碍的随班就读学生，因为潜意识里知道自己比别人弱，情绪极不稳定，经常表现出逃避不参与的行为。通过观察，资源教师发现小荷在美术创作中，能够专心投入，注意力集中能持续二十多分钟，她的情绪也得到缓解。资源教师及时抓住小荷在这方面的兴趣与爱好，在美术创作过程中加入认知与社交的训练。在美术课《画牌楼》中的填色环节，资源教师建议小荷可以为牌楼填上不同的颜色，对小荷没有按照美术学科的思路去引导，而是将对物体结构概念的认知和专注力时长训练作为目标点。小荷明白了资源教师的意图，她出乎意料地填画出黄、红、绿、粉、蓝、棕等多种颜色。更可喜的是颜色体现出小荷对物体结构清晰的认知区分，这直接反映出孩子近三个月认知水平正处在快速提升的"黄金期"。此外，小荷能够填画出那么多不同的颜色，需要较长时间深度专注的状态才能实现，这一点也有力证明了她注意力水平大幅度提升的事实。小荷看到自己表现出丰富多彩的画面，听到老师的赞美，在自信心爆棚的情绪下，在作品背景上写下一个"我"和一个"你"还画了一条线。资源教师询问是什么意思，小荷随着肢体动作开心地说出：我—去—找你了（你指她喜欢的陪读老师）。

案例中的资源教师敏锐地发现小荷在美术创作过程中的良好表现，将美术课"一课多教"，学生自己创造性地运用颜色，既提高学生的审美情趣，又增强了学生的认知能力与注意力水平，同时还激发了学生的自信心，无形中促进了学生的表达沟通，起到"润物细无声"的作用。案例中的资源教师将艺术融入教学，用艺术滋润学生，同时也艺术性地处理了个性化课程与学科课程的结合，同时也带动学生家长和各学科教师共同投入合力育人之中。

3."协调人"

小力在 4 岁的时候被确诊为自闭症，6 岁进入普通小学一年级就读。三年级的时候，小力在课堂上难以控制自己，大声地说话、敲桌子等，时常扰乱课堂教学秩序，普通学生家长的不满情绪随时可能爆发。资源教师从班主任处得知情况后，及时向学校融合教育主管领导反映这一问题，并给出解决的建议。主管领导召集资源教师、小力的家长、班主任教师和任课教师组建"小力成长支持小组"，一同商量解决方案。资源教师负责具体的协调工作。在学校的活动中资源教师让小力在家长的陪伴下参与，为小力设计特别的、他擅长的活动，增强其成就感；建议班主任教师通过主题班会、集体活动增强普通学生及家长对小力的包容与接纳；建议各课教师调整对小力的教学难度和内容，在课堂上予以积极关注；建议家长帮助学生调节情绪，为小力配备助理教师。在资源教师的协调下，与小力相关的人员被充分的调动，积极参与到促进小力成长的过程中，小力发生了积极的变化，不良行为明显减少，普通学生的家长也逐渐接纳了小力。

案例中的小力随着课程内容的加深在参与普通班级的时候面临了诸多困难，表现出一系列的行为问题，"干扰"了课堂的正常秩序，家校之间的潜在矛盾一触即发。资源教师需要具备敏锐发现问题的意识，通过及时向领导汇报，组建支持小组的方式将潜在矛盾扼杀在摇篮里。在这一过程中，资源教师担负了协调各方利益主体的责任，为主管领导出谋划策，为普通班级教师提供建议，对学生家长进行指导，发挥了"协调人"的作用。

（三）随班就读教师的角色

随班就读教师在学校环境中对特殊学生进行教育教学，是学生的主要负责人与"掌门人"，需要负责特殊学生的学校教育全过程，在班级中营造和谐、包容的融合教育氛围，满足特殊学生的学习需求，确保特殊学生与普通学生一样公平地享有优质教育。随班就读教师通过环境调整、教学调整、评价调整等，满足特殊学生在集体教学中的差异需求，促进特殊学生对课堂的实际参与。

1."掌门人"

小马是班里的一名听力障碍学生，性格较为内向，缺乏自信心。有一天放学前，小马和班里又高又壮的小郑吵起来了，经询问，班主任老师了解到，小郑看着小马的助听器比较好玩，就想玩一下，遭到小马的拒绝，小郑就想方设法去挑衅人家，最后就发展成打架。班主任教师意识到，一年级的学生也许还体会不到这样一个特殊孩子是需要同学帮助的，便召开了一次以"珍爱听力，快乐成长"为主题的班会。这次活动让学生了解了耳朵的基本知识，学会保护耳朵，体验了耳朵听不到的苦恼，触动了孩子们的心弦，让他们意识到要关爱周围患有听力障碍的同伴！本次班会活动后，同学们变化明显，学会了宽容与谦让，在学习和生活上对小马都表现得很友爱，课间经常会听到这样或那样的声音："小马，你需要这个吗？""小马，加餐你先来吧？""小马，这个题我会做，我给你讲讲吧！""老师，我来做小马的搭档吧！"总之，各种友爱的声音替代了之前的不和谐的声音："老师，他听不见！""老师，我不和他一组，他根本就不会！""小马，快点！就差你一个了！"

案例中的随班就读班主任教师通过召开班会的方式，将班级的冲突转化为对学生的主题思想教育，统一学生对听力障碍学生的包容态度，教会学生与听力障碍学生的相处方式，助力班级融合氛围的形成。随班就读教师通过班会的形式，加强班级管理，塑造融合氛围，指引班级学生与听力障碍学生形成相互关爱、共同促进的团体，充分发挥了"掌门人"的作用。

2."设计师"

小元在美术课堂上总坐不住，满教室乱跑，有的时候还在地上爬，经常大笑，自言自语，严重影响老师的教学和其他同学上课。面对小元，美术老师深感挫败与无奈，和小元的几次"交锋"，都败下阵来。美术老师没有放弃，主动向家长询问情况，了解到家长平时对孩子过于放纵，任其自由成长，没有让孩子养成好的习惯。美术老师发挥自己的专业特长，为小元设计了个性化教育方式。小元在教室里乱跑时，美术老师选择对他的行为"视而不见"，并且叫其他同学不要进行回应，他的行为没有引起任何人的注意，就乖乖回到了自己的座位上。当小元回座位时，美术老师及时表扬，并询问小元是否要画画，鼓励小元作画。此外，有次课上，美术老师让小元讲他擅长的航海故事，他讲得绘声绘色，同学们听得聚精会神，小元备受鼓舞。美术教师允许学生上课画喜欢的航海题材类的画，并让同学们对画作进行互相评价。久而久之，小元得到了同学们的认同，脸上的笑容更加灿烂了。美术老师设计的个性化教育方式，让小元从不合群到被接纳，发生了令人惊喜的变化。

案例中的美术老师充满教育的智慧，在课堂的自然情景中取材，为特殊学生设计"私人定制"的教育方式，分析学生存在问题的原因，忽视学生课堂上的"求关注"行为，及时表扬学生的良好行为；借助学生自己感兴趣的任务，提高绘画能力，增强学生的成就感和学习动力；在同学互评的环节，促进学生之间的交流，增加学生的参与度。在此过程中，美术老师构建了良好的课堂融合环境，发挥了"设计师"的作用。

（四）行为指导教师的角色

行为指导教师需要发挥"分析师"的作用，负责对学生的问题行为基于观察、访谈等获得的数据进行分析，从而全面了解学生问题行为发生的原因，为行为的干预与指导提供依据。同时，行为指导教师如"维修工"一般，利用科学专业的行为分析技术，帮助特殊学生矫正不良的行为，养成良好行为习惯。

1."分析师"

路路是一名三年级的小男生，确诊为自闭症谱系障碍儿童，认知、语言表达能力较好，具备动手操作能力。以前路路在班中并没有明显的行为问题，但家中新添了妹妹后，路路的行为问题越来越明显。课上，老师提出问题后，路路或没有回应，或偶尔突然尖叫起来，发出无关的声音"喔喔喔"等；教师发给学生任务单，路路直接把任务单撕掉。路路的这些行为甚至引起班级中其他同学的模仿，严重干扰了教师的正常上课秩序，班主任教师对此也束手无策。为此，班主任教师找到了学校的行为指导教师，行为指导教师对学生语文课与数学课的表现进行了功能分析，并对学生问题行为发生进行了"A（前事）—B（行为）—C（后果）"观察记录，并对任课教师、路路家长针对路路的问题行为进行了访谈。

在一次语文课上，路路又出现了发出尖叫的情况，前事是语文老师提问路路"请读出……"，路路尖叫之后，语文老师让路路坐回座位。行为指导教师对此情景进行了记录并进行分析，路路尖叫是为了逃避回答问题，可能是由于问题对于路路而言有难度，他不会用正确的方式表达出"我不知道"，以至于路路直接通过尖叫来逃避提问，并且路路每次尖叫之后的确成功逃避了提问，老师让路路坐下的回应强化了他尖叫的行为。通过对家长的访谈，行为指导教师了解到，自从家里添了妹妹，家长无法像之前那样认真地辅导路路功课，在家中对路路的关注也变少了，有时候路路在家中为了逃避做事也会出现尖叫的情况。班主任教师和任课教师听了行为指导教师对路路行为的分析，豁然开朗。

案例中的行为指导教师针对路路的课堂表现进行观察，使用工作分析和A—B—C观察记录，详细呈现了路路在整节课，以及问题行为发生前后的所有材料，还通过对教师和家长的访谈，深入了解原因。行为指导教师担当起"分析师"的角色，依据翔实的观察与访谈资料，分析出路路出现尖叫行为的原因是为了逃避任务，包括逃避回答问题、逃避完成生活任务等。

2."策划人"

行为指导教师对路路问题行为的功能进行分析之后，组建了"路路帮扶队"，针对性地为路路制定了行为干预方案，由行为指导教师牵头策划，针对性地对路路展开系统的行为干预。干预的目标为减少路路课堂尖叫行为，当遇到困难问题时能够表达"我不会"。干预分为两个阶段，第一阶段主要为任课老师提前告知行为指导教师课堂中提问路路的问题，提前让路路通过画画或者接受讲解的方式了解答案，当老师提问时，辅助路路举手回答，任课教师给予大大的表扬和代币；第二阶段，随机提问路路不会的问题，提示路路说出"我不会"，当路路能够说出时，行为指导教师给予口头表扬与代币。当路路能够集齐10个代币，一般为两节课的时间，能够兑换一次去资源教室玩沙盘的奖励。经过六周的集中干预，路路课堂上出现提问时尖叫的情况明显减少，表达出"我不会"的情况增加。

案例中的行为指导教师化身为"策划人"，制定行为干预的方案，旨在矫正路路尖叫的问题行为，让路路的行为回归"正轨"，培养良好的替代行为。行为指导教师具备熟练的行为干预技术，能够迅速发现学生行为问题所在，分析判断原因，给出最佳的解决程序和策略，分阶段加以突破。例如，前期的学业准备，降低路路在回答问题时的难度；系统的代币制，增加了路路回答问题的动机，使得路路的问题行为得以矫正，并代之以良好的替代行为。

（五）特教助理教师的角色

针对部分有严重情绪与行为问题的学生，巡回指导教师与资源教师无法全天陪伴，需要特教助理教师给予持续的支持。特教助理教师既需要陪伴并保护特殊学生，为学生撑起"保护伞"，又需要利用特殊教育专业知识与技能为特殊学生提供持续性的支持服务，帮助特殊学生的行为得到改善，必要时可以为普通班级教师提供协助，让学生适应并参与班级的生活与学习。

1."保护伞"

京京在三岁的时候被诊断为自闭症谱系障碍，升入三年级后，要到中高年级的校区上课，新校区面积大、班级多、设施全，京京倍感新奇。京京进班上课的第一天，就给特教助理教师制造了"惊喜"，在特教助理教师跟老师沟通的一瞬间，京京"没影"了。特教助理教师赶快出教室问同学、问老师，最后，终于在四年级的一个班找到了京京，京京当时好像并不知道发生了什么。特教助理教师在这个事件之后，便让自己长出"第三只眼"，无论京京要去什么地方，即便在上厕所的时候，也紧紧地跟随，确保他的安全。

案例中的京京为自闭症谱系障碍儿童，认知水平较弱，缺乏安全意识，容易被周围环境吸引，在没有向特教助理教师报备的情况下自己跑掉，容易发生安全问题。特教助理教师像专属"保护伞"一样，时刻跟着京京，保证京京的安全。面对像京京这样的学生，特教助理教师需要随时留意，细心地跟随或者在远处确保学生处于安全范围内。这并不代表特教助理教师可以随意限制学生的行动自由，特教助理教师可以与学生约定适合的活动范围，提前预防学生出现的安全问题。

2."好帮手"

刚上二年级的朵朵，在4岁时被诊断为自闭症谱系障碍，伴随发育迟缓。家长不想让朵朵在学校荒废时间，希望朵朵能够跟上普通班级的一些课程，掌握基础的知识，从而为以后的学习生活打好基础，就为朵朵聘请了专门的特教助理教师。朵朵受认知能力的影响，在课堂上跟不上教师的教学节奏，不懂得将课本翻到正确的页码，注意力不集中。当老师要求做困难的任务时，朵朵就会发出"diu diu"的声音，部分时间会拍打桌子。针对朵朵课堂上的表现，特教助理教师在课堂上提醒朵朵听课，给朵朵结构化、视觉化的任务单，辅导她完成简单的题目，通过降低任务的难度提前预防她发出无关的声音，使用代币塑造学生安坐的行为。经过一个学期，朵朵掌握了 60 个常用汉字，能够计算 10 以内的加减法，在课堂上能够独立翻页，基本保持安静。

案例中的朵朵认知能力受限，课堂上出现注意力不集中，不能跟随课堂教学，出现随便发出声音、拍打桌子等行为，无法参与学习，接受教育的前景堪忧。特教助理教师针对朵朵出现的问题，采取了针对性的策略。例如：降低任务难度，避免朵朵出现逃避的行为；不断提醒朵朵听课，帮助学生集中注意力；提供视觉化的任务单帮助朵朵明确任务；建立代币系统，塑造学生安坐的行为。特教助理教师充分发挥"好帮手"的作用，采用的措施收效明显，帮助朵朵增加课堂参与行为，掌握简单的语文与数学知识，课堂常规遵守情况也得到改善。

二、融合教育教师的协同合作

融合教育工作的顺利开展从来都不是由某一类教师唱"独角戏"，而是所有融合教育教师的"大合唱"。由于学生需求和教师专业分工的不同，这些服务无法由某一个人来完成，需要的是不同领域教师构成的团队共同合作。截至目前，海淀区已经形成"以巡回指导教师和行为指导教师为指导，以随班就读教师为主体，以资源教师为骨干，以特教助理教师为辅助的融合教育教师团队"。区级特殊教育中心统筹协调各类资源，为融合教育教师团队的建设提供支持保障。海淀区通过多年来的探索逐步完善了多元一体全员协同合作格局，建构了融合教育教师团队合作模式（见图 2-3-1），体现了多层次、多学科、多场域、多方式的特点。随班就读教师、资源教师、特教助理教师、巡回指导教师、行为指导教师间存在不同层次的合作；既有普通教育背景的教师，又有特殊教育学、心理学背景的教师合作；既有学校内部的合作，又有学校教师与外界专业指导教师的合作；既有沟通协调、班级辅助、教学研讨，又有专业培训与指导等。

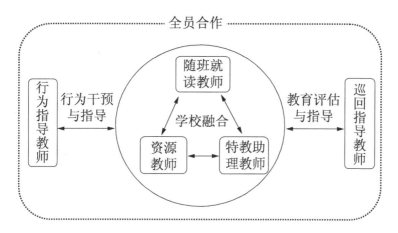

图 2-3-1　海淀区融合教育教师团队合作模式

（一）学校融合场景中的合作

普通学校是特殊学生接受融合教育的主要场所，负责校内特殊学生的教育教学、课堂管理、集体活动、资源支持等全方面的工作。学校统一安排特殊学生的班级分配、教务管理、考核要求等；普通学校随班就读教师直接负责特殊学生的班级教学、作业布置、考试安排、家长沟通等工作。资源教师作为普通学校的特殊教育专业人员负责资源教室课程与教学活动、提供校内融合教育指导；特教助理教师辅助、陪伴并直接支持特殊学生参与班级活动。在学校融合场景下，根据学生的不同发展特点与表现，形成了三级支持模式（见图 2-3-2）。针对全体学生和有轻度障碍的学生，只需要随班就读教师在班级内提供较少的支持与调整即可；针对经过第一级支持未能取得良好效果的特殊学生，则需要随班就读教师与资源教师协作研讨支持方案，并为学生开设个性化的资源教室课程；针对经过前两层支持均未取得良好效果，存在严重情绪行为问题、干扰课堂教学，或极少参与课堂活动的学生，则需要配备特教助理教师。至此，形成了融合学校内以随班就读教师、资源教师和特教助理教师三者互为支撑的稳固合作关系，共同为特殊学生创设包容、友爱、安全、专业的融合教育环境。

1. 随班就读教师与资源教师的合作

随班就读教师与资源教师的合作是学校融合场景中最常见的合作形式。新生入学后，随班就读教师往往最先观察到学生的特殊表现。此时，随班就读教师通常会按照普通的教育方法对待表现异常的学生。随班就读教师

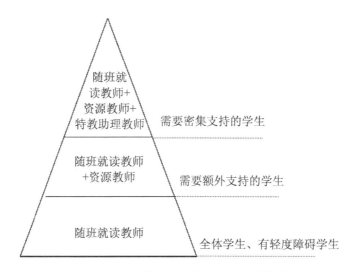

图 2-3-2 普通学校特殊学生三级支持模式

的普通教育方法实施一段时间无效后，便应该寻求资源教师的帮助。资源教师的介入先从"悄无声息"进入班级观察学生表现开始，课后与学生进行"不着痕迹"地简单互动，以判断该生是否确实存在某些方面的"特殊"及"特殊教育需要"。如果该生明显不属于特殊教育支持范畴，是因为家庭教养方式不当等外因或学生缺乏学习动机等内因造成的，则不需要额外的特殊教育支持，只需由班主任及任课教师积极与家长沟通，采取恰当的教育方式即可。如果该生经评估确定为有特殊教育需要的学生（包括医院诊断证明、残疾证和特教中心评估证明），资源教师可根据学生需要的支持程度给予不同的支持，如资源教师与随班就读教师合作制定个别化教育计划，或资源教师为随班就读教师提供特殊教育相关咨询服务，或资源教师进班与随班就读教师协同教学，或在资源教室为学生提供一对一的教育康复训练或补救教学等。资源教师在给学生提供特殊教育支持的同时，应积极与随班就读教师交流、反馈情况，充分了解学生的近况表现。只有资源教师与随班就读教师均充分了解学生的情况后，才能共同商讨出合理的教育方案与策略，并且保持教育方案与策略的一致性。

2. 随班就读教师与特教助理教师的合作

对于需要密集支持的特殊学生，除了随班就读教师与资源教师协同配合外，还需配备特教助理教师。特教助理教师在校内主要帮助特殊学生建立日常行为习惯、参与课堂学习和参与社会交往等，直到学生能够较好融入学校生活，特教助理教师可逐渐撤离支持。随班就读教师和特教助理教师的合作体现了常态化的特点，落实在日常的课堂教学、学生管理等活动中。随班就读教师主要负责特殊学生的教学活动组织，通过多感官、情景化、直观化等多种策略促进特殊学生对班级课堂的参与，并对学生进行课堂提问与及时评价。首先，特教助理教师需要通过与随班就读教师沟通了解特殊学生一学期的学业目标，在每次课前了解教师的授课内容以及对特殊学生的目标，从而决定对特殊学生辅助的策略，或在课下帮助学生提前预习学习内容，及时加以巩固。其次，特教助理教师作为特殊学生的"好帮手"，对学生的学业情况及学校适应情况比较了解，需要将特殊学生的进步之处及存在的困难反馈给随班就读教师，帮助随班就读教师及时调整课堂教学的内容与策略。再次，特教助理教师还可以担任班级的"助手"，协助教师进行班级管理，辅助其他有特殊教育需要的学生更好地参与课堂。最后，特教助理教师还架起了特殊学生家长和班级教师沟通的桥梁，向家长反馈学生在校的表现情况，以及随班就读教师对学生的要求与期许，并向教师反馈学生家长的需求，打通家校沟通的"关节"，实现良性互动。

　　3. 资源教师与特教助理教师的合作

　　资源教师与特教助理教师作为学校融合场景中的专业"支柱"，需建立密切合作、优势互补的关系。资源教师具体负责学校所有特殊学生的融合教育相关工作，而特教助理教师主要负责某位需要密集支持的特殊学生的班级融合辅助工作。两者作为学校内具有特殊教育背景的专业人员，责任分工明确，但同时存在部分工作的重叠与交叉，需要及时沟通与协作。特教助理教师在入校辅助特殊学生之前要与学校的资源教师建立联系，全面了解学校的融合教育环境、学生情况、教师情况等，了解学生所需要的支持内容。此外，资源教师作为学校融合教育的"协调人"，需主动跟踪了解特教助理教师入班辅助的情况，包括与随班就读教师沟通合作、特殊学生学业与行为表现、社交情况等，并在特教助理教师遇到困难时协助解决。当遇到学生出现严重情绪行为问题时，特教助理教师要和资源教师共同分析学生问题，制定系统的解决方案，帮助学生稳定情绪，更好地融入普通班级。再者，资源教师和特教助理教师能够专业地分析特殊学生面临的问题与急需的支持，需要共同参与学生个别化教育计划的制定，研讨后提出最符合学生发展实际与需求的建议，辅助随班就读教师加以落实，追踪实施的效果。

（二）巡回指导教师与学校教师的合作

学校融合中的师资力量主要以资源教师、随班就读教师和学校主管领导为主。当学校遇到学生融合教育的难题，资源教师也无法处理时，可向区级特殊教育中心申请评估与指导的需求。区级特教中心派出巡回指导教师前往学校进行观察与指导，在学生评估、教育安置建议、课程教学调整、学生行为管理、个别化教育计划制定与实施等多方面与学校教师进行沟通合作，必要时可邀请领域内的专家一同前往提出指导建议。巡回指导教师与学校教师合作的具体流程如图 2-3-3 所示。

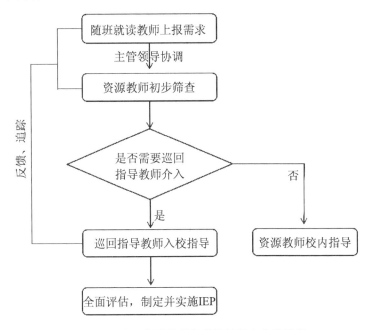

图 2-3-3　巡回指导教师与学校教师合作的路径

首先，学校随班就读教师根据一段时间的观察，发现学生的特殊需要，上报专业指导的需求。在主管领导协调下，资源教师入班对学生进行观察与记录，并对随班就读教师进行访谈，综合了解学生的课堂参与度、特殊行为表现、社交表现、学业水平等，并将相关信息收集汇总，判断是否需要巡回指导教师介入，向巡回指导教师申请入校指导，将汇总的信息提交给巡回指导教师作为参考。

其次，巡回指导教师进入学校现场后，将会深入课堂和课间活动直接观察学生表现，有必要时还将与学生进行单独的互动以进一步了解学生的认知、动作、社交等各方面发育情况。而后，巡回指导教师将与随班就读教师和资源教师进行深入访谈，了解该生在学校的日常表现及可能引起不良表现的原因。随班就读教师和资源教师应如实坦诚地与巡回指导教师进行沟通。在有条件的情况下，巡回指导教师还将对家长和同学进行访谈以了解更多的信息。通过观察、互动与访谈，巡回指导教师可以全面地对该生进行较为周全的教育评估，并且对学校教育和家庭教育提出科学建议。这一系列的评估筛查工作，需要学校主管领导或资源教师进行统筹协调，才能在不扰乱正常教学活动的情况下顺利实施评估筛查。同时，随班就读教师还应做好学生与家长的思想工作，不能让被评估筛查的学生感觉到自己是另类，也需让家长对筛查评估过程与结果有知情权。

最后，评估筛查工作结束后，巡回指导教师需将评估结果与教育建议进行整理汇总，提交给融合教育学校主管领导，由学校主管领导召集随班就读教师与家长进行意见反馈。部分学生需要到医院进行相关诊断，或到区级特殊教育中心进行认知、适应行为、动作等方面的综合评估，从而全面了解学生的特殊教育需要，作为制定个别化教育计划，以及进行课程教学调整的依据。某学生确定需要特殊教育服务后，巡回指导教师根据学生表现和教师专业支持的需求，不定期到学校进行指导工作。到这一阶段，巡回指导教师的主要任务包括：指导随班就读教师解决教学和日常管理中遇到的问题；指导资源教师在资源教室中的教学与管理；指导学校主管领导顺利推进学校融合教育工作；指导家长在家庭教育中的教育方法等。另外，巡回指导教师还会定期参加各学校主管领导组织的特殊学生个案研讨会，商讨学生个别化教育计划的制定、实施与过程监督，与学校融合教育教师团队共同制定与运作个别化教育计划。

(三)行为指导教师与学校教师的合作

当特殊学生出现严重的情绪行为问题时，如果持续时间长、程度重、强度大，不仅影响到该生自身的学习与人际交往，而且影响到班级的正常教学秩序。这类问题行为仅仅靠随班就读教师说服教育效果并不明显，需要专业行为指导教师与随班就读教师的协作，共同对其进行行为干预。应用行为分析(ABA)是目前国际上公认的且经过实证研究证实有效的一种行为矫正与塑造方法。海淀区于 2016—2019 年培养了近百名具有中国应用行为分析师(CNABA)资质、近 40 名具有国际副应用行为分析师(BCaBA)资质的行为指导教师,他们具有系统应用行为分析理论基础与实践操作,分布于海淀区的学区管理中心、普通学校与特殊教育学校。行为指导教师作为融合教育教师团队中的新兴成员,他们也可能同时担任学校的资源教师或随班就读教师,具有很强的专业性与创新性,与学校教师的合作主要体现在对学生问题行为的干预与指导方面,合作流程如图 2-3-4 所示。

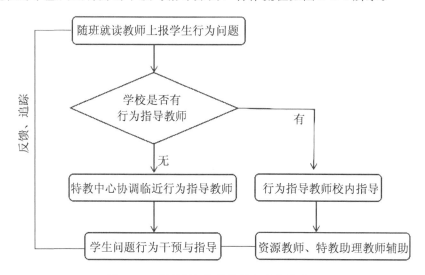

图 2-3-4　指导教师与学校教师合作的流程

随班就读教师最先发现特殊学生的情绪与行为问题,若学生行为问题严重干扰课堂教学,可由随班就读教师向学校上报需求。若本校有行为指导教师,可由行为指导教师及时介入,并对学生的问题行为进行系统、长时间的干预。若本校没有行为指导教师,学校可向区特教中心提出申请,在特教中心的协调下,预约临近的行为指导教师入校进行指导。在学校资源教师、随班就读教师或特教助理教师的协助下,共同制定行为干预方案,对学生开展行为观察并进行问题行为干预,并指导学校随班就读教师实施,以加强学生对良好行为的巩固与泛化。

行为指导教师与随班就读教师的合作主要体现在通过访谈了解学生问题行为发生的情景与原因,分析问题行为的功能,并据此制定行为干预的方案,为随班就读教师提出在班级融合环境中,如何通过创设包容、友爱的环境有效预防触发学生产生问题行为的情景;如何关注学生的积极行为,并帮助建立家校一致的行为规则,解读行为干预策略的运用,如奖励办法、强化措施等。此外,行为指导教师还需在行为干预过程中,加强与随班就读教师的沟通，及时了解学生行为干预的效果，发现存在的困难，并调整行为干预的方案与策略。行为指导教师与资源教师的合作主要体现在，资源教师协调安排行为指导教师入校、共同研讨学生问题行为干预方案、协助与随班就读教师及学生家长沟通等方面。若特殊学生配有特教助理教师，特教助理教师在辅助干预学生问题行为、追踪记录学生问题行为数据方面发挥重要作用。特教助理教师接受行为指导教师关于学生问题行为应对策略的指导，并将学生的行为表现及时进行反馈。只有行为指导教师与学校教师密切配合，才能够达成一致，用专业的方法解决学生的问题行为，培养学生积极的合作行为。

（四）融合教育教师的全员合作

特殊学生受教育质量的提升，以及学校融合教育工作的有效推进，需要随班就读教师、资源教师、特教助理教师、巡回指导教师及行为指导教师的全员合作，具体体现在研讨特殊学生教育安置方案、为特殊学生制定与实施个别化教育计划、学校融合教育推进工作等多个方面。

当学生家长与学校关于特殊学生的受教育问题存在争议时，家校之间的矛盾容易激化，特殊学生备受忽视。为此，需要巡回指导教师等专业人员的介入与协调，分析特殊学生融合教育面临的问题，剖析学校及家长的需要，给出客观、合理的教育安置建议。资源教师和随班就读教师提供学生的课堂行为表现与观察记录，阐述对特殊学生已经采取过的方法、效果和仍旧存在的问题，描述班级同学及家长对特殊学生的态度。巡回指导教师根据学校领导、教师及家长的描述，对特殊学生进行课堂观察与评估，必要时需要医学、心理学、特殊教育等领域的专家介入，共同商定合理的教育安置方案，确定普通班级、资源教室、资源中心或康复机构受教育的时间。对于障碍程度较重，存在严重情绪行为问题的特殊学生，建议配备特教助理教师，由巡回指导教师或其他专业人员对特教助理教师进行专业培训与指导，从而消解家校间关于特殊学生受教育的矛盾与争议。

个别化教育计划的实施是贯穿特殊学生接受融合教育的整个过程，需要所有教师的合作参与。个别化教育计划是学生融合教育的总体构思与设计蓝图，涵盖学生的基本信息、能力水平、长短期目标、课程教学调整、相关支持、效果评价等多方面的内容，需要不同主体共同参与。从最初的教育评估，个别化教育计划的研讨制定、实施、阶段性评估与调整，到学段结束后的效果评估等，都离不开学校主管领导、随班就读教师、资源教师、巡回指导教师、特教助理教师、行为指导教师及学生家长的合作，必要时还需其他领域的专家参与。资源教师负责统筹全校特殊学生个别化教育计划的制作，对特殊学生的能力进行评估分析或联系专业人员，如巡回指导教师介入进行评估与分析。基于学生的基础能力，随班就读班主任教师与其他学科教师共同商讨特殊学生在一学期或学年内在学业、社会适应等方面要达到的短期目标与长期目标，研讨针对该生实施课程时采用的调整策略。特教助理教师是特殊学生重要而直接的支持人员，陪伴并辅助特殊学生参与课堂教学、同伴交往，又可以及时记录学生学习过程中的表现，帮助进行个别化教育计划实施效果的评估。若特殊学生存在严重的情绪行为问题，则需要在制定个别化教育计划时将行为指导教师纳入其中，共同研讨制定学生行为、塑造良好行为的干预方案与策略，并由行为指导教师统筹推进与实施效果评估。

学校在整体推进融合教育工作的过程中，更需要注重构建融合教育教师团队，促进全校参与式发展。海淀区已普及融合教育"零拒绝"的原则，片区内的学校必须接收能够适应普通学校学习生活的特殊学生就近入学。然而，对于融合教育工作刚起步的学校，学校领导与教师对于特殊学生的融合教育知之甚少，当特殊学生到学校就读时不知如何应对。为此，学校需借助外界的专业力量，及时寻求区级特教中心巡回指导教师的支持。巡回指导教师可入校对学校领导、随班就读教师和资源教师进行融合教育相关政策的宣导，或开展关于特殊学生身心发展特点，以及融合教育基本理念与实践策略的专题培训，帮助学校营造和谐、包容的融合教育氛围，配备无障碍设施，建立并运行资源教室，指导教师学习应对特殊学生困难的基础策略，为学校提供获取特殊教育相关信息与支持的途径等。

海淀区融合教育教师团队合作模式，清晰地描述了在不同教育情境下各类教师的分工与合作关系。随着时代需求与融合教育发展，融合教育教师团队还将继续发生变化，朝着个性化、多元化、专业化和合理化发展。

第三章 融合教育教师培养

为提升融合教育教师的素养，促进其专业发展，海淀区自 2011 年起开始探索对不同类别的融合教育教师进行分类培养，不断完善"分类培养，分层提高"的培养机制，实现理论与实践相结合、培训与指导相结合、线上线下相结合、课堂内外相结合、自学与教学相结合、集体与个别相结合。重视巡回指导教师的培养，创新资源教师资格认证模式，拓展随班就读教师培训方式，首次探索行为指导教师和特教助理教师的培养，为海淀区培养了一大批具有融合教育知识和技能的专业教师，实现了融合教育教师"专业化、资质化与专门化"的目标。

第一节 巡回指导教师培养

巡回指导教师是融合教育教师团队中人数较少、专业性要求较高的成员，已有的研究与实践都较少关注巡回指导教师的培养。然而，巡回指导教师负责区域融合教育发展的顶层设计与实践指导，在区域融合教育发展中起到引领与导向的作用。因此，巡回指导教师的培养实则关系到区域融合教育的发展方向与发展水平。海淀区自 2009 年起在实践中探索巡回指导教师培养的内容与方式，历经了特教教师转岗为巡回指导教师和新任巡回指导教师培养两个阶段，共计培养了 13 名巡回指导教师。海淀区逐渐形成了以"专项培训＋实践反思＋教育研究＋专业指导"的培养方式，使巡回指导教师成为融合教育工作的"多面手"，应对普通学校与特殊学生多样化需求。

一、巡回指导教师培养目标与内容

(一)巡回指导教师的培养目标

巡回指导教师的培养目标取决于巡回指导教师在融合教育工作中扮演

的角色与承担的职责。随着海淀区巡回指导教师职责的不断明确，巡回指导教师的培养目标也日趋清晰。巡回指导教师的首要工作是对普通学校的融合教育相关教师提供专业指导。因此，巡回指导教师培养目标的重点在于提升其"指导力"，充分发挥"指挥家""消防员"的角色，精准地把握学校、教师、学生及其家长的需要，科学地制定支持方案，运用专业知识与技能提供符合需要的指导建议。

此外，巡回指导教师还需要协调处理好与学校、家庭等多方的关系。为此，需要提升巡回指导教师的"沟通力"，以客观的立场分析学校或家庭的诉求，注意沟通的技巧，做到有理有据、合情合理地解决问题。

(二)巡回指导教师的培养内容

海淀区巡回指导教师的培养目标决定了培养的重点内容，主要涵盖了特殊教育专业知识、特殊教育研究、学生筛查与评估技能、家校沟通与协调等方面的培养内容，如表 3-1-1 所示。

表 3-1-1　巡回指导教师的培养内容

培养内容	具体项目
特殊教育专业知识	国际特殊教育的发展趋势、国内融合教育的实践探索、特教中心的功能定位与发展、融合教育支持保障体系建设、特殊学生干预的策略等
特殊教育研究	特殊教育研究方法(如个案研究、行动研究)、特殊教育研究规范、论文撰写、报告撰写等
学生筛查与评估技能	学生观察与访谈的技巧、韦氏儿童/幼儿智力测验、适应行为评估、动作评估、言语评估等
家校沟通与协调	沟通的技巧、提供咨询的策略、组织活动、开展研讨等

1. 特殊教育专业知识

巡回指导教师虽然拥有系统的特殊教育背景，但随着时代的进步，融合教育的理论与实践也不断推陈出新，巡回指导教师需要及时更新特殊教育理念与知识，了解国际与国内特殊教育的发展趋势，掌握融合教育的最佳实践方式。为此，海淀区注重将"走出去"与"引进来"相结合，扩展巡回指导教师的视野，使之拥有国际化的眼光，并及时将专业知识用于指导实践。例如，2014 年海淀区巡回指导教师前往里斯本参加国际融合教育大会，并在会场做主题发言。2017 年海淀区组织召开"海淀区融合教育国际研讨会"，海淀特教中心在主会场作主题发言。海淀区还组织巡回指导教师参加了 2017 年特殊教育质量提升高峰论坛，以及 2018 年首届江浙沪特殊教育高端学术论坛等研讨会。这些会议涵盖了国际特殊教育发展趋势、国内融合教育的实践探索、特教中心的功能定位与发展、融合教育支持保障体系建设等多方面的内容，为巡回指导教师拓展视野提供了重要平台。

2. 特殊教育研究

海淀区历来重视巡回指导教师研究能力的培养，"研究"与"指导"是海淀区融合教育发展的两大支柱。研究是开展指导的重要基础，指导践行并拓展研究成果。海淀区注重将巡回指导教师的实践经验提升为理论与规律，总结区域融合教育工作的模式，有利于提高巡回指导教师工作的成效。海淀区通过组织专题培训、教研活动、课题研究等多项活动提升巡回指导教师的研究能力。海淀区先后组织多次关于特殊（融合）教育论文、案例撰写的培训，以及研究课题申请的培训，使巡回指导教师掌握研究论文撰写的规范，了解特殊教育常见的研究方法，如个案研究法、行动研究法、调查法等，帮助巡回指导教师了解、掌握申请并推进课题研究。

3. 学生筛查与评估技能

学生筛查与评估是一项专业性极强的工作，是针对性了解学生特殊教育需要的基础，也是科学制定个案支持方案的重要依据。对巡回指导教师筛查能力的培养是在下校实践的过程中进行的，巡回指导教师通过观察课堂学生表现、对学生进行简单测试，并访谈教师，基本了解学生的特殊需要，筛查反馈报告的撰写进一步提高了巡回指导教师的筛查能力。海淀特教中心派出巡回指导教师参加韦氏幼儿/儿童智力测验、斯-欧非言语智力测验、适应行为评估主试资格的培训，以及学生动作能力评估、言语评估等方面的专项培训，巡回指导教师经过集中培训和考核，可获得学生智力评估、适应行为、动作评估等方面的专业资质。

4. 家校沟通与协调

沟通与协调是巡回指导教师的重要职责。换言之，巡回指导的所有工作都离不开与学校、教师、学生家长、领导、专家等不同人员的沟通与协调。巡回指导教师需要接受区内学生家长及教师的咨询，向教师或主管领导提供促进学校融合教育和特殊学生发展的建议，这就要求巡回指导教师具有较强的沟通协调能力。为此，需要加强对巡回指导教师沟通与协调能力的培养。尽管沟通能力与个人性格特质和已有经验有关，但当入校以及对家长提供咨询指导时实测具有共通性的技巧。海淀区通过集中研讨的方式，由经验丰富的巡回指导教师分享关于组织协调的经验，以及与学校领导、教师、家长沟通的技巧，例如沟通时应避免的问题、进入学校场景的客观立场、对家长的同理心、沟通学生课堂表现、提出改进学生行为的建议、家庭指导的方式等多方面。

二、巡回指导教师培养形式

（一）专项培训

集中式专项培训是提高巡回指导教师理论素养的重要方式，主要分为两个部分，一是基础业务能力的全员普及培训，二是专业方向的重点培养。目前，形成了"2＋3＋4"的巡回指导教师专项培训内容体系，即两大培训领域、三个基础能力培训专题、四个专业方向培训专题，详见表 3-1-2。

表 3-1-2　巡回指导教师专项培训的专题与内容

培训领域	培训专题	培训内容
基础能力培训	特殊学生发展特点	不同类型学生的身心发展特点
	特殊教育理论前沿	国际国内趋势、基础理论等
	融合教育实践策略	课程教学策略、融合环境营造等
专业方向培训	学生能力评估	韦氏儿童/幼儿智力测验、适应行为评估等
	不同障碍类型学生	自闭症儿童、注意力缺陷多动障碍儿童等
	专业技术	应用行为分析、感统训练等
	教学策略	个别化教育计划、绘本教学等

首先，所有巡回指导教师都应了解特殊学生的发展特点、特殊教育发展趋势、融合教育的实践策略等，这些基础知识、技能的掌握与更新是巡回指导教师开展工作的基础。其次，海淀区在培养巡回指导教师时，力求让不同巡回指导教师各有所长、优势互补，使其接受的培训也各有侧重。基于巡回指导教师的专业能力、长远规划及个人兴趣，海淀特教中心会定期选派巡回指导教师参加不同主题的专项培训，如学前融合教育、学生行为分析、韦氏儿童/幼儿智力测验、自闭症儿童发展、注意力缺陷多动障碍儿童、感统训练、绘本教学等相关培训。这些专项培训往往具有较强的系统性与延续性，从而使巡回指导教师既有深厚的特教专业功底，又有擅长的某个方向，做到"既全且专""一专多能"。

图 3-1-1 学前特殊教育融合模式创新与教学质量提升研讨会

(二)实践反思

巡回指导教师参与下校实践并及时进行个人反思是提升其素养的重要过程。巡回指导教师在实践中积累特殊学生融合教育的案例,分析特殊学生面临的困难,总结共性问题,梳理指导策略。例如,对学生进行课堂观察的策略,包括观察学生课堂表现的哪些方面,如何使用量化的方式进行记录;对学生进行筛查时可以组织的活动,以及如何快速记录学生反应情况;在访谈教师时如何获取有效信息,如何结构化整理教师的访谈记录并进行分析。指导教师关注特殊学生的策略,既包括通用的融合教育策略,又需要依据学生特殊表现提出针对性的解决方法。巡回指导教师在实践过程中总结经验,发现问题,解决问题,当遇到困难时及时向有经验的教师或领域内的专家寻求专业支持,或通过查阅专业资料加以解决。巡回指导

图 3-1-2 巡回指导教师开展教师访谈

教师只有反复实践与反思，将感性的经验总结为指导策略与规律，并在实践中进行验证、使用与调整，才能不断提升自己的指导能力。

（三）教育研究

巡回指导教师需要具备从事专业研究的理念与能力。海淀区建立巡回指导教师参与课题研究和教研活动的常规培养机制，鼓励巡回指导教师在课题研究中承担任务，在教研活动中担任组织者与引领者。海淀特教中心承担了由全国教育科学规划教育部重点课题和一般课题、北京市教育科学规划重点课题、北京市教委委托课题、北京市海淀区教育科学规划重点课题等不同层级的研究课题（见表 3-1-3）。研究主题新颖且具有较强的实践应用价值，与巡回指导教师的日常工作紧密结合。课题研究将工作经验凝聚升华为理论，有利于塑造"研究型"巡回指导教师。此外，海淀区建立了学校本位融合教育教研组、资源教师教研组、学生行为指导教师教研组和个案支持教研组，依据巡回指导教师的职责分工与专长将其分别分配到不同教研组中。例如，在个案支持教研组中，巡回指导教师针对某一典型个案进行深入的分析，包括基本信息、评估结果、个案支持方案、个别化教育计划、课堂教学调整、额外支持服务、个案支持效果等多个方面进行共同研讨，不仅提高了巡回指导教师分析个案、支持个案的能力，而且有利于用研究的精神指导解决实践中的问题。

表 3-1-3　海淀区巡回指导教师参与的课题一览表

课题级别	课题名称
全国教育科学规划教育部重点课题	自闭症儿童融合教育生态支持系统的建设研究
全国教育科学规划教育部一般课题	随班就读工作机制与保障体系研究
北京市教育科学规划重点课题	融合教育背景下个别化教育计划实践研究
北京市教委委托课题	区级特教中心标准化建设与推广研究
海淀区教育科学规划重点课题	发展性障碍儿童言语障碍评估及干预研究

（四）师徒结对

海淀区巡回指导教师年龄层次合理，既有多年巡回指导工作经验的老教师，又有承担中心多项事务的中坚力量、入职时间较短的新教师。新任巡回指导教师尽管具有系统的特殊教育专业背景，但是缺乏实践经验，难

图 3-1-3　巡回指导教师参加课题会

以完全胜任巡回指导的工作，在个案支持、学生筛查、沟通协调、个别化教学等多方面都需要得到指导。海淀特教中心开展"青蓝结对"工程活动，采用师徒结对的方式，让"老教师"带"新教师"，对新教师面临的困惑及在工作上出现的问题进行针对性指导，实现"内涵式"发展，从而提升新任巡回指导教师的工作能力。老教师手把手指导新教师对学生进行科学的教育评估，指导新教师上好公开课；面对面传授入校与学校领导和普通教师沟通的礼仪和技巧，进行课堂观察与访谈的内容与策略；还分享自己巡回指导的工作经验，帮助新教师明确方向，提炼技巧，获得提升。

三、巡回指导教师培养历程

（一）特教教师转岗为巡回指导教师

海淀区的巡回指导教师中有部分来自特教学校，这部分教师已经具备了特殊教育的知识与技能，但缺乏对区域普通学校教育教学情况的了解。在此阶段，巡回指导教师的培养主要从两个方面开展，一是补齐短板，在

图 3-1-4　巡回指导教师"青蓝结对"工程

实践中通过分组教研和个别指导，促进巡回指导教师对普通教育的认知与了解，了解区域中各普通教育学校的现状、对特殊教育专业支持的需求等。二是发挥优势，将特殊教育专业知识与技能运用于融合教育实践中，让巡回指导教师获得专业自信与成长。这部分转岗教师的培养目标是打造为既懂特教、又懂普教的"研究型、专家型"巡回指导教师。他们能够在某一专业领域有深入的研究，如学生筛查与评估、学生行为分析、资源教室建设与指导等方面。同时，这部分转岗教师也能够对区域融合教育的发展有整体的规划，对普通学校教师提供专业的指导，为新任巡回指导教师树立楷模。

【案例 3-1-1】

转型后的摸索

张老师是一位具有近 30 年教龄的老教师，毕业于南京特殊教育师范学院，在特教学校工作了二十余年，特教经验丰富，获得了"紫金杯"优秀班主任等多项荣誉。自海淀特教中心成立起，张老师便成为一名专职的巡回指导教师，在海淀区特殊教育研究与指导中心独立时，人事关系由特教学校转入特教中心。2009 年左右，区内的融合教育工作刚起步，学校几乎不了解随班就读和融合教育，作为一个"外来者"，张老师每次去学校巡回指导内心都忐忑不安。于是，张老师认真学习了国家和北京市出台的关于融合教育的政策文件，阅读关于普通学校教育教学的相关书籍，不断总结入校巡回指导的经验。随着融合教育的普及与推广，学校的特殊学生越来越受关注，学校自发主动地向特教中心求助，张老师和其他巡回指导教师受邀入校，由学校融合教育主管领导或资源教师协调入校事宜，每次入校行程安排十分紧凑，张老师在观察特殊学生，并对教师进行访谈之后，与班主任教师或学校领导沟通时更有"底气"。当感受到自己下校指导的过程对教师应对特殊学生困难起到的重要作用时，张老师总有满满的成就感，驱散了一天的口干舌燥与疲惫不堪，赢得了普通学校领导和教师的尊重。

海淀区像张老师这样由特教学校转入特教中心的专职巡回指导教师共计四位，她们都具有特教学校任教的经验，还曾担任特教学校的行政职务。海淀区特殊教育管理中心在 2011 年成立之初，为特教学校的一个部门。在教师自愿的基础上，结合教师的兴趣方向，学校选取了四位特教教师专门负责全区的融合教育工作，她们完成了由特教学校教师向巡回指导教师的转岗，开始了区域融合教育巡回指导机制的探索。随着 2016 年海淀区特殊教育研究与指导中心的独立，四位教师的人事关系均由特教学校转入特教中心，成为独立身份的巡回指导教师。

（二）新任巡回指导教师的培养

2016 年，海淀特教中心独立后拥有 15 个人员编制，承担全区的融合教育管理、研究与指导工作，相较于未独立时，工作对象多、工作范围广、工作内容繁杂，单凭特教学校转岗的四位巡回指导教师无法有效推进区域内的融合教育工作。因此，海淀特教中心通过招聘新教师或从其他相关单位调入教师的方式充实巡回指导教师的队伍。招聘的新教师尽管有特殊教育专业背景，但缺乏巡回指导的实践基础。调入的教师尽管有一定的普通教育工作经验，但缺乏特殊教育的专业基础。如何让新任巡回指导教师尽快适应工作要求，胜任巡回指导的工作岗位，成为海淀特教中心亟须解决的问题。

【案例 3-1-2】

困惑中前行

牛老师于 2017 年以特殊教育硕士研究生的身份成为一名新任的巡回指导教师，刚离开学校的她，具有扎实的特殊教育理论功底，但未承担过巡回指导的工作，对普通学校教育教学接触较少。刚步入工作岗位的她，对于新的工作环境和工作要求需要一段时间的适应，特教中心充分发挥骨干教师的"传帮带"作用，阐释巡回指导教师的职责，让其与老教师结对子，观摩老教师下校指导和评估学生的过程，牛老师积极参与各项工作并进行思考。在刚入校巡回指导时，牛老师认为自己初出茅庐、资历尚浅，对普通学校年长自己很多的教师进行指导显得"喧宾夺主"，面对在班级融合出现诸多困难的特殊学生，只能给教师提一些理论层面、普遍性的建议，难以深入技能层面，巡回指导过程显得"苍白无力"。牛老师积极与老教师沟通自己的困惑，请教老教师如何入校巡回指导、对学生进行观察、精准判断学生特殊需要，以及与教师进行沟通的策略等，还主动阅读关于不同障碍类型特殊学生班级融合方面的书籍。此外，特教中心还多次派牛老师参加特殊教育技能方面的培训，包括韦氏儿童/幼儿智力测验、适应行为评估、斯-欧非言语智力评估、绘本教学、注意力缺陷多动障碍儿童教育策略等内容。牛老师表示专业培训塑造了专业技能，开阔了视野，帮助自己更好地将研究与实践相结合，将所学理论知识应用到巡回指导的过程中。

近三年以来，海淀特教中心通过四种方式让新任教师尽快胜任巡回指导教师的岗位。第一，建章立制，明确巡回指导教师的工作职责与内容。海淀特教中心制定了《巡回指导教师岗位说明与职责》，用于规范巡回指导各项工作，如评估筛查、课堂观察、教师访谈、康复训练等工作流程，让新教师对今后将开展的工作有全面了解。第二，以老带新，师徒结对。成熟的巡回指导教师引领新任巡回指导教师，带领他们走进学校开展筛查和指导工作，合作筹备学生个案研讨会，在实地观摩过程中逐步熟悉巡回指导教师的工作。第三，专题培训，新任巡回指导教师参加集中式理论培训，例如评估、音乐治疗、绘本教学等专题的培训，获得评估主试资格和开展个案支持的专业知识。第四，岗位实践，让巡回指导教师承担个别教学、学生筛查、家长访谈、教师指导等多项工作，在具体实践中运用专业知识与技能，不断提升巡回指导的素养。

四、巡回指导教师考核

对巡回指导教师的评价主要来自学校反馈、查阅记录、学年考核三个方面，有利于全面评价巡回指导教师的工作。第一，巡回指导教师在下校与学校领导、资源教师、班主任教师等沟通之后，由学校填写《巡回指导反馈表》，学校融合教育主管领导填写学生的主要情况与问题、巡回指导教师的工作内容以及效果评价，从而通过校方评价了解巡回指导教师的工作量与实施效果。第二，查阅巡回指导教师工作的过程性资料，包括《巡回指导记录》《学生筛查报告》《学生评估报告》《特殊教育需要学生康复训练记录》、个人总结等书面报告，综合分析巡回指导教师的指导、筛查、评估、康复训练、自我评价等方面的资料，从而对巡回指导教师做出客观而全面的评价。过程性评价的方式，更容易激励巡回指导教师关注工作的全过程，提高其工作效率。第三，特教中心自制《海淀区巡回指导教师考核评价表》（详见附件 3-1），以学年为单位，从德、勤、能、绩四个方面于每年 6 月份由考评小组完成对巡回指导教师的评价，每位巡回指导教师需要提交学年工作总结，考评小组由特教中心主任及三个部门负责人组成，采用查阅记录、问卷调查、访谈家长/教师/同事、实地听课等多种方式对巡回指导教师进行评价，评价方式体现了多元化、综合性的特征。考核的内容包括德、勤、能、绩，即思想道德、出勤情况、专业效能与所获成果四个方面，考核指标详见表 3-1-4。

思想道德是指巡回指导教师的政治思想与职业道德，如热爱教育事业，热爱学校，团结同志，关心学生，不散播影响同事团结的言论；以教师职业道德标准要求自己，言行举止得当等。这是评价巡回指导教师的首要指标。"勤"即出勤情况，上下班、上课，无迟到、早退现象。巡回指导教师采用的是"坐班制"，下校的时间需要提前规划并由中心统一安排。巡回指导教师的出勤情况是必要的制约性指标。"能"即专业效能，指的是巡回指导教师对职责范围内工作的完成效率与效果，是评价巡回指导教师的核心指标，包括巡回指导、个案支持、组织活动、课题研究、参与专业学习 5 个二级指标。"绩"即获得科研成果、评优课等情况，例如公开发表论文、论文获奖，指导教师制定的个别化教育计划或活动课获奖等，这是评价巡回指导教师的加分型指标。

表 3-1-4 巡回指导教师的考核指标与考核方式

一级指标	二级指标	考核方式
思想道德	政治思想	访谈本人、同事
	职业道德	访谈本人、同事
出勤情况	出勤情况	查阅记录
专业效能	巡回指导	查阅记录、问卷调查
	个案支持	访谈家长、问卷调查
	组织活动	查阅记录
	课题研究	查阅记录
	参与专业学习	查阅记录
所获成果	论文、获奖及其他荣誉	查阅记录
	评优课	查阅记录

第二节 资源教师培养

资源教师作为联结特殊教育与普通教育的关键人物和学校资源教室方案的执行者,其专业素养对融合教育发展质量产生重要影响。[1] 为此,海淀区历来重视资源教师的培养,严把资源教师"入口关",开展了长达 8 年为期 3 个阶段的行动研究和实践探索。海淀区还出台了《海淀区普通学校资源教师特殊教育津贴发放和管理办法》对资源教师资格认证予以政策保障。截至 2019 年,海淀特教中心开展了 8 期资源教师专项培训,逐步建立并完善了"理论培训＋教育实习＋考核评估(TEA)"资源教师资格认证模式,累计 305 名教师取得了海淀区资源教师资格证书,覆盖了海淀区 17 个学区,88 所学校,占区域内接收随班就读学生学校的 59.86％。海淀区还为资源教师开设了在岗研修课程,建构了资源教师的专业支持体系,还通过《资源教师管理办法》加强对资源教师的考核,规范资源教师的任职过程。

---

① 孟晓. 资源教师的角色浅析[J]. 中国特殊教育,2004(12).

一、资源教师培养目标与内容

(一)资源教师的培养目标

海淀区于 2005 年建立第一个资源教室,资源教室建立之初较少关注资源教师的培养,没有专人负责,很容易让资源教室成为一个"布满灰尘的空壳",难以为特殊学生提供实质性、有效的帮助与支持。此外,海淀区普通学校特殊学生基数大、类型多,校内教师缺乏特殊教育专业知识与技能,难以满足学生的特殊需求,因此需要培养融合教育方面的专业人员。为此,海淀区开始关注两大问题:一是培养什么样的资源教师,二是如何培养资源教师。2008 年,海淀区教委制定了《海淀区普通学校资源教师和随班就读教师管理办法》,明确提出了资源教师的任职条件,其中之一为"特教专业毕业或者经过区特教中心及以上级别的特殊教育专业培训,并获得合格证书"。这回答了上述两个问题,海淀区要培养持有资格证书的资源教师,由海淀特教中心负责开展专业培训与认证。开展资源教师资格认证,既保证了资源教师的专业化,又有利于建立资源教师的归属感与认同感,同时拥有资格证书也是资源教师享有特教津贴的基础条件,持有资源教师资格证成为教师承担普通学校融合教育工作的"敲门砖"。2011 年,海淀特教中心开启了资源教师资格认证的探索之路,这是海淀区在培养资源教师方面的一大创新与特色,旨在为全区培养具有特殊教育专业知识和个别化教学能力,能够胜任资源教室工作与学校融合教育工作的专业人员。

(二)资源教师的培养内容

海淀区的资源教师多拥有普通教育专业背景,缺乏特殊教育的知识,若想将资源教师打造为"既懂普教,又懂特教"的普通学校特殊教育专业人员,需要有系统的培养内容体系,既包括深厚的特殊教育理论知识,又包括融合教育实践技能(如图 3-2-1 所示)。理论知识包括特殊教育学课程、心理学课程与教育实践类课程;专业技能包括为特殊学生制定并实施个别化教育计划,实施资源教室课程等。

1. 理论知识类课程

设置理论知识类课程的目的是从基础理论入手,让资源教师了解特殊教育的常用概念、原理与规则,熟悉特殊儿童身心发展特点和评估方法,并掌握资源教室运作中服务特殊学生可以采用的策略等。首先,特殊教育

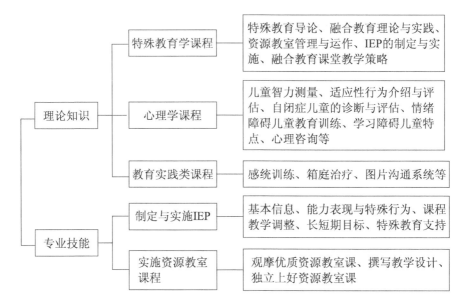

图 3-2-1　资源教师的培养内容体系

理论知识的培训包括多个专题，如特殊教育导论、融合教育理论与实践、资源教室管理与运作、个别化教育计划的制定与实施、融合教育课堂教学策略等。其次，资源教师需要掌握不同障碍类型学生的心理发展规律与特点，了解心理评估的原理与方法，这是为特殊学生提供有效支持与服务的基础。心理学理论知识包含儿童智力测量的介绍与实践、适应性行为的介绍与评估、自闭症儿童的诊断与评估、情绪障碍儿童教育训练、学习障碍儿童特点、心理咨询等多方面内容。此外，资源教师不仅需要基础知识，而且需要参与融合教育实践。最后，海淀特教中心在资格认定、技能提升、在岗研修等不同的阶段，以不同的形式，逐级提高资源教师的实践技能。教育实践类课程涵盖：感觉统合的理论与实操、自闭症儿童的教育训练方法、与特殊儿童家长沟通的技巧、融合教育中的科学研究、图片沟通系统、适应性行为评估、语言障碍专题培训、箱庭治疗、关键反应训练、作业治疗等多个专题的培训。

2. 专业技能类课程

资源教师需要为学校特殊学生提供支持与服务，推进学校融合教育的发展。因此，需要掌握融合教育的实践技能，将理论知识应用到实践中。海淀区在培养资源教师时，以个别化教育计划（简称 IEP）以及资源教室课程教学设计为切入点，以点带面，促进资源教师在有限的时间内掌握最核心的技能，获得最大化发展。制定 IEP 需要涵盖学生的基本信息、能力表现与特殊的行为、课程教学调整、长短期目标，以及特殊教育支持等多方面的内容，资源教师需要统筹组建 IEP 小组，完成 IEP 文本的部分撰写与整合归档。由于 IEP 涉及特殊学生教育教学的方方面面，需要做到学段衔接，当资源教师能够完成 IEP 的设计、撰写与协调实施时，就掌握了融合教育的关键技能。资源教师还需要完成规定课时的资源教室课程，并纳入考核评价的范围。因此，在培养资源教师的过程中，为了让资源教师具备独立开展资源教室课程的能力，需要让资源教师完成资源教室教学观摩、教学设计与实施，即"一观一写一节课"。海淀特教中心组织资源教师进行教育实习，让其观摩优秀资源教师的教学过程，直观了解资源教师上课的形式与内容。资源教师需要撰写完整的资源教室课教学设计，包含学情分析、教学目标、教学重难点、教学过程、设计意图、教学评价等多方面的内容。此外，经过教学观摩与总结，资源教师需要根据教学设计独立上好一节资源教室课，向特教中心提交上课的视频资料。

二、资源教师培养历程

海淀区自 2011 年起开始探索资源教师的培养，历经八年的探索。从最初的"懵懂无措"到最后的"多措并举"，从最初"大胆尝试"对资源教师资格进行认定，到后来"创新建构"出"理论培训＋教育实习＋考核评估（TEA）"的海淀区资源教师资格认证模式，为接受培训并通过考核评估的教师颁发"海淀区资源教师"资格证书。海淀区共计为普通学校培养了 305 名资源教师，组织资源教师在岗培训与研修，取得了丰硕且创新性的成果。

（一）第一阶段（2011 年 12 月—2013 年 12 月）：初探资源教师资格认证"理论培训"

海淀区在 2011 年 12 月启动了第一期资源教师上岗培训项目，将培训周期定为一年，每半个月开展半天 4 个课时的理论知识培训，包括 8 个专题：IEP 的制定与实施、资源教室方案及实施、资源教室评估及课程设计、特殊儿童的心理评估、感觉统合的理论与实操、自闭症儿童的教育训练方法、与特殊儿童家长沟通的技巧、融合教育中的科学研究。在总结第一期培训经验的基础上，第二期培训增加了实践操作的内容，将培训课程框架分为理论知识培训与实践操作两个部分。理论知识培训共 60 个课时，与第一期相比增加了图片沟通系统、适应性行为评估、语言障碍专题培训、箱庭治疗等应用性较强的培训专题。实践操作共 20 个课时，要求参加培训的教师为学校中的一名随班就读学生制定 IEP，并撰写一份教育教学案例，从而将培训过程中的理论知识转化为实践成果。

第二期培训过程中，海淀特教中心对 43 位教师进行了《资源教师胜任力与培训需求问卷》的调查，回收有效问卷 37 份，有效回收率为 86.05％。该问卷分为胜任力和培训需求调查两个部分，胜任力调查用于了解教师对资源教室不同工作内容的胜任程度，调查结果如图 3-2-2 所示。资源教师对"课余时间上课"和"咨询"的胜任度较高，但是对于"康复训练""选编教材""教育诊断与评估"的胜任程度较低；培训需求调查如图 3-2-3 所示，资源教师对"行为矫正"的需求度最高，其次是"语言训练""个别化教学方法""康复训练"等。

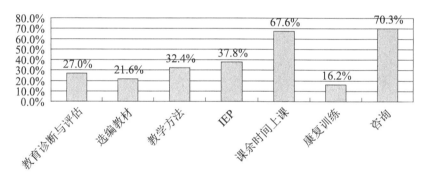

图 3-2-2　教师胜任资源教室工作的情况

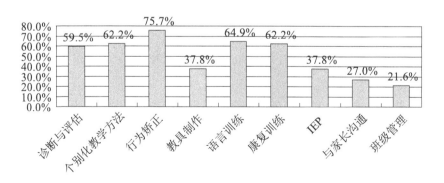

图 3-2-3　资源教师培训需求情况

（二）第二阶段（2014 年 3 月—2014 年 12 月）：完善资源教师资格认证理论培训课程体系

第一阶段培训的课程内容缺乏系统性与连贯性，没有建立完整的培训课程体系，缺少对资源教师进行上岗认证的考核，忽视对获得证书的资源教师进行延续性专业培训。结合《资源教师胜任力与培训需求问卷》的调查结果，第二阶段的培训进行了如下三个方面的调整。

1. 建立资源教师上岗培训的课程体系

第二阶段资源教师上岗培训课程仍旧分为理论知识与专业技能两部分。理论知识培训设置了特殊教育学课程、心理学课程和教育实践课程三个模块，专业技能包括制定个别化教育计划并完成特殊学生资源教室教学设计，具体内容以及课时要求如表 3-2-1 所示。

表 3-2-1　资源教师资格认证培训课程内容

领域	模块	内容	课时
理论知识	特殊教育学课程	特殊教育导论、特殊教育理论基础、资源教室管理与运作、IEP 的制定与实施、随班就读课堂教学策略	25
	心理学课程	儿童智力测量、自闭症儿童的诊断与评估、情绪障碍儿童的特点与教育训练、心理咨询、适应性行为的介绍与评估、学习障碍儿童的特点与教育训练、语言障碍儿童的特点与教育训练	35
	教育实践课程	感统训练、箱庭治疗、图片沟通系统	15
专业技能		制定与实施 IEP	10
		完成特殊学生资源教室教学设计	

其中，特殊教育学模块共 25 个课时，包括 5 门课程，即特殊教育导论、特殊教育理论基础、资源教室管理与运作、IEP 的制定与实施、随班就读课堂教学策略。心理学模块共 35 个课时，包括 7 门课程，即儿童智力测量、自闭症儿童的诊断与评估、情绪障碍儿童的特点与教育训练、心理咨询、适应性行为的介绍与评估、学习障碍儿童的特点与教育训练、语言障碍儿童的特点与教育训练。教育实践模块共 15 个课时，包括感统训练、箱庭治疗、图片沟通系统 3 门课程。专业技能部分要求教师为学校的一名随班就读学生制定一份个别化教育计划，但是将第一阶段的教育案例写作调整为完成一份课堂教学活动设计，共计 10 个课时。

2. 增加资源教师资格认证考核评估环节

资源教师角色的多样性决定了他们要与特教中心教师、学校领导、普通班级教师、学生家长等多方人员进行沟通与合作，因此需要有较强的沟通技能。埃凡斯(Evans)在其研究中也发现"沟通"是资源教师的一项重要工作内容。[①] 其他研究者也发现，沟通与合作以及态度与信念是融合教育教师专业素养的重要组成部分。[②] 为此，第三期资源教师专项培训增加了面试考核的环节，综合日常出勤率、作业完成情况及面试考核等方面的得分做出评价，综合了解资源教师的专业态度与信念、专业知识与技能、沟通与合作能力等，如图 3-2-4 所示。

表 3-2-2   资源教师考核评估方式与内容

考核方式	考核内容	考核结果
日常出勤率	出勤率达到 80% 以上	
作业完成情况	1 份个别化教育计划	
	1 份资源教室教学设计	
面试考核	知识与技能	
	沟通技能	
	心理素质	

日常出勤率是资源教师资格考核的基本标准，反映了教师对承担资源教师职责的态度与重视程度，唯有出勤率达到 80% 以上的教师才有资格进入其他考核环节。个别化教育计划制定与实施、开展资源教室教学是资源教师需要具备的两项关键专业技能，为考查教师的掌握程度，特教中心组织专家对提交的个别化教育计划和资源教室教学设计文本进行评价，依据撰写质量确定考核结果。面试考核形成了"抽题入场—面试答题—随机提问"的流程。教师入场前完成既定问题的抽选，由主考官(主要由高校/研究

---

① Evans S. Perceptions of Classroom Teachers, Principals and Resource Room Teachers of the Actual and Desired Roles of the Resource Teacher[J]. Journal of Learning Disabilities, 1981(10).

② Deng M, Wang S, Guan W, et al. The Development and Initial Validation of a Questionnaire of Inclusive Teachers' Competency for Meeting Special Educational Needs in Regular Classrooms in China[J]. International Journal of Inclusive Education, 2017(21).

机构的专家、海淀特教中心教师、普通学校行政领导构成)进行提问，既包括理论知识又包括实践案例，如"个别化教育计划的核心内容有哪些?""如果班级出现行为问题的学生，应该如何应对?"。随后，主考官根据资源教师的回应情况随机提问，从而对资源教师的专业知识与技能、言语沟通技能和心理素质等作出评价。

图 3-2-4　资源教师考核评估

图 3-2-5　资源教师资格证书

3. 开设资源教师技能提升研修班

资源教师上岗资格培训着重关注基础理论的普及，促进参加培训的教师对工作职责的了解，并初步掌握实践中常用的专业技术，从而做好上岗准备。然而，资源教师在实际工作中负责指导普通班级教师进行个别化教学，并开展筛查评估、教育康复、学习辅导、专业培训、教育咨询、心理疏导、行为干预等方面的工作，[①] 因而需要得到更加深入的专项技能培训，单凭上岗培训无法满足上述需求。为此，第二阶段开设了"资源教师技能提升研修班"，面向已取得海淀区资源教师资格证书的教师开展专业技术的培训，如关键反应训练、作业治疗、感统训练等专题培训，进一步提升资源教师的专业技术素养，满足学生的特殊教育需求。

---

① 王红霞，王艳杰. 资源教室建设方案与课程指导［M］. 北京：华夏出版社，2017：3-6.

（三）第三阶段（2015 年 3 月－2019 年 12 月）：增加教育实习、巡回指导与专题教研活动

1. 增加教育实习环节

与前两个阶段相比，第三阶段最大的不同是增加了资源教师教育实习的环节，这是由于资源教师接受培训后尽管具备了一定的专业知识，但较难转化为实践技能，所受培训与资源教室实践脱节。为了解决资源教师实施资源教室课程的难题，提升资源教师的专业技能素养，使资源教师学有所成，学有所用，本阶段增加了为期 3 天，共计 24 个课时的教育实习环节，主要围绕康复训练课的设计与实施。教育实习的内容涵盖教学观摩、总结研讨、教学设计与实施等方面，参与培训的教师需要实地观摩指导教师的康复训练课，并通过课后讨论与反思加深对培训课程的理解，完成实习总结。此外，教师还需设计一节康复训练课，选择校内一位随班就读学生进行施教。资源教师教育实习安排如表 3-2-3 所示。

表 3-2-3　资源教师教育实习安排

日期	时间	教育实习内容
第一天	9：00－12：00	融合教育中常用的教学程序和技术
	14：00－17：00	个别化教育计划的撰写
第二天	9：00－16：00	教学观摩—资源教室教学 （语言训练、精细动作、注意力训练）
第三天	9：00－12：00	个别化教育计划分享与讨论
	14：00－16：00	教学观摩（融合班级嵌入式教学与协同教学）

教育实习过程中，教师对资源教室课程的目标设计、内容选择、实施过程、学生管理都有了直观的认识与直接的体验，通过指导教师的评课，资源教师能够及时了解资源教室教学实践的不足并予以改进。因此，教育实习一定程度上突破了集中理论培训的局限性，为教师与指导教师沟通交流、深入实践提供了平台，进而增强了培训的效果。

2. 对资源教师开展巡回指导

部分新建资源教室学校的资源教师反映，尽管接受了集中的资源教师上岗培训，也参与了教育实习，但在进行资源教室建设和运作，以及面对校内特殊学生时，仍旧不知所措。他们希望得到专业人员的支持。针对资源教师反映的问题与提出的需求，海淀特教中心在这一阶段，加强了对资

图 3-2-6　资源教师教育实习中的教学观摩

源教师的常规巡回指导工作，主要采取了三方面的举措。第一，对全区资源教室工作开展情况进行摸底调查。2017 年 3—4 月，海淀区巡回指导教师使用《资源教室使用情况调查表》入校进行实地调查，或使用电话、微信等方式进行线上调查，从而全面了解区域资源教师工作开展情况。调查结果显示有近 30% 的资源教室未得到有效使用，资源教师未尽到应有的职责。第二，针对调查中未有效利用的资源教室和新建资源教室的资源教师，由特教中心派出巡回指导教师入校进行巡回指导，手把手指导资源教室制度建设、环境布置、教具安排、个别化教育计划、资源教室课程设计与教学、学生筛查等多方面的内容，帮助资源教师增强实操技能，胜任学校融合教育和资源教室的相关工作。第三，学校资源教师主动向特教中心提出需求，巡回指导教师经过协调安排后入校，协助并指导资源教师进行学生筛查，帮助分析学生的特殊教育需要，为随班就读教师提出指导建议，并指导资源教师帮助所需支持程度较重的特殊学生个案，从而增强资源教师解决实际问题的能力。

　　3. 组织资源教师的教研活动

　　教研活动是资源教师交流、研讨、总结、反思的重要平台，有利于资源教师共同分享工作中遇到的问题与应对的策略，将工作经验总结为具有一定普适性的规律，从而更好地服务资源教师的工作。海淀区于 2018 年 3 月成立了资源教师教研组，每月组织一次教研活动，教研的主题立足于资源教师实际工作中面临的棘手且重要的问题，如表 3-2-4 所示。

图 3-2-7   巡回指导教师入校指导资源教师

表 3-2-4   海淀区资源教师教研组活动主题一览表

教研方式	教研主题
专题讲座	注意力缺陷多动障碍儿童教育策略
专题研讨	积极心理健康教育
专题研讨	学习障碍学生现状介绍与讨论
参观研讨	资源教室工作经验分享
专题讲座	学习障碍儿童的干预策略专题培训

　　资源教师在学校发现的注意力缺陷多动障碍儿童（简称 ADHD）日趋增多，他们在课堂上注意力不集中、随意离开座位、大声说话、行为冲动，对课堂教学产生诸多干扰，但学校教师不知如何应对，资源教师又缺乏关于 ADHD 儿童系统的实践操作技巧。为此，在教研活动中，资源教师针对 ADHD 儿童特点与教育策略的主题，分享交流经验，邀请研究者开展关于 ADHD 儿童的培训，专家与教研员即时互动，采用工作坊的形式，双向沟通与对话，为资源教师答疑解惑，资源教师自己也结合实际经验深化对 ADHD 儿童的了解，学会以研究的思路解决实际中的问题。

三、资源教师考核

　　对资源教师的考核采用自评与他评相结合、查阅资料与综合评估相结合的方式，考核主体多元，涵盖特殊学生家长、普通教师、学校行政人员、区级特殊教育中心巡回指导教师等。具体考核的方法包括教师自评、档案检查、专家听课等，体现在以下三个方面。

第一，教师自评是由资源教师在每学年末(一般定于每年 7 月份)向区特教中心提交《资源教师考核登记表》(详见附件 3-2)，使特教中心全面了解资源教师工作的过程，作为评价资源教师的重要依据。教师自评的内容包括：完成的融合教育相关工作、获奖、论文情况，创新等成果及接待活动，参加的融合教育相关培训，服务的特殊学生情况，资源教室课程内容、课时量与效果等。

第二，档案检查是由特教中心巡回指导教师查阅资源教师所负责的档案资料，根据资料的翔实性和规范性对资源教师做出评价。档案的内容包括特殊学生个人与父母(监护人)的基本信息、筛查或评估结果、个别化教育计划、资源教室服务记录、个人作品、影像资料、过程性评价资料等多方面的档案材料，作为了解随班就读学生长远发展的重要依据。

第三，资源教室现场课是资源教师教学能力的集中体现。特教中心巡回指导教师与学校融合教育主管领导听取资源教师的展示课，在现场对资源教师的教学内容、教学形式、目标设计等多方面做出评价与反馈。必要时，资源教师通过提供教学录像或通过说课的方式呈现资源教室教学活动，评价者依据资源教师教学的技能和课堂管理能力等方面对资源教师做出综合评价。

四、资源教师培养成效

(一)建立"理论培训＋教育实习＋考核评估(TEA)"的资源教师资格认证模式

李拉在其研究中建议为资源教师构建"普通教师资格证书＋特殊教育教师资格证书(专业层次)"的双资格认证制度。[①] 美国、日本等国家已经建立较为完善的特殊教育教师资格认证制度，[②] 尽管国家政策中也加入对特殊教育教师持证上岗的规定，[③] 但是在实践层面，特殊教育教师资格证书制度至

---

① 李拉. 论随班就读教师队伍的专业化[J]. 教育理论与实践，2014(17).

② 姚璐璐，江琴娣. 美国特殊教育教师资格认证制度述评[J]. 中国特殊教育，2009(2).

③ 教育部等七部门. 第二期特殊教育提升计划(2017－2020 年)[Z].2017-07-17.

今仍未得到推行。海淀区经过对资源教师三个阶段的培养，现已建立了集理论培训、教育实习与考核评估于一体的资源教师资格认证模式（TEA），如图 3-2-8 所示。美国特殊儿童委员会（The Council for Exceptional Children，CEC）2003 年将特殊教育教师资格认证划分为特殊教育内容标准、领域经验和实践标准、评估系统标准三个部分，本研究探索的 TEA 模式与 CEC 关于特教教师资格认证的标准不谋而合。

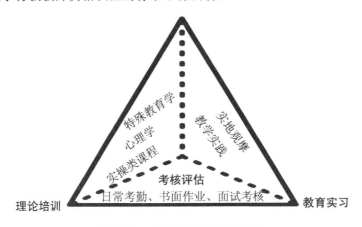

图 3-2-8　资源教师资格认证模式

在 TEA 模式中，理论培训课程主要涵盖特殊教育学、心理学与教育实践三个模块的内容。教育实习主要聚焦于资源教室运作与教学实施过程，旨在提高资源教师的专业技能与实际操作水平，参与培训的教师通过观摩指导教师的康复训练课，自行设计资源教室课程，并加以实施。考核评估由日常考勤、书面作业和面试考核三项构成。书面作业考察教师 IEP 制定与教学设计能力，面试考察教师对基础知识的掌握，以及沟通能力和融合教育信念等综合素养。三个环节互为补充、相互关联，共同构成"立体化"的资源教师资格认证 TEA 模式。其中，理论培训是资源教师资格认证的基础，有利于资源教师集中时间掌握特殊教育与融合教育的基础理论，确保资源教师培养的高效性；教育实习是有效途径，为资源教师提前适应资源教室工作创造条件，通过教学观摩、教学实施、即时指导等方式将专业知识转化为专业技能；考核评估是资源教师资格认证效果的重要保证，也决定了资源教师能否顺利取得资格证书。

（二）架构了"资格认证＋在岗研修"的资源教师专业支持体系

资源教师资格认证是海淀区推进融合教育师资队伍专业化发展的一项创举，符合国家政策，加之海淀区出台相关的政策予以保障，因此能够在区域内得到推行。海淀区经过多年的探索，已先行建立较为完善的资源教师资格认证制度，从师资培训、考核评估等方面解决了资源教师的任职资格问题。然而，资源教师取得上岗资格证书并不意味着专业培养的结束，而是为特殊需要学生服务并"教学相长"的开始，他们只有不断地提高知识水平，提升实践经验，并且将二者结合起来，才能为特殊教育需要学生输出高质量的教学服务。由此看来，常态化的专业培训与指导就必不可少。海淀区通过开设资源教师技能提升班、特殊教育必修课、选修课等方式，推进资源教师在岗研修，并纳入继续教育学分，促进资源教师不断更新专业知识与实践技能。通过巡回指导的方式，"手把手"为资源教师提供支持，提高资源教师解决实际问题的能力。此外，资源教师的教研活动将"教学"与"研究"紧密结合，在教学中发现问题、研究问题，通过小组研讨共同寻求最佳解决方式。只有将资源教师资格认证与在岗研修相结合，才能为资源教师的专业发展提供系统而完整的支持。

五、资源教师培养特色

海淀区每年将资源教师的培养作为持续性的重点与特色项目，这是由于资源教师在普通学校融合教育工作中的地位突出。经过长期的探索，资源教师的培养已经成规模、出特色，实现资源教师的资质化、专业化与专职化。

（一）探索资源教师资格认证制度，实现资质化

海淀区于2011年在国内率先探索资源教师资格认证的模式，从最初单一的理论培训，到之后完善理论培训的课程体系，增加了教育实习和考核评估环节，形成了资源教师资格认证的"TEA"模式。教师在完成规定课时的集中培训与教育实习后，需要提交总结、作业，并完成一节录像课，考核合格后方能取得"海淀区资源教师资格证"。当前该资格证书只在区域内认可，作为担任资源教师、从事学校资源教室及融合教育工作的资格凭证，也是资源教师享有特殊教育津贴的基础依据。在国内特殊教育教师资质尚未解决的今日，海淀区探索实现了资源教师的资格认证，是融合教育实践

领域一项重要的突破与创新。日本特殊教育教师资格拥有 10 年有效认证期限。美国特殊教育教师资格有效期为 5 年，教师在资格证到期前需要参加证书更新培训，或修满规定学分的课程才能换新证书，这样不但规范了特教教师从业的资格程序，而且也保证了教师队伍的质量。① 海淀区今后将进一步完善资源教师资格认证制度，对资源教师资格证书的有效期限开展进一步探索。

(二)实施资源教师分级培训与指导，实现专业化

海淀区在当前的资源教师培养过程中，就专业培训与支持的层级而言，资格认证培训相当于初级支持，是资源教师的专业"门槛"。开设资源教师技能提升研修班，由巡回指导教师入校对资源教师的工作进行指导，是对资源教师专业素养提升的中级支持。组建区内资源教师教研组，每月进行常规的研讨活动，是对资源教师专业素养提升的高级支持。资格认证培训、在岗研修培训、入校巡回指导和组建教研团队，这些举措都最大限度地促进了资源教师实现专业化。在今后资源教师的培养中，可以增加职业道德规范的相关内容，进一步完善分级培训的方式，探索资源教师专业等级序列，并将不同等级的培训与资源教师的级别挂钩。初级培训使资源教师全面了解资源教室的基本情况，中级培训让资源教师能够规划学校融合教育发展，高级培训将资源教师培养成指导初级和中级资源教师的培训人员或研究人员。② 此外，今后在完成资源教师上岗资格培训之后需要对资源教师的工作进行跟踪指导，提供相应的专业支持和监督。③ 由于教师日常工作繁忙，可以采用远程培训与指导的方式，给教师定期发放专业材料，解答教师在自学过程中遇到的问题。④

(三)落实专职资源教师的考核与津贴，实现专职化

2017 年海淀区颁布了《海淀区普通学校资源教师和随班就读教师管理办

---

① 姚璐璐，江琴娣. 美国特殊教育教师资格认证制度述评[J]. 中国特殊教育，2009(2).

② 王和平，肖洪莉. 随班就读资源教师工作及其专业培训的思考[J]. 中国特殊教育，2017(6).

③ 孟晓. 资源教师的角色浅析[J]. 中国特殊教育，2004(12).

④ 杨希洁，徐美贞. 北京市随班就读小学资源教室初期运作基本情况调查[J]. 中国特殊教育，2004(6).

法》，规定了资源教师的任职条件、工作职责及考核办法。专职资源教师需在每学年末向特教中心提交《资源教师考核登记表》，考核登记表中包括资源教师的基本信息、一学年完成的资源教室课时量、组织的融合教育活动、参加的专项培训，以及学年工作总结等方面。2018年海淀区颁布了《海淀区普通学校资源教师特殊教育津贴发放和管理办法》，规定"已建资源教室的学校要做到资源教师专人专岗，每年8月31日前将《资源教师岗位等级表》加盖校章上交至特教中心备案；备案后的教师为下一年度学校资源教师岗位，享受特殊教育津贴；特殊教育津贴在学校绩效工资方案中体现；专职资源教师的特殊教育津贴100％全额发放，兼职资源教师按照50％的标准发放"。两份管理文件互为补充，既规定了资源教师年度考核的方法，又落实了资源教师享受特殊教育津贴政策，监督并激励资源教师，实现学校资源教师专人专岗，确保学校资源教室工作有专人负责，避免融合教育工作边缘化，体现了资源教师培养的"专职化"特点。

第三节　随班就读教师培养

随班就读教师是影响融合教育质量的关键因素，[①] 因此需不断完善随班就读教师的培养与培训机制，切实提高随班就读教师的专业水平。随班就读教师是指普通学校教授特殊学生的普通班级教师，他们大多为普通教育背景，缺乏职前特殊教育专业培养，也缺乏职后特殊教育专业培训。海淀区在2018年先后两次调研随班就读教师的基本需求，据此不断完善随班就读教师培养目标与内容，探索随班就读教师的培养方式，通过案例研究分析随班就读教师的培养效果。

一、随班就读教师培养需求调查

（一）随班就读教师对培养内容的需求

为了解随班就读教师在推进特殊学生融合教育中的需求，2017年海淀区对区域内223名随班就读教师进行了调查。通过统计教师对"您最希望得到哪些方面的培训"主观题答案，了解随班就读教师对培训内容的期望与要

---

① 李泽慧. 近二十年我国随班就读教师培养研究回顾与反思[J]. 中国特殊教育，2010(6).

求（见表 3-3-1）。调查发现，随班就读教师最期望的培训内容为教育教学策略与方法，其次是特殊学生的心理特征、融合教育实践操作技能、与特殊学生及其家长沟通的技巧、情绪与行为管理等方面的内容。

表 3-3-1　随班就读教师对培训内容的总体主观期望（N＝223）

培训内容需求	人数	百分比（%）	培训内容需求	人数	百分比（%）
1. 教育教学策略与方法	67	30.04	9. 个别学生指导	12	5.38
2. 特殊学生的心理特征	48	21.52	10. 相关政策法规	11	4.93
3. 融合教育实践操作技能	43	19.28	11. 学生筛查与鉴定	9	4.04
4. 与特殊学生及其家长沟通的技巧	30	13.45	12. 特殊学生同伴关系	8	3.59
5. 情绪与行为管理	27	12.11	13. 特殊学生的评价方法	7	3.13
6. 专业理论知识	25	11.21	14. 个别化教育计划	5	2.24
7. 特殊学生管理	20	8.97	15. 融合教育课程	4	1.79
8. 实践案例分享	12	5.38	16. 案例撰写	2	0.90

注：共计 223 人填写，有效填答率为 89.56%。

为进一步细化了解区域随班就读教师对于不同培训内容的需求程度，在上述开放式问题调查的基础上，海淀特教中心于 2018 年自编了《随班就读教师培训需求调查问卷》（见附件 3-3）。问卷包括教师基本信息与正式问卷两大部分。其中，正式问卷由教师培训内容需求、培训方式需求、期望与建议三方面构成。内容需求涵盖专业知识和专业技能两个维度，采用李克特五级量表形式，共计 20 个题项。培训方式需求采用选择题的方式，包括专业培训、专业指导和教育研究等方面。特教中心向区域普通中小学随班就读教师共发放 500 份该问卷，回收有效问卷 433 份，有效回收率为 86.6%。随班就读教师对培训内容需求程度的调查结果如表 3-3-2 和表 3-3-3 所示。

在专业知识需求各题项中，随班就读教师需求程度最高的为"融合教育教学策略"（$M=4.28$，$SD=0.98$），其次为"融合教育的相关支持资源"（$M=4.26$，$SD=0.99$）和"融合教育班级管理的策略"（$M=4.26$，$SD=1.00$）。教师对"特殊教育需要学生的心理特征"（$M=4.21$，$SD=1.05$），以及"特殊教育研究方法，如个案研究"（$M=4.21$，$SD=0.94$）也有较高的需求。

表 3-3-2　随班就读教师对融合教育专业知识的需求（N＝433）

题项	平均分（M）	标准差（SD）
(1)特殊教育需要学生定义与分类	3.60	1.31
(2)特殊教育需要学生的心理特征	4.21	1.05
(3)特殊教育与融合教育相关政策	3.98	1.07
(4)融合教育的基本理论	3.98	1.12
(5)融合教育的相关支持资源	4.26	0.99
(6)资源教室与资源教师	4.21	1.08
(7)融合教育教学策略	4.28	0.98
(8)融合教育班级管理的策略	4.26	1.00
(9)特殊教育研究方法，如个案研究	4.21	0.94

表 3-3-3　随班就读教师对融合教育专业技能的需求（N＝433）

题项	平均分（M）	标准差（SD）
(10)与家长沟通的技巧	4.14	1.06
(11)特殊教育需要学生的初筛	4.00	1.11
(12)个别化教育计划制定与实施	4.11	1.05
(13)融合教育环境创设	4.07	1.10
(14)融合教育课程调整	4.04	1.11
(15)差异教学的实施	4.11	1.07
(16)特殊教育需要学生的评价	4.07	1.06
(17)特殊教育需要学生情绪与行为管理	4.26	0.97
(18)对特殊教育需要学生的个别指导与训练	4.26	1.00
(19)对特殊教育需要学生的心理辅导	4.33	0.98
(20)与资源教师协同教学	4.15	1.10

随班就读教师对专业技能需求各题项的得分均大于等于 4 分。其中，教师需求程度最高的为"对特殊教育需要学生的心理辅导"（$M=4.33$，$SD=0.98$），其次是"特殊教育需要学生情绪与行为管理"（$M=4.26$，$SD=0.97$）

和"对特殊教育需要学生的个别指导与训练"($M=4.26$，$SD=1.00$)。

2017年和2018年两次对随班就读教师培训内容需求的调查结果具有较高的一致性。随班就读教师需求程度较高的项目集中在教育教学策略、特殊学生心理特征、融合教育实践策略，如情绪与行为管理、心理辅导、个别指导与训练等方面。随班就读教师的需求更多集中在实践层面。但对培训的设计者而言，帮助随班就读教师树立正确的融合教育理念也不容忽视，甚至应该被置于首位。这些调查数据对于构建随班就读教师培养的内容体系具有较高的借鉴价值。

(二)随班就读教师对培养形式的需求

海淀特教中心采用《随班就读教师培训需求调查问卷》对随班就读教师就培训方式、教育研究方式、巡回指导频次，以及所需专业支持等方面的需求进行调查，研究结果如图 3-3-1、图 3-3-2、图 3-3-3、图 3-3-4 所示。

1. 随班就读教师对培训方式的需求

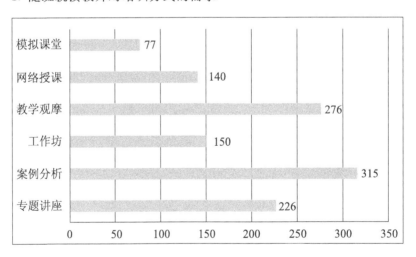

图 3-3-1　随班就读教师对培训方式的需求(N＝433)

随班就读教师最期望的培训方式为案例分析(72.75%)，其次为教学观摩(63.74%)和专题讲座(52.19%)。案例分析的方式更能够贴合教师教学的日常，以小见大，生动形象，更容易让随班就读教师理解融合教育中常用的策略。教学观摩有利于随班就读教师直观了解其他教师授课的过程，借鉴有效的教学方式与支持策略。专题讲座是较为传统的培训形式，有利于集中地向随班就读教师传授融合教育的基本知识和策略，突出了高效性。

2. 随班就读教师对教育研究方式的需求

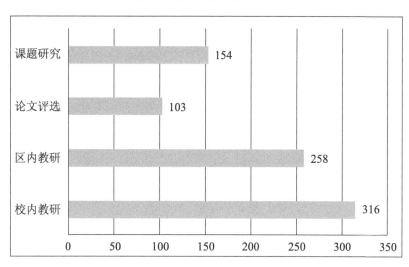

图 3-3-2　随班就读教师对教育研究方式的需求（N＝433）

大多数教师（72.98％）希望通过校内教研的方式提高自身融合教育研究能力，还有将近60％的教师希望通过参加区内教研的方式提高研究能力。有35.57％的教师期望参与课题研究，仅有23.79％的教师愿意参与论文评选，以提高自身研究能力。校内教研具有较高的便捷性与即时性，将随班就读教师教学过程中的实际问题转化为集体研讨、探究的主题，有利于结合校内融合教育工作实际帮助随班就读教师提升专业能力。区内教研为随班就读教师提供了更为广阔的平台，实现了校际间的交流，为教师互相借鉴有效的随班就读经验提供了机会。课题研究和论文评选对随班就读教师的研究能力提出较高要求，加之教师的时间饱和、精力不足等原因，致使他们对这两种方式的需求度较低。

3. 随班就读教师希望获得支持的重要性排序

随班就读教师最希望获得的支持是学校领导对融合教育工作的支持，排在支持需求第二位的是"特教中心教师巡回指导"，第三位是"资源教师提供专业建议"，第四位是"特殊学生家长的配合"，第五位是"普通学生家长的理解"，第六位是"同事对融合教育工作的理解与支持"，排在最后的是"专家下校指导"。学校领导对融合教育工作的支持，有利于扫清校内融合教育发展的障碍，创建学校融合的氛围，自上而下推进融合教育工作，这项研究发现具有典型的"中国特色"。特教中心教师入校巡回指导有利于帮

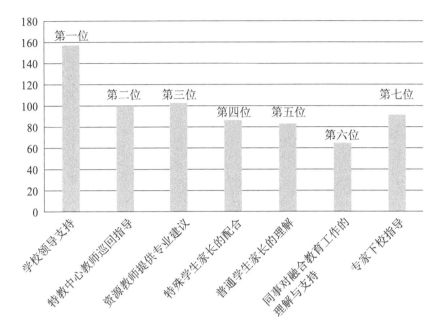

图 3-3-3　随班就读教师希望获得支持的重要性排序（N＝433）

助随班就读教师分析特殊学生的需求，答疑解惑，手把手教授面对具体问题时可以采用的策略。资源教师是校内的特殊教育专业人员，随班就读教师遇到困惑时，寻求资源教师的帮助具有较高的及时性与便捷性。此外，随班就读教师在开展工作时，还需要得到特殊学生家长和普通学生家长的理解与支持，必要时需要特教领域专家入校指导。

4. 随班就读教师对巡回指导频次的期望

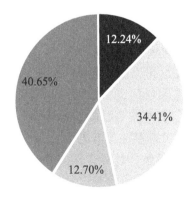

■每周一次　　每月一次　　每两月一次　　每学期一次

图 3-3-4　随班就读教师对巡回指导频次的需求（N＝433）

大多数教师(40.65%)期望每学期接受一次巡回指导，34.41%的教师希望每月接受一次巡回指导，约12%的教师希望接受每周一次或每两月一次的巡回指导。随班就读教师对巡回指导教师入校指导频次的需求可能与班内特殊学生的障碍程度和班级常规教学的推进有关。一般情况下，巡回指导教师入校为随班就读教师提出针对性建议后，教师可对班级教学或管理进行调整即可帮助特殊学生更好地参与班级活动，并不需要巡回指导教师连续入校。只有面对程度较重的特殊学生个案时，如有严重情绪行为问题的学生，随班就读教师缺乏处理的经验，才需要巡回指导教师每周入校进行指导。

二、随班就读教师培养目标与内容

(一)随班就读教师培养的目标

2018年最新统计数据表明，海淀区共有随班就读教师逾4000名，数量庞大，分布范围广，培养随班就读教师的任务艰巨。随班就读教师的定位在于直接为特殊学生融入普通班级创造条件，包括初步发现有特殊教育需要的学生、营造包容和谐的氛围、调整课堂教学与班级管理、与特殊学生家长进行沟通等，使特殊学生能够在遇到困难时向专业人员寻求帮助。角色定位与职责划分也决定了随班就读教师的培养目标在于使其认同融合教育理念，掌握融合教育教学策略，了解融合教育专业支持资源的获取方式等，从而能够胜任特殊学生班级融合的任务要求。

(二)随班就读教师培养的内容

海淀区自2012年起开始对随班就读教师进行培养，历经7年时间，结合需求调查，不断完善随班就读教师的培养内容，逐渐形成随班就读教师培养的内容体系。海淀区随班就读教师培养的内容主要涵盖融合理念、专业知识和专业技能三个层面(如图3-3-5所示)。

1. 融合理念的培养

树立正确的融合教育理念是随班就读教师需要首先具备的，这是开展融合教育工作的"指明灯"与"导航仪"，避免融合教育"走样"与"偏航"，保证融合教育沿着科学合理的轨迹发展。融合教育理念的培养主要包括向随班就读教师宣导教育公平的原则及正确的特殊教育观，让随班就读教师理解学生多样化和差异性，接纳不同，并通过为学生提供全方位的支持帮助

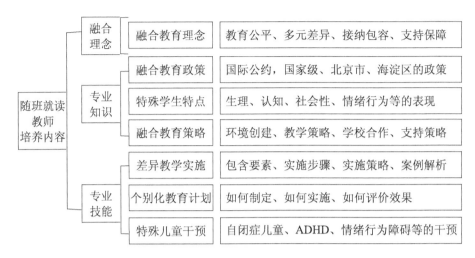

图 3-3-5　随班就读教师培养内容

学生更好地参与融合，而非停留在补偿缺陷、改变学生、让学生适应班级教学的传统观念上。

2. 专业知识的培养

专业知识涵盖了融合教育的政策、课堂中的特殊教育需要学生的特点、融合教育实践策略三个主题。融合教育政策囊括了从国际公约到国家级、北京市，以及海淀区等不同层级的政策，由专家从宏观视角对《残疾人权利国际公约》《残疾人教育条例》《第二期特殊教育提升计划（2017—2020年）》《北京市融合教育行动计划》《北京市关于进一步加强随班就读工作的意见》《海淀区关于进一步加强融合教育工作的指导意见》等文件进行解读与分析，从政策法规层面强调残疾学生的受教育权利并实现教育公平。在特殊教育需要学生的特点主题上，专家或巡回指导教师从班级学生的差异表现出发，总结特殊学生的身心发展特点，尤其在生理、认知、社会性、情绪行为等方面的表现。在融合教育实践策略主题上，特教中心或学校资源教师帮助教师掌握创建融合环境、课堂融合教育教学的策略、开展家校合作的策略以及可以对特殊学生采用的支持策略等，从而为随班就读教师有效促进特殊学生融合教育奠定知识基础。

3. 专业技能的培养

对随班就读教师专业技能的培养主要聚焦于差异教学、个别化教育计划和不同特殊学生的干预等主题上，旨在让随班就读教师掌握具体可操作的技能。差异教学主题立足普通课堂，立足所有学生的差异需要，由专家教授班级差异教学的步骤与策略，例如开展小组合作学习、设置分层目标、使用不同的支持材料，还通过案例解析的方式帮助随班就读教师更好地理解和运用差异教学的方法。随班就读教师需要参与制定与实施特殊学生的个别化教育计划，海淀特教中心一方面通过开设个别化教育计划专题讲座，教授随班就读教师制定的流程与实施的方法，以及评估效果的途径等；另一方面通过教研和课题的方式，以资源教师或课题负责人为召集者，带动随班就读教师参与制定具体的个别化教育计划并实施，切实提高专业技能。此外，随班就读教师在调查中反映希望得到关于特殊学生情绪行为管理、个别辅导、心理辅导等方面的培训。为此，除了关于特殊学生干预的专题培训之外，巡回指导教师还在入校指导的过程中帮助随班就读教师更直观地使用行为干预的方法，并为特殊学生提供个别指导等。

三、随班就读教师培养形式

　　海淀特教中心对随班就读教师的培养最初侧重于对随班就读教师进行理论培训，普及关于融合教育的相关政策要求与基本理念。之后发现，尽管随班就读教师已经具备了融合教育的理念与信念，能够包容与接纳特殊学生，但在实际课堂中仍无法很好地应对学生出现的各种问题。为此，海淀区增加了对学校教师的巡回指导，由海淀特教中心定期派出教师入校进行课堂观察，访谈学生与教师，为随班就读教师提出针对性的课堂管理与教学建议。此外，海淀区还通过组织全区融合教育论文、案例、课例评选活动，开展区内及校本融合教育教研，让随班就读教师参与课题研究等方式提升教师的教学与研究能力。至此，形成了"理论培训＋专业指导＋教育研究"的随班就读教师培养形式（如图 3-3-6 所示）。

专业指导　　　理论培训

教育研究

图 3-3-6　随班就读教师的培养形式

(一)理论培训

海淀区最初在全区推进随班就读教师全员培训，面向全区展开培训。之后不断探索新的培训模式，尝试将培训送进学区、送进学校，实现"学区协作、学校联动"，并鼓励普通学校推动融合教育校本培训，形成了"全员培训＋入校培训＋校本培训"多层次、全覆盖的融合教育理论培训模式。

1. 全员培训

针对随班就读教师的通识培训，需要广泛全面的参与。理论培训具有范围广、效率高、易操作等特点，有利于向随班就读教师普及基本的融合教育知识与技能。全员培训主要面对全区随班就读教师，组织 200～400 人的大型培训活动，采用专家讲授的方式，即以讲座为主，辅之以案例讲解与分析。"十二五"期间，区特教中心先后邀请了来自国内外知名高等院校、医院、特殊学校等特殊教育学、心理学、医学等领域的专家学者进行专题培训，涵盖北京师范大学特殊教育系与心理学系、中国教育科学研究院、华东师范大学特殊教育系、北京语言大学、北京联合大学、澳大利亚麦考瑞大学、美国加州大学圣芭芭拉分校、北京大学附属第六医院、海淀区精神卫生防治中心、工读学校、聋校等单位。培训的主题包括特殊教育基本理论、融合教育的理论与实践、特殊教育政策、特殊儿童差异表现、差异教学、认识自闭症儿童等多个方面。例如，中心先后多次邀请中国教育科学研究院的华国栋研究员做关于差异教学的讲座，邀请北京师范大学特殊教育系教授为海淀区随班就读教师做关于特殊教育与融合教育方面的专题讲座。

2. 入校培训

为了扩大随班就读教师培养的范围，让更多教师有机会参加融合教育的学习，2015 年，海淀特教中心对随班就读教师的培训模式进行了调整，在全员培训的基础上，将培训课程送进学区、学校，以"学区协作体"的形式，加强与各学区各学校的联系，形成"学校联动"的效应。最初在海淀学区、温泉苏家坨学区及青龙桥学区展开试点，由海淀特教中心与学区责任人及各校负责的领导取得联系，主动询问学区和学校的需求及入校培训的时间，然后再匹配相应的专家，将培训课程送到学校。第一期入校培训的主题定为"共享资源 普特融合——2015 年融合教育通识课程培训"，涵盖 3 个学区 14 所学校，覆盖到 857 名教师，得到了学校的普遍认可。随着融合教育在全区的推广，学区和学校"变被动为主动"，与区级特教中心取得联系，反馈学校的需求，希望由专家入校开展融合教育的培训。培训的对象主要为普通班级的班主任教师与任课教师，培训内容集中在政策宣导、特殊学生的发展特点、融合教育策略等方面。部分参与的学区与学校及培训的主题如表 3-3-4 所示。

表 3-3-4　接受培训的单位及培训主题一览表

序号	培训范围	培训主题
1	温泉苏家坨学区	《学条例、促融合》
2	花园路学区	《融合教育政策推进与特殊学生的教育》
3	图强第二小学	《融合教育的教学策略》
4	育英学校	《融合教育背景下特殊学生的教育》
5	北京交通大学附属小学	《关注特殊儿童 发展融合教育》
6	北京医科大学附属小学	《班级特殊学生的教育》

3. 校本培训

校本培训具有适切性、灵活性与即时性等特点。每所学校融合教育发展的基础不同，特殊学生的情况也各不相同。只有开展校本培训才能精准地满足随班就读教师的需求，做到"从学校中来，到学校中去"，解决本校随班就读教师面临的实际问题，而不是由特教中心"一把尺子"决定所有随班就读教师接受培训的主题。开展校本培训，不再是特教中心的"一厢情愿"，而是学校的"自觉自愿"，当然这需要一定的条件，如学校领导的支持，需要具有一定资历的融合教育主管领导或资源教师，需要学校所有随班就读教师对融合教育工作的认同。例如，清河中学作为全区的融合教育示范校，具有多年的融合教育经验，从校长到主管领导历来重视融合教育发展，形成校本的融合教育发展特色，注重创新校内融合教育发展模式，重视校内融合教育理念宣导与策略教授。学校融合教育主管领导和资源教师常规性地对学校随班就读教师展开培训，以针对性地帮助教师提升融合教育专业知识与技能，从而为本校特殊学生提供高质量的教学与服务。

（二）专业指导

随班就读教师通过参加理论培训掌握了融合教育的基本理念、政策要求与实践策略。但是当面临实际问题时仍然存在束手无策，缺乏融合教育的实践技巧的情况。此外，教师在需求调查中反映对巡回指导的需求仅次于领导支持，表明随班就读教师对专业指导的需求是比较高的。因此，为随班就读教师提供专业指导是提升其专业素养的重要途径，有利于针对性地解决随班就读教师面临的实际问题。巡回指导主要由特教中心教师入校，进行课堂观察，访谈学生与教师，了解特殊学生在融合过程中的困难，帮助教师分析原因并针对性地给出解决策略。针对程度较重的特殊学生，单凭随班就读教师难以有效应对，需要巡回指导教师定期入校指导。资源教师也需要参与其中为随班就读教师提供专业支持与辅助，共同为学生制定个别化教育计划，指导随班就读教师予以实施，保证随班就读教师面临困难时，不会"孤立无援"，而是"一呼百应"。此外，巡回指导教师综合了解随班就读教师在推进融合教育过程中面临的问题，提出诸如家校沟通、获取领导支持、班级环境改变、课堂教学策略等方面具体的建议，手把手地教授融合教育的技能，提升其融合教育素养。经统计，海淀特教中心在2018年，共巡回指导20所学校，其中中学4所，小学16所，直接惠及逾150名随班就读教师。

（三）教育研究

海淀区历来重视随班就读教师反思能力与研究能力的培养，构建了以"科研＋教研＋征文评选"为支柱的教育研究体系，旨在提高教师在实践中发现问题、反思问题、解决问题的自主性，深化教师所掌握的基本知识与技能。

1. 课题研究

随班就读教师参与课题研究一般体现在行动研究上，在教学实践中开展研究，通过研究进一步促进融合教育实践，通过循环往复的过程，探索出最佳的实践方式，总结对特殊学生进行教学或提供支持的规律。随班就读教师可以自主申请市区级课题，作为负责人统筹研究特殊学生融合教育主题的相关课题。另外，随班就读教师由于时间、精力所限，更多情况下可以参与学校的融合教育课题。当前海淀特教中心在全区推进"群体课题"的研究，鼓励学校自主申请并承担特教中心所负责的课题，学校融合教育主管领导或资源教师担任子课题负责人，由学校随班就读教师作为参与者，共同推动子课题的研究。例如，当前海淀特教中心将北京市教育科学规划"十三五"重点课题《融合教育背景下个别化教育计划实践研究》以该模式在全区推动，共有16个单位申请承担子课题，子课题负责人需要召集学校教授特殊学生的随班就读班主任与学科教师参与该课题，组建个别化教育计划团队，在规定期限内为选定的学生个案制定、实施并修订个别化教育计划，共同完成子课题研究报告的撰写。在参与子课题研究的过程中，随班就读教师加入研究的团队，在教授特殊学生的过程中以研究的视角发现并及时解决实际问题，提高对特殊学生进行教育教学的科学性与有效性。

2. 校本教研

校本教研是基于学校特点，解决学校自身融合教育面临问题的重要方式，也是提高随班就读教师融合教育实践能力的关键途径。融合教育校本教研由学校主管领导和资源教师牵头，组织学校所有随班就读教师就学生的特殊需要、融合的困难、家校沟通的问题、教师的困惑等多方面的内容进行讨论，用集体智慧与专业引领，帮助随班就读教师解决某一实际问题，提高随班就读教师课堂教学的实践水平。例如，海淀区图强第二小学，拥有专职资源教师 1 人，学校备案随班就读学生 15 名，资源教师负责跟每名特殊学生的班主任沟通，并为班主任提供支持。各学校都组织过专题培训，班主任也能够接纳随班就读学生，但缺乏课堂教学的策略。于是，学校资源教师组建了专门的教研组，将随班就读学生班主任纳入教研组，请特教中心巡回指导教师一起商定形成了校本教研计划，确定每学期教研的主题（如表 3-3-5 所示）。教研组通过观看课例、备课、集体讨论修改等途径加深随班就读教师对融合教育课堂教学策略的理解与运用。

表 3-3-5　海淀区图强第二小学融合教育教研组校本教研主题一览表

序号	教研主题	具体内容
1	个性化的需求	1. 问卷调研，问题诊断、需求调查 2. 个别化教育计划的制定
2	随班就读课堂教学的实践	1. 观看优秀课堂教学课例 2. 针对课例讨论策略 3. 选出一位老师，备一节课初稿（作业）
3	集体备课	1. 分析班上学生的特点 2. 集思广益，对原有设计进行针对性的修改 3. 送书《巡回指导的理论与实践》，其中有一节专门讲随班就读课堂教学
4	个别化的支持	1. 专业资源的获得 2. 与资源教师的协作、与家长的合作 3. 个别化教育计划的实施

3. 征文评选

海淀区自 2013 年开始面向全区开展特殊（融合）教育优秀论文、案例、课例评选,目的在于推动全区特殊教育与融合教育教学实践研究与交流,展示融合教育、特殊教育教师教学实践成果,为随班就读教师的专业成长提供平台。论文评选活动激励随班就读教师在实际教学中发现特殊学生存在的问题,学会总结分析,从而提升教师的研究能力,塑造"研究型"随班就读教师,并形成一定的研究成果,也可以促进教师创新型发展,总结独特的问题,实现突破性与引领性发展。论文评选活动一般于每年的10月份启动,由海淀特教中心在全区发布征文通知,学校资源教师或融合教育主管领导将随班就读教师的论文统一报送至特教中心。之后,特教中心组织领域内的专家进行评审,并于次年的4月份公布评审的结果,为获奖的教师颁发证书。近几年,海淀区特殊(融合)教育征文的数量不少(如表3-3-6所示)。

表 3-3-6　2016—2018 年海淀区特殊(融合)教育征文数量一览表

年份	论文(篇)	案例(篇)	课例(篇)	总量(篇)
2016 年	/	116	26	142
2017 年	72	101	39	212
2018 年	58	144	49	251

图 3-3-7　为随班就读教师颁奖

四、随班就读教师培养成效

海淀区对随班就读教师的培养注重延续性与实效性，多样化的培养方式帮助随班就读教师树立融合教育的理念，并掌握了支持特殊学生的专业知识和技能，取得了明显的效果，涌现出一批优秀的随班就读教师。表 3-3-7 呈现了 2018 年获得一等奖的随班就读教师案例清单，透过这些案例可以直观地了解海淀区在培养随班就读教师方面取得的成效。

表 3-3-7　随班就读教师优秀案例名称与编码

编码	学校	名称
A01	玉泉小学	自闭儿与同学间冲突辅导案例
A02	玉泉小学	做温暖的教育者
A03	人大附中航天城学校	小风波带来的大变化
A04	人大附中航天城学校	绘本阅读改变了孩子
A05	北大附小	可见光辉
A06	海淀区实验小学	叫声妈妈有多难
A07	海淀区实验小学	用心浇灌，静待花开
A08	永泰小学	巧用多元强项评价为他开启另一扇窗
A09	永泰小学	教育之"美"
A10	人大附小	让我拉着你的小手慢慢长大
A11	人大附小	脏话大王变形记

1. 养成融合之"心"

经过这次主题班会活动，孩子们懂得了人与人之间要多一份关爱与帮助，同学们学会了宽容与谦让，班级里无论在学习和生活上对马某某都很友爱，课间经常会听到这样或那样的声音，"马某某，你需要这个吗？""马某某，加餐你先来吧！""马某某，这个题我会做，我给你讲讲吧！""老师！我来做马某某的搭档吧！"总之，各种友爱的声音替代了之前的"老师，他听不见！""老师，我不和他一组，他根本就不会！""马某某，快点！就差你一个了！"正是身边处处充满爱，马某某也变得越来越快乐了。（A03）

我要放下所有的"应该"和不接纳，去无条件地爱、无条件地接纳学生，才能给予孩子们爱自己、爱他人、爱生活的力量。我只想让学生们知道，他们不需要成为任何其他人，他们最大的人生使命，就是成为他们自己！（A05）

小廷的成长和进步告诉我，教师要有"三心"：童心、爱心和耐心。要和孩子们一样拥有一颗童心，从孩子的视角看问题，你会理解他们的行为，体谅他们的所作所为。教师要有爱心，教育本就是一份有爱的职业，发现每个孩子的可爱之处，去爱他们，关心他们。教师还要有耐心，耐心地等待，耐心地教导，使土壤和肥料准备充足，我们要做的就是静待花开。（A07）

在案例 A05 与 A07 中，随班就读教师从最初对特殊学生不接纳、不包容，对学生抱有偏见，缺乏对学生差异的认知，之后能够放下固有的偏见，无条件地接纳与爱学生，从学生的视角看问题，理解他们行为背后的原因。案例 A03 的主人公是一个有听力障碍的孩子，班级有些学生存在嘲笑、挖苦的行为，教师通过融合班会的形式宣导关于耳朵的知识，让班级学生体验"听不见"的感受，带动全班同学扭转对马同学的认识，让学生学会理解与包容，马同学也感受到了同学们的友好和温暖。

2. 成就融合之"智"

一次课上小瑄被我没收了一本数独本。当处理这件事时，我没有发火，而是从孩子的兴趣出发，课下和他进行了一次沟通，先表明自己对数独也很感兴趣，并且跟他分享了玩数独的一些技巧，保证我们形成一个良性的师生关系。（A02）

涵涵的成长，让我看到多角度评价的好处。多角度评价改变了评价主体单一的现状，从教师单评价转向师生互动、生生互动，将学生的自评、互评、教师的评价合理地结合起来，使评价成为学生积极向上的"加油站"。同时，多角度评价，帮助学生识别自己的强项和弱项，为学生提供有益的反馈，提出今后学习的建议。让学生学会更多的学习策略，通过多角度评价形成学生自我认识、自我教育、进步的能力。（A08）

第二天一早，小沃来到教室，我就把他拉到身边，悄悄地告诉他："今天不许脱裤子，有需要帮助的话找老师，表现好发小奖章。"他特别认真地点点头，表示一定做好。接下来的几天，我每天一早都会这样提醒他，对他即将发生的状况作及时的干预，从那以后，孩子再也没有出现这样的事情。因此尝到了甜头，我又将这样的方法用到其他事情上，都取得了较好的效果。（A10）

当随班就读教师应对特殊学生的问题时，通过总结与反思形成了融合教育的智慧。案例 A02 中的小琯是令教师苦恼的特殊学生，固执、偏激、做事不计后果，表现出明显的逆反心理。教师从小琯的兴趣出发，找到了沟通的"钥匙"，由此建立了良好的师生关系。案例 A08 中的教师采用多元评价的方式，帮助学生加深自我认识，让涵涵从情绪化严重、行为不受控制，到参与大部分课堂，有了明显进步。案例 A10 中小沃课上经常大喊大叫，不能自控，沟通比较困难，有一次出现了在走廊里"脱裤子"的行为。教师通过提前提醒小沃，使用代币的方法塑造学生良好的行为，取得了积极的效果。

　　上述由随班就读教师撰写的教育案例反映了教师已形成接纳、包容、关怀、尊重的融合教育理念，摒弃了排斥、拒绝、逃避、忽视等想法。可见，理念的改变对于教师专业素养的提升是重要的。此外，教师在案例中还体现了应对特殊学生的智慧，展现了具备一定的融合教育专业技能，例如，与学生沟通的技巧、预防学生问题行为的策略、对学生进行多元评价的策略等。这些展现随班就读教师"融合之心"与"融合之智"的案例，体现了海淀区在培养随班就读教师上取得的成效。

第四节　学生行为指导教师培养

　　随着海淀区自闭症谱系障碍学生、情绪行为障碍学生、注意力缺陷多动障碍学生的增多，普通学校融合教育遇到多重困难，教师普遍反映难以有效应对学生的行为问题。这需要一批有效干预学生行为问题的教师队伍——学生行为指导教师应运而生，成为融合教育教师团队中的新兴成员。如何培养并运用行为指导教师，在国内并无现成经验可借鉴，海淀区首先对这一类教师的培养进行了创新型探索。学生行为指导教师的培养也推动了海淀区融合教育教师培养进入新的阶段。海淀区通过与专业机构的合作，先后举办了中国应用行为分析师（CNABA）和国际副应用行为分析师（BCaBA）的培训。其中，获得国内应用行为分析师资格证书的教师共计 85 人，累计 35 名教师参加国际副应用行为分析师培训。

一、学生行为指导教师培养目标与内容

（一）学生行为指导教师培养的目标

学生行为指导教师的培养旨在加强普通学校资源教师、特教教师对学

生问题行为干预的能力，将应用行为分析的理论与技术充分应用到实践中，有效解决学生的行为问题，增加学生对课堂教学的参与，从而提升特殊教育和融合教育的质量。此外，学生行为指导教师不仅直接服务于学生，而且可以指导家长和班主任教师，必要时能够为其他学校学生行为问题的解决提供干预思路与建议。

（二）学生行为指导教师培养的内容

学生行为指导教师的培养具有很强的系统性，分为中国应用行为分析师（CNABA）和国际副应用行为分析师（BCaBA）的培养，二者存在递进关系，只有通过中国应用行为分析师高阶考核的教师才有资格申报学习国际副应用行为分析师。中国应用行为分析师共有初阶、中阶和高阶三门课程，国际副应用行为分析师涵盖五门课程，其具体内容如图3-4-1所示。总而言之，行为指导教师的培养总体涵盖了行为分析基础知识、行为评估与干预的技能、职业伦理准则等方面的内容。

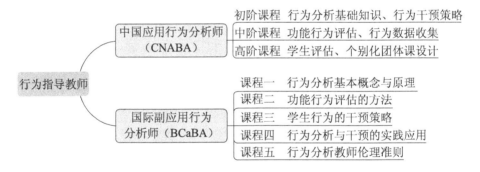

图 3-4-1　学生行为指导教师培养体系图

1. 行为分析基础知识

了解行为干预的基础原理是对学生行为指导教师的基本要求，行为分析基础知识是对行为指导教师培养的首要内容，旨在阐释行为分析的基本概念，澄清行为分析与干预技能的原则，梳理行为分析的主要脉络等，从而为行为指导教师的专业发展奠定理论基础。行为分析的基础知识主要包括应用行为分析的简介、历史演变、基础概念、基本原则、理论基础与原理、基本思想与特点、行为评估的要点、行为干预的流程、行为干预策略等。行为分析基础知识的教授主要以专题讲座的形式开展，由专家进行现场授课或在线视频讲解，具有较强的系统性与高效性。

2. 行为评估与干预技能

行为评估与干预的技能是对学生行为指导教师进行培养的核心内容，旨在让行为指导教师能够独立开展对学生问题行为进行评估与干预，熟悉行为干预的流程，包括行为功能评估、制定干预方案、实施干预、评估效果等，并为随班就读教师或特教助理教师提供指导。行为功能的分析需要学生行为指导教师将理论知识付诸实践，结合学生个案行为的表现，掌握行为功能分析的方式与路径，以实证数据为支撑，通过观察学生行为表现，访谈教师、家长等相关人员，对所收集的数据进行分析，对学生的行为做出评估，从而科学全面地了解学生行为问题背后的原因。之后，依据学生行为问题的功能，诸如获取物品、获得关注、逃避任务、自我刺激等，制定问题行为的干预方案，确定干预的策略，如强化、惩罚、消减、行为塑造、非后效强化等，进而追踪学生行为变化，了解行为干预的效果及调整方向。行为评估与干预的技能的培养主要采用实地督导、视频督导、个案分析等方式，注重学员实际操作与教师督导相结合。

3. 职业伦理准则

行为指导教师的工作对象是存在问题行为的特殊学生，在对学生行为进行评估与干预的过程中必然会涉及学生及其家庭的信息，并且需要采用策略对学生行为进行改变，这要求行为指导教师必须遵守基本的伦理准则。行为指导教师需遵守坚守保密、知情同意等原则，对特殊学生及其家长的基本信息、访谈录音、观察记录、个案记录与分析等相关资料未经家长同意不得外传或泄露；在对学生实施行为干预之前，需要制定详细的干预方案，并在家长阅读并同意的情况下签署知情同意书。此外，行为指导教师必须与学生建立稳定的干预关系，非特殊情况不得随意中断干预进程，并且需要在干预过程结束一段时间后对学生进行追踪了解并保持干预的效果。职业伦理准则的培养主要采用观看在线课程与教师自主阅读专业书籍相结合的方式，如《行为分析师职业伦理与规范》。

二、学生行为指导教师培养形式

学生行为指导教师的培养形式多样，理论学习与教育实践并重，个人学习与教育督导并行，传统式理论培训与现代化远程学习相结合，系统全面地培养既有扎实学识，又有熟练技能的行为指导教师。

（一）理论培训

理论培训是帮助行为指导教师较快掌握行为分析基础知识的主要形式，中国应用行为分析师的培训主要采用专家实地理论培训的方式，经过初阶、中阶和高阶三个阶段，每个阶段设置了三天的集中理论培训。海淀区邀请了美国等国家和地区的行为分析领域的专家开展专题讲座，系统地讲授学生行为分析的基础原理、学生行为功能分析的流程、干预方案的制定、学生行为数据统计与分析等多方面的内容，并结合案例阐述行为分析与干预在融合教育环境中的应用。行为指导教师的理论培训时间、内容及课时安排如表 3-4-1 所示。

表 3-4-1　行为指导教师理论培训课程安排

资质类型	阶段	日期	内容	课时
中国应用行为分析师	初阶	2016 年 11 月 8－10 日	应用行为分析基础知识、学生行为干预的策略	18
	中阶	2016 年 12 月 23－25 日	学生行为的功能评估、数据收集的方法	18
	高阶	2017 年 2 月 17－19 日	个别化课程设计、行为干预在融合环境的应用	18

（二）教育实习

行为指导教师的主要职责是能够对学生的问题行为进行评估与干预，并为随班就读教师提供指导，这决定了行为指导教师在正式开展工作前需要熟练掌握的技能，因此在培养行为指导教师的过程中，尤其注重教育实习环节。学员需要在学习的不同阶段完成规定时数的教育实习，才拥有申请应用行为分析师认证的资格。其中，国际副应用行为分析师学员需要在学习期间完成累计 1000 小时的教育实习。教育实习的主要方式是由学员选定需要干预的特殊学生个案，与个案的家长、教师进行沟通，对个案开展行为功能分析，为个案制定行为干预方案，针对学生设置个性化的一对一课程或团体课，并采用所学的策略与技能对个案直接实施持续的干预。

（三）专家督导

对学生行为问题的处理需要有科学性和伦理性的双重考量，在对学生行为指导教师进行培养的过程中，需要有指导教师深入把关。为此，对学生行为指导教师的培养必须注重专家督导环节，包括实地督导和视频督导的过程。实地督导主要是专家进入学员所在学校，由学生行为指导教师实地完成一节个别课或团课，呈现对学生开展行为干预的过程，专家做出针对性指导并提出改进建议。视频督导打破了空间限制，分为个人督导与团体督导。个人督导由行为指导教师将准备的汇报材料和个案干预视频片段发给督导专家，口头向专家汇报个案干预的方案与进展，描述该阶段内对个案实施干预的具体过程，由专家在线对学生行为指导教师的干预进展与效果进行指导。在团体督导的过程中，所有学员可共同参与讨论，帮助行为指导教师调整干预的方案。专家督导贯穿中国应用行为分析师与国际副应用行为分析师学习的每个阶段，中国应用行为分析师学员在三个阶段需要完成累积 8 次逾 20 小时的线上督导；国际副应用行为分析师学员的督导由国际行为分析师指导完成，督导时长需要累积达到 50 小时，一般每周进行一次督导，一次督导时间 1～2 小时。

图 3-4-2　行为指导教师开展教育实习

图 3-4-3　行为指导教师实地督导

（四）在线学习

行为指导教师的培养充分利用了现代技术的便利，拓展了在线学习的培养形式，包括学员观看网络课程和在线研讨等方式，主要体现在国际副应用行为分析师培训的五门课中。在线学习的形式打破了时空限制，观看网络课程的时间可由学员灵活安排，不拘泥于传统的固定时间、固定地点的培训方式；在线研讨具有实时性，学员和指导教师之间有较强的互动性。在线研讨与网络课程的学习相辅相成，学员在规定时间段内完成每门课程的学习，授课教师均由国际应用行为分析师（BCBA）担任，具有丰富的理论知识与实践操作经验。37 名学员分四组每周一次前往海淀特教中心集中参加在线研讨，国际应用行为分析师专家远程在线指导，对所学课程中的重点内容进行厘清，并共同讨论在学生行为干预实践中的应用。学生行为指导教师在线学习的课程内容、课时安排如表 3-4-2 所示。

表 3-4-2　学生行为指导教师在线学习的安排

课程类型	网络课程内容	课时
课程一	行为分析概念及原理	45
课程二	学生行为评估的方法	45
课程三	学生行为干预的策略	45
课程四	行为评估与干预实践应用	30
课程五	行为分析的伦理准则	15

（五）展示交流

海淀区为学生行为指导教师的培养搭建了多渠道专业交流的平台，如微信群、微信公众号、《海淀特教》内刊、国际研讨会等，并注重对交流成果进行记录。海淀区建立了学生行为指导教师微信群，教师可以及时沟通培训中遇到的困难与问题。海淀特教中心微信公众号及时推送学员的活动、成功案例及学员撰写的关于行为分析的专业文章。《海淀特教》创建了"学生行为指导教师专栏"，刊登学员的学习体会与干预案例。此外，海淀区为行为指导教师提供多重展示平台，例如，在第五期资源教师专项培训活动中，从中国应用行为分析师培训班上选取了 24 名学员开展个案行为干预的分享与汇报，以案例的形式介绍问题行为的观察、记录及处理的方法，为资源教师提供了很好的借鉴。"2017 年海淀区融合教育国际研讨会"第四分论坛上，来自北京大学附属小学、北京石油学院附属中学的两位教师分别对自己的个案干预过程进行分享，得到与会代表的一致认可。

图 3-4-4　行为指导教师在线研讨

（六）考核评估

学生行为指导教师培养过程中的考核评估分为三个部分，即常规考核、理论考试和实操考核。常规考核主要考查行为指导教师的出勤与课堂参与情况。理论考试包括中国应用行为分析师每个学习阶段结束时的笔试和国际副应用行为分析师五门课程的在线考试，采用"每周一小考，期末一大考"的方式。中国应用行为分析师初、中、高三个阶段各有一次笔试，70 分为及格线，85 分为优秀线，每个阶段考试难度不断加深。国际副应用行为分析师则采用每周进行 15 个知识点的考核，即在线课程与研讨中涉及的内容，每门课程结束时则进行一次综合性的测验。实操考核是指学员完成督导教师指定的作业，由督导教师对学员的汇报和视频中的策略操作进行评价。行为指导教师培养过程中的考核，一方面帮助他们更好地掌握学生行为分析与干预的相关知识与技能，另一方面也起到了选拔的作用，为海淀区保留了一批在行为干预与指导方面卓有成就的优秀专业教师。

三、学生行为指导教师培养成效

学生行为指导教师的培养历时长、系统性强，在海淀特教中心的组织及学员的共同努力下，取得了突出的成效，不论是学员满意度还是特殊学生干预效果都得以凸显。

(一)培训学员满意度

99 名学员完成中国应用行为分析师三个阶段学习,经综合考核结业人员 85 人,结业率为 85.9%。通过综合常规考核、理论考试和实操考核,选出 16 名优秀学员,占结业学员总数的 18.8%。海淀区对 99 名学员进行了满意度测评,89.59% 的学员对培训的总评分为 10 分,85.71% 的学员对培训的整体满意程度为 10 分,授课内容的实用性、培训形式、教师的讲解、教学态度、备课准备、对工作的帮助、教材的满意度、教学计划安排、教学内容等项目上评分为 10 分的学员均在 80% 以上,其中培训内容对工作的帮助项目,88.96% 的老师给出了 10 分的评价。培训过程中涌现出一批精于学业、勤于实践、勇于反思的优秀行为指导教师。下面截取了部分行为指导教师对本次培训的反馈。

这次很荣幸有机会参加 CNABA 的培训,收获颇多。首先,郭老师对应用行为分析的理论进行了详细的阐述,美国专家 Amy Buie 老师的讲授让我们学习了行为导图能很好地应用于实践教学中。其次,这次培训需要谈的收获和分享太多了,这么短的时间没办法很好地梳理出来。最后我要感谢特教中心老师们能为我们提供这些专业化的高端培训。

——交大附小王老师

完整个案分享,可以便于我们从自闭症发现、评估、制定计划、干预等几方面了解对自闭症学生干预的流程,虽然每个孩子情况不同,但是流程是相同的,包括中间突发状况的处理。此次培训的收获是作为一名刚刚参与随班就读工作三年的资源教师,对于如此专业又有实操意义的培训,非常渴求!我们能够跟几位顶级专家面对面,不仅从 CNABA 的理论依据、科学原理上厘清"思绪",而且能从"大咖"们的经验分享中,看到该技术对自闭症学生新的帮助。我要做的是以专家为榜样,支持教师同仁们一起,为需要我们帮助的自闭症孩子,乃至其他随班就读学生提供支持!

——人大附小刘老师

这样的培训让我更坚定了在特教道路上走下去的决心。"接纳、理解、支持、帮助"的理念,融合的思想也更深刻地印在我的脑海中。希望特教中心以后能多举办这样针对一线资源教师的培训。

——台头小学傅老师

很喜欢此次培训，既有实际应用性，又有培训内容、形式的实效性，对于后期所学内容的巩固与应用非常有效。在培训过程中，在实地、视频督导之中，各位老师的敬业精神、负责任的态度，科学严谨的工作程序让我深深感动，也给我起了示范作用，希望像他们一样对学校里有特殊需要的学生提供可持续性的帮助！

——永泰小学刘老师

（二）学生行为干预效果

学生行为指导教师需要完成规定学时的教育实习，为选定的特殊学生个案进行系统的行为干预。根据行为指导教师的反馈，所干预的学生行为表现都取得明显的进步，更好地融入普通班级，不合作、破坏性行为明显减少，参与行为与亲社会行为明显增加。下面的两个案例节选自学生行为指导教师的个案报告，直观地体现了行为指导教师的培养给学生带来的益处。

【案例 3-4-1】

"懒孩子"成长记

策策是一名普通学校二年级的小男生，他是老师和孩子们眼中的"懒孩子"，做事拖拖拉拉，早上到学校后挂饭兜、放书包、脱衣服、放衣服这些事需要好长时间才能完成；上课经常注意力不集中，发呆、趴桌子、东张西望是他的"标配"，随之而来的是学习跟不上，教师和家长都感到苦恼。行为指导教师介入之后，首先对学生的行为表现进行了观察与记录，确定开展行为干预的目标和策略，让他在规定时间内完成课前准备任务，采用行为塑造、行为契约、视觉提示和代币系统等方式对他进行干预。行为指导教师进行了两个阶段为期一个月的干预，策策拖拖拉拉完成课前准备的情况明显得到改善，所耗时间缩减至原来的一半乃至 1/3，策策做事变得"麻利"起来，一改以往在老师和同学眼中"懒孩子"的印象。

【案例 3-4-2】

"小恶魔"变形记

宁宁是同学们眼中的"小恶魔"，动不动就发脾气，大喊大叫，有一次还咬伤了特教助理教师，一旦自己的要求没有得到满足就各种"撒泼打滚"，闹得班里一团糟。对于宁宁这样的表现，家长和随班就读教师都表示束手无策，同学也都对宁宁"望而却步"。行为指导教师对宁宁介入后，重点从她的发脾气行为着手，深入访谈家长和教师关于宁宁发脾气的情景、原因与表现，并对宁宁进行课堂观察，详细记录了宁宁发脾气的原因、行为及结果，从而分析了宁宁发脾气行为的功能主要是逃避——逃避挫败、逃避困难任务等。行为指导教师针对性地对她开设了社交课，重点塑造宁宁遇到困难学会表达、接受失败，增强控制情绪的能力，特教助理教师协助记录数据。一个学期下来，宁宁发脾气的次数明显减少，当遇到困难的时候学会了求助，还能帮班里做些力所能及的事，家长和教师对宁宁的变化都感到十分欣慰。

对行为指导教师培养的成效最终都落实到特殊学生身上。案例中的行为指导教师接受了系统的专业知识与技能的培训，在教育实习过程中选取了有突出异常行为表现的学生作为干预个案，例如做事拖拖拉拉的策策、爱发脾气的宁宁。这两名个案的行为表现在普通学校并不少见，他们只是所有个案的典型代表。行为指导教师经过全方位数据的收集，包括家长、教师访谈，学生课堂观察等，全面分析学生问题行为的功能，据此制定行为干预的方案，在家长的知情同意下采用行为干预技术，对学生进行一段时间集中且系统的干预，取得良好的效果，帮助特殊学生矫正问题行为，更好地适应并参与普通班级学习生活。

四、学生行为指导教师培养特色

学生行为指导教师的培养本身就是海淀区在融合教育教师培养中的一大创新与特色。行为指导教师的培养与其他类型的融合教育教师培养相比突出对资质的要求，考核严格，历时长，系统性强，尤其重实操与督导，形成了三方面的特色。

(一)延续开展进阶式培训，突出系统性

行为指导教师的培养包括中国应用行为分析师(CNABA)和国际副应用行为分析师(BCaBA)两个阶段，只有顺利完成 CNABA 培训的学员才有资格参加 BCaBA 的培训，两者间存在进阶关系。即便在 CNABA 培训中，也

分为三个阶段，即初阶、中阶和高阶。每个阶段之间培训内容有所衔接，随着阶段的升高，培训的难度与深度也呈螺旋式增加，即前一阶段的培训为后一阶段奠定基础。BCaBA 培训的五门课程由最初的基本概念、原理的培训，到行为评估、干预及伦理准则，逐层进阶，前一门课程的内容为下一门课程的学习提供基础，例如只有了解行为分析的基本概念与原理才能更好地理解行为功能评估背后的意蕴，并根据评估的结果，掌握具体的干预方法和策略。由此，行为指导教师的培养不是相互分散的，而是不断递进、相互衔接的，具有很强的系统性。

(二)教育实习与督导结合，注重实践性

理论与实践的脱节是师资培训中经常遇到的问题，行为指导教师的培养很好地突破了这一难点，将理论与实践紧密结合，将实践与督导紧密结合。与其他融合教育教师的培养相比，对行为指导教师的培养严格规定学员需要完成的教育实习时长，如若未能完成则取消申请相应资质的资格。此外，由专家进行实地督导和视频远程督导，实地观察行为指导教师对学生实施干预的过程，或根据行为指导教师提交的视频或个案干预资料，针对性地指导提出需要注意的问题，以及改进的方向。由此，对行为指导教师的培养形式并非单一的，也不仅仅停留在理论知识普及层面，而更加注重行为指导教师的实操技能，专家的督导也以教师的实践为依据，反映了行为指导教师培养的实践性特点。

(三)严格考核后取得证书，凸显资质性

对行为指导教师的培养不仅注重理论知识与实践应用，而且增加了严格的考核环节，只有通过考核的学员才能申请获得相应资质的资格证书。例如，CNABA 学习的三个阶段，学员需要在每个阶段结束时完成纸笔考试，考试合格方能进入下一阶段的学习，高阶阶段考核合格的才能获得中国应用行为分析师(CNABA)资质；BCaBA 学习阶段，学员需要每周参加线上考试，并在学期末参加综合性考试，五门课程考核合格的才能申请行为分析师认证委员会(BCBA)认定的国际副应用行为分析师(BCaBA)资质。海淀区将取得 CNABA 或 BCaBA 资质的教师认定为"学生行为指导教师"，并发放《海淀区学生行为指导教师工作手册》。由此，行为指导教师经过系统且严格的考核程序才能取得资质，保证了专业度和为学生提供行为干预的质量，凸显了资质性的特色。

第五节　特教助理教师培养

　　海淀区特殊学生基数大，其中自闭症学生逐年攀升，从 2012 年的 38 人，增长到 2019 年的 194 人，数量增加了四倍，他们在适应普通学校学习生活上存在诸多困难，随之而来的是家长和学校对特教助理教师的需求与日俱增。为了帮助这些学生更好地融合，海淀特教中心自 2016 年起开始了特教助理教师的培养，将之作为创新型项目重点推进，进一步完善了融合教育教师团队的成员。特教助理教师的培养既没有前人的经验可借鉴，又没有现成的模式可遵循，海淀区历经三年时间，逐渐形成较为完善的特教助理教师培养内容体系与方式，取得了显著成效。

一、特教助理教师培养目标与内容

（一）特教助理教师的培养目标

　　特教助理教师主要的工作环境是普通学校，工作内容是对特殊学生提供教育教学和学校生活的辅助，加强与教师的沟通，注重与家长的反馈，接受特教中心的指导。因此，特教助理教师要面对巡回指导教师、融合教育学校领导、资源教师、任课教师、学生家长等多方主体，是连接家庭与学校、家庭与特教中心、学校与特教中心的桥梁。特教助理教师的职责也决定了对特教助理教师的培养目标在于提高其专业水平，使其了解特殊学生的需求，有效解决特殊学生课堂突发状况，干预学生的行为问题，为特殊学生参与课堂学习提供支持辅助，促进特殊学生与普通学生的交往，提升其与教师、家长沟通交流的能力。

（二）特教助理教师的培养内容

　　特教助理教师不同于"保姆式"陪读，对特教助理教师的培养需要关注其特殊教育的专业素养，培养内容主要包括基础知识、操作技能与职业道德三个方面，尤为注重实际操作技能的培养（如表 3-5-1 所示）。

　　基础知识的培训主要侧重基本概念与策略的普及、职责范围的阐述等，涵盖认识自闭症、认识行为问题、了解应用行为分析、特教助理教师职责、融合教育的实践策略五个专题，每个专题的授课主要采用理论讲座的方式。受特教助理教师本身学历与专业的影响，授课教师一般会结合采用视频、案例分析等形式。操作技能是对特教助理教师培养的重点内容，主要依据特教助理教师在普通班级辅助支持特殊学生时所需要的具体技能，包括对学生行为管理的技能，如强化策略、确认动机策略、提示策略、评估行为的方法、代币系统、塑造行为策略等多项内容。操作技能还涵盖促进学生社交的技巧，如主动邀请、礼貌用语、分享礼物等。课堂辅助策略则包括诸如提示举手、数学练习、写作汉字、阅读短文等。家校沟通技巧主要是指特教助理教师与家长和教师沟通时应该着重沟通的内容，例如学生的变化与困难、家长和教师的需求、需要教师和家长配合的支持等。对特教助理教师职业道德的培养是必不可少的项目，特教助理教师在普通学校体制"之外"，不直接受学校准则的约束，但更需要强调对其进行职业道德方面的培养，制定特教助理教师工作准则，对其进入学校之后的行为表现进行约束。

表 3-5-1　特教助理教师的培养内容

培养领域	具体内容
基础知识	认识自闭症、认识行为问题、了解应用行为分析、特教助理的职责、融合教育的实践策略
操作技能	与学生建立关系的策略、正强化与负强化、区别性强化、惩罚、确认学生动机、提示策略与提示撤销、功能行为评估、代币系统、行为测量、预防问题行为的策略、行为塑造、工作分析、行为链锁、行为契约、自我管理、设计个别化课程、促进社交的技巧、课堂辅助策略、家校沟通技巧等
职业道德	特教助理教师应遵守的准则，如保密原则、文明礼仪等

二、特教助理教师培养形式

特教助理教师直接面向学生，对特教助理教师培养的形式也符合其工作的方式，采用理论与实践结合、教研与指导结合、研讨与自我发展结合等多种形式，力图最大限度地培养满足学生特殊需要的特教助理教师。

（一）专题讲座

海淀特教中心让经验丰富的巡回指导教师或领域内的专家就某一方面知识做专题知识讲座，帮助特教助理教师通过借鉴前人经验构建自身知识体系，从而丰富特殊教育学、心理学等相关理论知识，更新思想观念，具备融合教育理念，了解特殊学生的身心发展特点，接纳学生、尊重学生、爱护学生，不断提升专业知识水平。专题讲座不仅有利于集中时间帮助特教助理教师掌握有关融合教育的理念与知识，例如融合教育的内涵及其对特教助理教师提出的要求等，而且有利于在短时间内教给特教助理教师直接支持特殊学生的策略与技能，例如自闭症学生的发展特点与干预技术，如社交干预、言语沟通技能等。

（二）实践操作

特教助理教师与其他融合教育教师相比，更加偏重在学校对学生进行常规的、持续的一对一直接辅助，这决定了对特教助理教师的培养必须通过实践操作的方式增长其辅助学生的技能。实践操作的方式主要包括两种：一种是让特教助理教师在普通学校情景中，直接为特殊学生提供辅助；另一种是让特教助理教师在海淀特教中心对特殊学生开展一对一教学。前者是特教助理教师长时间工作的真实场景，有利于特教助理教师尽快适应工作，及时发现面临的困难，通过寻求支持获得专业方面的提升。后者为特教助理教师提供对特殊学生开展社交技能、行为管理、言语沟通、认知训练等方面的专业平台，帮助特教助理教师提高设计个别教学的能力，并及时在实践中巩固专题讲座中学到的某方面的知识与策略。

（三）主题教研

特教助理教师在入校实际工作中，不仅需要对特殊学生提供支持，而且需要及时记录学生表现，与学生家长和教师及时进行反馈与沟通。这要求特教助理教师不仅需要做好特殊学生的课堂辅助工作，而且需要成为一个"思考者"，不断反思工作的方法与成效，思考更好地与教师和家长沟通的技巧。海淀特教中心从最初便注重将特教助理教师培养成"反思型"教师，每周组织一次特教助理教师的教研活动，做到"有主题、有成效"，帮助特教助理教师在日常工作过程中有问题意识、研究精神。在教研活动中，每位特教助理教师分享个人在工作中的所思所想，包括在工作中面对学生、家长时遇到的困难、学生一周进步情况，或者自己的思想困惑。教研帮助特教助理教师提高思想认识水平，总结辅助教育教学策略，使特教助理教师逐步提高业务能力，同时也提升了团队凝聚力。特教助理教师可以在教研活动中，分享自己辅助的特殊学生面临的棘手问题，如学生不能表达如厕需求、学生问题行为不受控制等。其他特教助理教师及参与教研的巡回指导教师共同对特教助理教师的问题进行研讨，并提出可行性建议。

图 3-5-1　特教助理教师个别教学

（四）专业指导

在特教助理教师培养的过程中，海淀特教中心巡回指导教师发挥"传帮带"的作用，进入普通学校对特教助理教师进行针对性的专业指导。例如，巡回指导教师定期到特教助理教师所在学校进行课堂观察，了解特教助理教师辅助特殊学生的情况，与随班就读教师进行沟通，发现特教助理教师在辅助支持时存在的问题，针对性地为其提出改进建议，并由巡回指导教师撰写指导记录。此外，特教助理教师还可以在遇到问题时及时向巡回指导教师反映，由巡回指导教师提供线上指导，这种方式更加方便快捷，帮助特教助理教师及时解决疑虑与困惑。此外，巡回指导教师还为特教助理教师推荐专业书籍，对其进行专业的引领。

（五）个案研讨

每个学期结束后，海淀特教中心要求特教助理教师对工作进行全面总结，包括为特殊学生提供支持的内容和策略、采取的措施和效果、发展目标和家庭建议等，汇总辅助支持特殊学生的所有材料。由特教助理教师和特教中心巡回指导教师、学生家长及随班就读教师一起召开学生个案研讨会，综合分析学生教育教学需求，呈现一学期内支持特殊学生的过程及成效，讨论学生成长目标和方向，向家长提供家庭教育策略。在个案研讨过程中，特教助理教师经过前期总结和后期对工作的反思，在专业水平上不断提升，与普通教育学校教师、学生家长的沟通能力也得到增强。此外，巡回指导教师、家长、随班就读教师充分参与讨论，对特教助理教师的工作方向提出建议，促进其专业成长。

图 3-5-2　特教助理教师个案研讨

三、特教助理教师培养过程

海淀区在特教助理教师培养上从"零起点"开始探索，既没有该项工作的基础，又缺乏同行的相关经验，且国内对特教助理教师专门的研究与实践都微乎其微。因此，自 2016 年启动特教助理教师培养项目以来，海淀区基本上处于"摸着石头过河"的状态，总体经历了两个阶段。

（一）第一阶段试点（2016 年 9 月—2017 年 7 月）：大胆的尝试

2016 年 9 月，海淀特教中心开始了特教助理教师的试点工作，前期选择了 4 名具有 3 年以上康复训练经验的教师分别到 4 所普通学校对自闭症学生提供助教服务。在第一阶段的试点培养过程中，4 名特教助理教师与 4 名巡回指导教师"结对子"，由巡回指导教师对特教助理教师进行指导。指导的方式有如下三种：一是巡回指导教师前往特教助理教师所在学校，对特教助理教师的助教实践进行观察和反馈；二是特教助理教师每周回到特教中心参加教研活动，并进行专题研讨；三是特教助理教师遇到具体问题时可直接通过微信、电话等方式咨询巡回指导教师。特教助理教师在刚进入学校时，作为一个"外来人员"，通常与普通教育系统"格格不入"，学校教师对其工作缺乏全面的认识，特教助理教师忽视普通学生的需要，工作困难重重。下面两则案例直观地展示了特教助理教师面临的问题及巡回指导教师介入的过程。

【案例 3-5-1】

窗台风波

2016 年 9 月 2 日，特教助理教师刚刚介入的第二天就出现了问题，学校联系家长要求签署安全协议，原因是学生课下爬到了窗台上，特教助理教师没有及时制止，存在安全隐患。学校希望特教助理教师能够时刻抓住学生的手，不让他有爬窗台的机会。巡回指导教师紧急介入，了解事件的全过程。原来特教助理教师希望能观察这一爬窗台行为的原因及结果，了解他爬窗台行为的目的，但是忽略了普通班级环境中可能会出现的同伴模仿。对于此类存在安全隐患的行为要在发现苗头后立马制止。但是，也不能要求特教助理教师在辅助过程中每时每刻抓住学生的手，以此来作为减少安全隐患的方式。特教助理教师首先需要的是与学生建立起关系，让学生能够听从特教助理教师的指令。

【案例 3-5-2】

同伴危机

特教助理教师工作第一周，在班级里面找了一个同学充当助学伙伴，由助学伙伴对助教学生提供部分的指导，如在老师提醒翻书的时候，助学伙伴观察一下特殊学生是否翻到了相应的页码，如果没有翻到，给予提醒。第二周，助学伙伴的家长找到班主任，希望不要让孩子做特殊学生的助学伙伴，这个孩子自己的作业不完成，总想着去"管"特殊学生是否完成了相应的任务。由此，巡回指导教师对特教助理教师就什么样的学生可以承担助学伙伴进行了专门的指导，只有能够管理好自己学习和行为的学生才有可能成为特殊学生的助学伙伴。

第一则案例中提到的特教助理教师，在刚开始介入的时候，学校因特教助理教师不抓紧学生的手而对其工作产生怀疑。在介入进行到第二个月的时候，学校开始邀请特教助理教师为其他教师提供学生行为问题指导。同年级其他班级也有一名自闭症学生，学校也建议该学生的家长为学生安排一名特教助理教师。第二则案例中的特教助理教师最初想通过同伴助学的方式帮助特殊学生更好地参与融合，但效果却"事与愿违"，还引起助学伙伴家长的不满，在巡回指导教师的帮助下，特教助理教师对助学伙伴的选取有了深刻的了解。

在第一阶段试点的过程中，海淀特教中心进行了"大胆的尝试"，主要采用对特教助理教师在实践过程中加强指导的方式。特教助理教师在入校后需要较长时间的"磨合期"，对普通教育环境适应困难。这表明对特教助理教师的培养仍旧缺乏全面性与系统性，尤其忽视关于普通教育环境对特教助理教师的要求与规范的培训。经过一年的试点，4 名特教助理教师的工作取得了家长及学校的高度认可，家长希望特教助理教师能够一直为孩子提供助教服务。

（二）第二阶段试点（2017 年 8 月至今）：无畏的探索

2017 年 8 月，在前一期试点的基础上，为了后续特教助理教师能够更好地为学生提供助教服务，海淀特教中心对 10 名特教助理教师开展了为期一周的特教助理教师培训活动。此次培训采取的是岗位实践和集中培训相结合的方式，上午进行教学实践，特教助理教师在团体教学活动中对学生进行"一对一"支持；下午集中培训，培训课程涉及区域融合教育政策、学生行为干预策略、以往特教助理教师工作经验、特教助理教师规范等。9月份学生开学后，10 名特教助理教师进入普通班级开始"一对一"支持工作。这 10 名教师中有 9 人都是第一次做特教助理教师工作，除了岗前培训，实践经验缺失。为了帮助他们更好地适应岗位，中心安排巡回指导教师定期前往学校开展指导。与第一阶段相比，该阶段增强了巡回指导的频率并增加了时间。同时，每周五下午，所有特教助理教师回到特教中心开展专题教研。尽管该阶段增加了集中培训的环节并提高了专业指导的强度，但是特教助理教师面对棘手个案时仍旧面临诸多困难。

【案例 3-5-3】

我要换一个学生

9月3日，正式开学后的第三天，特教助理教师给我打电话。当时我隐隐感觉到不安，这名特教助理教师和她的学生一直是我关注的重点，不知道她能否"搞得定"这个学生。果然，特教助理教师在电话中哭着说："王老师，能不能给我换一个学生，我被×××打了。"这个学生的情况我很了解，当时，我安慰了她并告诉她下次需要注意的是提前预防，同时当学生攻击行为发生时必须要严厉地警告。挂了电话，我就联系了学校的资源教师和家长，让资源教师提供支持，安排合适的场地，在必要时可以将学生带至此处冷静，让家长在家庭中进行必要的预防，告诉他不管他高兴还是不高兴这个特教助理教师会一直在学校，如果他在学校打人，那么回家他就不能够玩游戏。这名特教助理教师的"问题"并没有因为我这一次的处理就解决了，接下来的一个月，每周五教研活动她都愁眉苦脸，有一次还给我发过一张被学生踩后红肿的脚背的照片。在这一个月时间内，我也安排了另一个特教助理教师协助她开展工作，帮助她处理学生的行为问题。终于，转折点在10月出现了，国庆节后特教助理教师告诉我，学生不"打"她了，至今我们也没有明白这个质变的过程是如何发生的。当学期末个案研讨时，特教助理教师把一学期处理的问题及取得的效果跟家长进行了反馈，她在介绍的时候，神采奕奕，呈现的是满满的成就感与自信心。

在该阶段的试点中，海淀特教中心进行了更多的探索，学校对特教助理教师的工作有了更多的了解，学校更多地参与到对特教助理教师的支持中，例如资源教师的支持、场地的支持等。尽管如此，特教助理教师在面对学生严重的行为问题时，仍旧缺乏有效的策略并且存在逃避的心理。巡回指导教师针对其面临的问题，一方面提供具体的"招数"，例如提前预防、及时警告等，另一方面协调学校与家长提供支持，并派出另一位特教助理教师提供协助，帮助特教助理教师化解困境。经过一个学期的探索，该名特教助理教师在个案研讨时，呈现了支持的特殊学生所取得的显著成效，特教助理教师自己也获得了明显的进步。

四、特教助理教师考核

海淀区对特教助理教师的考核评价，采用过程性评价与终结性评价相结合的方法。过程性评价强调多元主体、多项内容与多种方式相结合；终结性评价是在学期末由考核评价小组对特教助理教师进行的统一考核。

（一）特教助理教师的过程性评价

过程性评价是通过家长满意度、班主任反馈、案例撰写、个案研讨会、教研参与、培训学习、工作记录、考勤记录等方面进行非正式综合评价，分为优、良、合格、不合格四个等级（如表 3-5-2 所示）。

表 3-5-2　特教助理教师等级评价

评价指标	等级			
	优	良	合格	不合格
家长满意度				
班主任反馈				
案例撰写				
个案研讨会				
教研参与				
培训学习				
工作记录				
考勤记录				

对特教助理教师的过程性评价是由家长、班主任教师、特教助理教师自评等多元主体参与完成的。过程性评价的资料包括特教助理教师撰写的案例、培训学习的记录、工作记录等。家长满意度是了解特殊学生家长对特教助理教师一学期工作效果的重要衡量指标，因为家长能够较敏感地体验到学生的发展变化。海淀特教中心自编《特教助理教师入校工作反馈表》（详见附件 3-4），了解学校班主任教师对特教助理教师工作的认可程度。此外，特教助理教师通过一学期的工作，需要形成关于特殊学生发展变化的完整案例。这要求特教助理教师在实际工作中勤思考、多总结，具备钻研意识，抓住学生学校生活中遇到的最大困难和亟待解决的问题，通过与家长、随班就读教师、资源教师、巡回指导教师等多方沟通，制定合适的解决方案，实施干预并进行过程追踪，总结解决的策略，形成完整的案例报告，并作为考核评价的依据。

（二）特教助理教师的终结性评价

海淀特教中心于每学期末依据《海淀区特教助理教师工作考核表》（详见附件 3-5）进行正式考核，由特教中心的考评小组对特教助理教师的工作进行评分，考核内容涵盖职业伦理、专业态度、专业能力等方面（如图 3-5-3所示）。

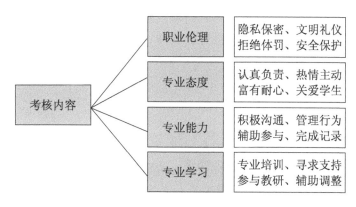

图 3-5-3 特教助理教师考核内容

1. 职业伦理

对特教助理教师的考核过程中，职业伦理是首要考查的因素，评价内容包括特教助理教师是否保护学生及其家长的隐私。例如，特教助理教师不得将学生肖像照片与视频等外传；不得在辅助支持学生过程中出现体罚的情况，出现一次则处以考核不合格处理。此外，还考核特教助理教师在学校中着装是否得体、言谈是否文明，是否符合普通学校的规范。

2. 专业态度

专业态度考核的主要是特教助理教师对其本职工作及特殊学生所持有的态度。考核的内容包括特教助理教师是否对工作认真负责，例如，认真完成特教中心要求的工作；能够热情主动地帮助学生、关爱学生，真诚地为学生提供帮助与支持。此外，还会评价特教助理教师是否耐心辅导学生参与课堂学习。

3. 专业能力

专业能力是对特教助理教师进行考核的主要方面，所占比重最高，也是最能体现特教助理教师专业性与辅助成效的指标。专业能力的考核内容包括特教助理教师是否与家长、教师积极沟通反馈特殊学生的在校表现，是否协助随班就读教师处理学生面临的危机行为问题并取得良好效果，是否帮助特殊学生营造积极的融合氛围与建立和谐的人际关系，并辅助学生课堂上举手回答问题或完成教师布置的任务等。

4. 专业学习

专业学习是对特教助理教师考核的重要内容。对专业学习的考核便于督促特教助理教师通过多种途径进行自我提升，是激发其内驱力的重要方式。专业学习考核的内容包括特教助理教师自主阅读专业书籍、参加相关专业培训、主动寻求巡回指导教师的支持、参与研讨活动、调整辅助策略等情况。

五、特教助理教师培养成效

特教助理教师的培养在国内虽属创新，但却架构完整、内容全面，对特教助理教师的定位与培养目标明确，培养内容系统，培养方式多元，注重多种方式的考核。特教助理教师培养成效卓著，学生参与融合效果良好，家长与教师的满意度高，并给予高度评价。

（一）教师满意度调查结果

海淀特教中心使用《特教助理教师满意度调查问卷（家长版）》和《特教助理教师满意度调查问卷（教师版）》（见附件 3-6）对配有特教助理教师的 11 名自闭症学生的 67 名普通学校教师，进行问卷调查，旨在了解特教助理教师在普通学校发挥的作用，以及在辅助特殊学生过程中取得的成效。所调查的教师中，资源教师 4 名、班主任教师 12 名、任课教师 51 名。调查结果包括特殊学生进步情况、特教助理教师的作用，以及教师对特教助理教师的建议等方面。

1. 特殊学生进步情况

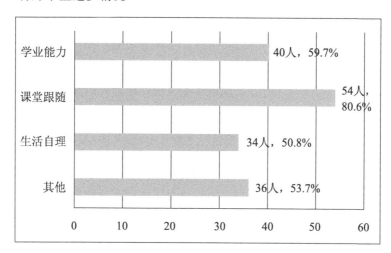

图 3-5-4　特殊学生进步情况统计图（教师版）

所有接受调查的教师认为学生有进步的有 67 人（100％）。其中有 34 人认为学生在生活自理方面有明显进步（50.8％），54 人认为学生课堂跟随有进步（80.6％），40 人认为学生在学业能力上有进步（59.7％）。认为在其他方面有进步的有 36 人（53.7％），包括安静就座时间增加、有意识管理情绪、课堂秩序好转。这说明在特教助理教师的辅助下，学生参与课堂学习的可能性明显增大。

2. 特教助理教师的作用

表 3-5-3　特教助理教师在学校融合教育中的作用（教师版）

项目	人数	百分比（％）
主要保障学生的安全即可	50	74.63
辅助学生完成在校期间的教育教学活动	34	50.8
协助资源教师做好学生的补救教学工作	21	31.34
协助任课教师维持班级教学秩序	20	29.85
帮助学生提高自我管理能力	15	22.39

续表

项目	人数	百分比（%）
对学生的情绪行为问题进行干预	15	22.39
能够为班级教师提供特殊教育策略和方法	15	22.39
协助班主任做好班级管理工作	10	14.93
协助班级教师做好家长的沟通	5	7.5

所调查的教师认为特教助理教师作用依次排序如下：主要保障学生的安全即可的有 50 人（74.63%），辅助学生完成在校期间的教育教学活动的有 34 人（50.8%），认为协助资源教师做好学生的补救教学工作的有 21 人（31.34%），认为协助任课教师维持班级教学秩序的有 20 人（29.85%），帮助学生提高自我管理能力、对学生的情绪行为问题进行干预、能够为班级教师提供特殊教育策略和方法均为 15 人（22.39%），认为协助班主任做好班级管理工作的有 10 人（14.93%）。数据显示，教师认为特教助理教师在普通学校的主要作用是确保学生的安全，并辅助学生参与学校教育教学活动，必要时协助教师开展补救教学、班级管理、行为干预等工作。

3. 对特教助理教师的建议

教师认为特教助理教师应该多与学生任课教师交流的有 35 人（52.24%），认为特教助理教师应注重提升专业技能的有 10 人（14.93%），有其他建议的有 20 人（29.85%），包括担心学生对特教助理教师过于依赖、要关注和疏导学生心理等问题。

表 3-5-4　教师对特教助理教师工作的建议

建议	人数	百分比（%）
多与学生任课教师交流	35	52.24
注重提升专业技能	10	14.93
其他	20	29.85

4. 教师的访谈结果

丫丫在刚开学时，上课总会自言自语、注意力不集中、不能按照老师的要求去做，上课时会蹲在地上或躺在地上，下课时也不能跟同学正常交往，虽然她内心也渴望有同学跟她一起玩，但是不能表达自己的想法，不知道怎么和别人交朋友。这学期给她配了特教助理老师，她进步特别大，每天进校门的时候都能主动跟老师、同学问好，上课时注意力集中时间有所增加，还能积极举手回答一些简单的问题，上语文课时能读一些课文、组一些词，上英语课时能跟同学一起做英语游戏，上体育课时能做一些体育游戏，参与到学习中。跟同学交往方面是丫丫进步最大的地方，下课后，她主动去找同学做游戏，跟同学打招呼，也能说出班里同学的名字。她认为班里这些同学都是她的好朋友，班里的同学也把她当作自己的好朋友。

——丫丫班主任

丫丫刚入学时不能遵守课堂纪律，也不能有效参与到各科的学习中。在特教助理教师的辅助下，班主任教师反映丫丫的进步十分明显。特教助理教师扮演了"助推者"的角色，对丫丫参与各科的学习都起到了很好的促进作用，例如丫丫在语文、英语、体育等科目上都取得了明显的进步。此外，在特教助理教师的支持下，丫丫在社交方面的进步尤为明显，从最初的不能与同学正常交往，到主动打招呼并和同伴积极做游戏，甚至还逐渐改变了班级同学对丫丫的看法。丫丫取得的进步都与特教助理教师的日常支持是密不可分的，班主任对特教助理教师的工作成效作出高度评价。

(二)家长满意度调查结果

海淀特教中心对配有特教助理教师的 11 名自闭症学生的家长进行问卷调查，目的在于了解家长对特教助理教师辅助支持学生效果的评价。调查结果包括特殊学生进步情况、特教助理教师支持辅助学生的作用，以及家长对特教助理教师的建议等方面。

1. 特殊学生的进步情况

家长认为学生进步明显的有 10 人(90.9%)。其中，8 人认为学生在生活自理方面有进步(72.7%)，7 人认为学生在提高自信方面有进步(63.6%)，6 人认为学生在学业能力上有进步(54.6%)，认为在其他方面有进步的有 6 人(54.6%)，包括有意识控制情绪、能疏解紧张情绪、哭闹频次减少、安静就座时间延长等。

2. 特教助理教师的作用

家长认为特教助理教师在融合教育学校的作用依次排序如下：辅助学生完成在校期间的教育教学活动(81.8%)，主要保障学生的安全即可(63.6%)，协助资源教师做好学生的补救教学工作(54.6%)，协助任课教师维持班级教学秩序(27.3%)，能够为学校及班级教师提供特殊教育策略和方法(18.2%)，协助班主任做好班级管理工作(9.1%)。调查表明，家长

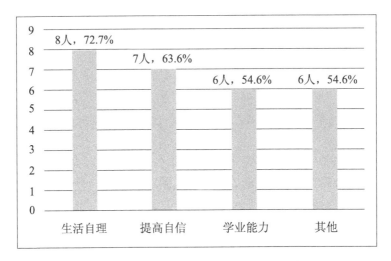

图 3-5-5 特殊学生进步情况统计图(家长版)

普遍认为特教助理教师的主要作用是辅助学生参与学校教育教学活动,并保障学生的在校安全。

表 3-5-5 特教助理教师在学校融合教育中的作用(教师版)

项目	人数	百分比(%)
辅助学生完成在校期间的教育教学活动	9	81.8
主要保障学生的安全即可	7	63.6
协助资源教师做好学生的补救教学工作	6	54.6
协助任课教师维持班级教学秩序	3	27.3
能够为学校及班级教师提供特殊教育策略和方法	2	18.2
协助班主任做好班级管理工作	1	9.1

3. 对特教助理教师的建议

表 3-5-6 家长对特教助理教师的建议

建议	人数	百分比(%)
为家长提供家庭教育策略	6	54.6
多与教师和家长交流	5	45.5
注重提升专业技能	3	27.3

家长建议特教助理教师能为家长提供家庭教育策略的有 6 人(54.6％)，应该多与教师和家长交流的有 5 人(45.5％)，应注重提升专业技能的有 3 人(27.3％)。说明家长获得专业知识的途径较少，需要特教助理教师给予家长支持。

4. 家长的访谈结果

在学校这样的大环境里，老师在授课的同时不能给予孩子及时的关注和干预，这样无疑会使特殊学生原本存在的问题变得更加严重。于是这样的孩子特别需要特教助理教师。目前我们的特教助理教师已经陪伴我们一年半的时间，孩子的进步非常大。特教助理教师在开学初期就帮助孩子建立上课的规则，在遇到不适当的行为问题时会及时地进行干预，孩子的问题行为在不断减少。孩子一开始上学会没有自信，特教助理教师会鼓励他发言，鼓励他在其他同学面前发挥他的优势，比如爱干活就让他给大家分午餐、倒垃圾等，同时会暗示别的小朋友给他鼓励，久而久之孩子变得更加自信开朗。

——真真妈妈

有了特教助理教师的陪伴，学校的主课老师就不会感到那么大的压力，可以集中精力讲课、维持整体的课堂秩序。不仅如此，主课老师反倒可以在需要时分出一部分注意力给我们的孩子，给孩子特别的关照。在课堂上，每次六六有比较出色表现的时候，老师都会带领全班同学去鼓励她。这让孩子慢慢感受到什么是荣誉感，也能体会到老师同学对她的友善和关怀。

——六六妈妈

有特教助理教师，我们的焦虑真的少了很多，孩子干扰到小朋友的行为有特教助理教师及时矫正，我们心里的焦虑感真的大大降低了。特教助理教师对班主任的帮助也很大，当孩子有干扰到课堂正常秩序的行为时，有特教助理教师帮他及时矫正，老师也不会有压力，同学也不会受什么影响。对同学的关系而言，特教助理教师也起到很大作用，孩子平时要么没有互动，要么方式方法不合适，造成一些冲突和误解，特教助理教师起到很好的桥梁作用，引导学生采用正确的方式去互动，综合来讲，特教助理教师对我们孩子帮助特别大。

——动动爸爸

聆听家长的声音，更直观地了解到特教助理教师工作取得的成效，例如及时干预、分解压力、消解焦虑、搭建桥梁等。特教助理教师成为家长及教师的好帮手，成为满足学生需要的"及时雨"。特教助理教师一对一地支持特殊学生，当学生遇到行为问题时进行及时干预，减轻对普通课堂秩序造成的不利影响，减轻了教师的压力。同时，特教助理教师还可以促进学生社交能力的发展，增强学生的自信心，教授特殊学生在自然情境中与同学进行互动的方式、方法，提升社交技能，建立良好的同伴关系。此外，特教助理教师对学生的辅助让家长安心，降低了家长的焦虑感，分解了家长的压力。

六、特教助理教师培养反思

特教助理教师项目新、需求高、人数少、效果好。培养特教助理教师的过程却几经坎坷。一方面特教助理教师缺乏归属感，流动性比较大，缺乏稳定性；另一方面，家长需要承担特教助理教师的费用，面临较大压力。在特教助理教师培养上仍旧需要进一步探索，主要体现在如下两方面。

（一）特教助理教师的供给与需求失衡

由于特教助理教师在辅助支持特殊学生参与融合教育方面发挥重要作用，很多自闭症学生家庭都对特教助理教师提出需求。尽管需要特教助理教师的家庭很多，但真正从事特教助理教师工作的人数并不多，培养的特教助理教师经常供不应求，家长提出需求后等待期较长，需求无法得到满足。一方面，当前特教助理教师在国内才刚刚起步，特教助理教师的身份未能得到"正名"，尚未形成职业化的态势，且特教助理教师工资低、压力大、不稳定，了解该领域的人员较少，加入该行列的少之又少，特教助理教师招募困难。另一方面，家长要承担高额的聘请特教助理教师的费用，这一领域缺乏政府的介入与支持，家庭压力巨大，这也制约了特教助理教师行业的发展。加之，特教助理教师多由民间机构培养，培养的人数有限。所有这些都致使当前特教助理教师供需矛盾突出，成为融合教育发展面临的新问题。为缩小家庭需要与特教助理教师供给之间的鸿沟，需要增加政府力量的介入，一方面扩大社会宣传，增加高等特殊教育院校或相关师范院校师生对特教助理教师岗位的了解，增加特教助理教师的来源；另一方面，政府增加对特教助理教师领域的投入力度，为特殊学生家长"减负"，使特教助理教师成为家长的帮手。

（二）特教助理教师的管理需要进一步规范

特教助理教师之所以没有形成职业化的态势，一个重要原因是缺乏管理规范，普遍而言没有专门的部门进行管理。海淀特教中心探索将特教助理教师作为融合教育教师团队的重要成员，进行系统的培训与指导，并不断完善对特教助理教师的管理，在国内做出了创新性尝试。规范对特教助理教师的管理，目标在于使该行业更加正规化，消解当前市场上特教助理教师质量参差不齐与管理混乱的问题，增强特教助理教师的归属感与自我价值感，从而促进特教助理教师为特殊学生提供更加优质的辅助支持服务。对特教助理教师管理需要从招聘、培训、资格认证、入校、考核、晋级等多个方面予以规范，架构全方位、全过程的管理体系。特教助理教师的招聘需要途径多元化、正规化，优先选择在专科及以上的师范类院校招聘应届毕业生担任特教助理教师，他们接受新知识比较快，对工作更加充满热情；也可以选择通过社会招聘的方式，但需要对其学历、工作经历、综合素质、身心健康等方面予以审核。海淀特教中心对招聘的特教助理教师采用多种形式进行统一的入职培训，并对培训的效果进行考核与监督，考核合格的特教助理教师可以获得海淀区特教助理教师资格证书，这是他们从事特教助理教师相关工作的证明与敲门砖，也有利于增加他们对特教助理教师职业的认同感与归属感。获得资格认证的特教助理教师可以入校，需要由特教中心协调入校事宜。由于当前中小学校园安全问题备受瞩目，部分学校对特教助理教师的工作缺乏认识与支持，为此更需要完善入校制度，强调特教助理教师对于学校的辅助作用，确保特教助理教师自身的健康与安全问题。当特教助理教师一学期的工作结束时，特教中心需要对其进行综合考核。考核结果与特教助理教师的等级评定、待遇相关联，从而加强对特教助理教师的管理。

第四章 融合教育教师团队建设案例分析

融合教育是一项系统工程，需要不同角色融合教育教师分别发挥自身的优势，共同参与、通力合作。学生的教育问题具有复杂性，特殊学生的教育问题更加复杂，"一视同仁"的教育根本无法满足学生的差异化需求。因此，普通学校随班就读教师在面对特殊学生时，需要得到具有特殊教育专业背景教师的支持，与资源教师、特教助理教师、巡回指导教师和行为指导教师进行合作。例如，资源教师或巡回指导教师入班观察，筛查出有特殊需要的学生，为随班就读教师提供建议。特教助理教师加强与随班就读教师的沟通，了解课堂教学目标与内容，更好地帮助所支持的学生参与集体学习。当面临冲突情景，或者是对特殊学生进行教育安置或制定个别化教育计划时，需要融合教育教师团队的全员合作，从而共同化解问题，为特殊学生提供优质的支持与教育。

第一节 融合教育环境中教师合作案例

一、随班就读教师与资源教师合作案例

资源教师在给学生提供特殊教育支持的同时，应积极向随班就读教师反馈情况，并且充分了解学生的近况。只有资源教师与随班就读教师均充分了解学生的情况下，才能共同商讨出合理的教育要求与策略，并且保持教育要求与策略的一致性。当随班就读教师面临学生的特殊教育需要不知所措时，可及时向资源教师提出支持需求，由资源教师对学生个案进行初步的教育评估，由资源教师和随班就读教师共同协商为学生制定个别化教育计划，针对性地满足学生的特殊需要。

【案例 4-1-1】

挖掘优势促发展

小聪(化名)，男，9 岁，某普通小学三年级学生，智商正常。在学校表现为注意力不集中，难以安静上课超过 5 分钟；缺乏规则纪律意识，上课随意下座位并在教室里"游荡"，上课随意打断老师讲话，随意与同学说话；情绪急躁、易冲动、经常从窗台上跳下来，几乎每天都会打人或骂人。

随班就读班主任将该生介绍到我(资源教师)处，我为该生进行了 Achenlach 儿童行为测试量表(Child Behavior Checklist，CBCL)评估，结果显示该生存在注意力缺乏、多动、攻击、情绪行为障碍等问题。我与随班就读教师、特教助理教师对收集的资料和各自观察的情况进行会诊，商讨制定了《小聪个别化教育计划》，包括小聪在资源教室的课程计划、随班就读教师在班级中对小聪的行为干预计划。每天放学前我和随班就读教师要进行一次小会谈，每周利用教研的时间开展小聪干预教研。

此外，我还邀请了随班就读教师参与到小聪的资源教室训练课中。例如，在角色扮演课程上，我邀请了助学伙伴俊俊(化名)、随班就读教师和特教助理教师参加。此次课程根据小聪曾经最容易出现情绪问题行为的情境编写的剧本演绎。在教室中，五个人轮流进行各角色(小聪、俊俊、特教助理教师、资源教师、随班就读教师)的扮演，并适时进行强化。

经过两年半的努力，小聪的情绪稳定多了，问题行为也有了很大的改善，期末还得了"读书小状元"和"助人为乐好少年"的奖励。在语言表达方面，因为小聪语言表达能力较好，他还成为学校红领巾广播站的兼职播音员。在班级中，他也有了 4 个好朋友，常常在一起写作业、玩耍。暑假从新加坡回来，还给我和班主任带来了小礼物。

中国科学院附属玉泉小学　刘丽君

案例分析：

小聪是一名智商正常但注意力极其不集中的学生，这类学生一般是在入学后因为行为不受管束而引起教师注意的，常被归于"差生"一类。案例中的班主任在注意到小聪后，并没有简单地把他列入"差生"队伍，而是积极地寻求资源教师的帮助。资源教师接案后，也积极与任课教师和特教助理教师沟通，对小聪的行为进行评估并共同制定了教育干预计划。小聪的资源教室训练课，资源教师充分调动了小聪身边的资源，让助学伙伴、任课教师和助理教师都参与其中。这种合作一方面让资源教师更加全面地了解小聪，另一方面资源教师可以把行为干预技能传授给小聪身边的人，保持教育干预的一致性。资源教师在进行干预过程中，千万不能孤军奋战，只有取得随班就读教师的密切合作，才能将干预贯穿到整个教育学习活动中去，这样学生才能在真实的环境中得到正确行为的锻炼，逐步养成正确行为。

【案例 4-1-2】

改变从融入集体开始

2018 年 9 月新入学的学生中有一个特殊的学生，梁同学。课堂上梁同学只是静静地睁着大大的眼睛看着老师，透露着一点点的警惕与防备。偶尔面对提问时，很多时候是同学帮忙回答，自己只会点头、摇头或者"嗯"。对于陌生老师不理会，对于科任教师因为接触多才会按要求去做事。

为了更好地帮助梁同学，我寻求资源教师柴老师的帮助。我们最终达成一致的目标：首先从识字开始，学会最基本的查字典。柴老师还了解到，梁同学几乎没有独自外出购买过商品，小学的时候基本都是父母陪着。随即柴老师布置他独自购买新华字典的任务。于是柴老师借助家长会的机会，向家长了解需求，共同制定了家校联合学习规划。资源教师、班主任、家长三方共同约定，梁同学终极目标是独立生活，所以第一次的任务就是独自购买新华字典。同时让家长认识到一件看似很简单的事情，其实里面涉及与人的沟通交流、数学的计算、自己的选择等。或许是独自购买字典给自己带来了成就感，梁同学开始喜欢独立购买商品。

期中考试之后，发现梁同学已经能够熟悉班级同学的面孔，但是还不能叫出全部同学的名字。为了让梁同学能够更主动地融入班集体，让梁同学从认识班级同学开始，于是我再一次寻求柴老师的帮助。柴老师认为，可以通过形式多样的主题班会进行，比如自我介绍接力、猜猜我是谁、贴名条等游戏，让同学们互相熟悉，最主要的是让梁同学参与进来。班会之后，为了能让梁同学力所能及地为班级服务，我布置了梁同学发作业的任务。刚发作业时，全班同学都无比震惊，原本以为他并不知道同学的座位，没想到却一气呵成。

他有许多需要同学帮助的地方，而他也在一直不停地追着同学们的步伐，日复一日，月复一月，认真努力，始终如一。现在的梁同学每天上课还是静静地睁着大大的眼睛，课下更多的时候也是安静地在自己的座位上看着同学们，但是已不再有警惕与防备，而是面带笑容，与老师同学沟通也多了一份自信与自在。

北京市第 57 中上庄分校　朱星

案例分析：

这是以班主任视角呈现的一个案例，班主任发现问题积极寻求资源教师的帮助。与上一则案例相比较，此案例中虽然资源教师并没有直接提供干预训练支持，但是资源教师扮演了班主任的"合伙人"，为班主任工作提供了咨询服务。资源教师首先与家长取得联系，三方共同达成一致目标，再指导家长帮助学生学会独立购买字典。然后，资源教师积极帮助班主任出谋划策召开主题班会等。资源教师给了班主任一种力量，让班主任在面对特殊学生时能积极思考策略方法而不是一味地焦虑。资源教师帮助班主任积极面对学生，就是间接地帮助了特殊学生更好地融合。这种间接的帮助能更有效地促进班级融合，让特殊学生在真实的环境中提升能力，在班级中体会关爱。

【案例 4-1-3】

我们和牛牛一起幸福成长

每次大课间，首师附小的校园就变成欢腾的海洋。孩子们像快乐的小鱼儿，成群结队，嬉戏玩耍。还记得那条特殊的"小鱼"牛牛，自我陶醉地游走在校园的每一个地方，在斑斓的"鱼群"中穿梭，从来不和其他小鱼儿有交集。无论春夏秋冬，牛牛总喜欢撸起袖子在操场上奔跑，用胳膊感受不一样的温度。他会经过广播室，打开喇叭对全校师生"播音"；为了看餐车转动的轮子，多次跟随餐车进入老师正在用餐的食堂。他用自己的方式，在好奇心驱使下，"探究"过学校每个楼层和角落。

学期初的会议，班主任老师、各个学科的老师、资源教师、牛牛的妈妈都不曾缺席，我们一起交流找到了牛牛可以发展的潜能，达成共识：以社交技能为核心训练内容，同时提高他的语言表达能力、逻辑思维能力。我们有了明确的分工合作，班主任老师负责在班里创造良好的交流氛围，各学科老师结合学科特点为其制定可以学习的内容，资源教师负责给牛牛量身定做社交故事课，妈妈负责配合老师们一起完成任务。

在班里，牛牛被分到了合作四人小组里，小组的成员都是班主任精挑细选的优秀学生，他们都是学习好、善良、在社交能力方面有智慧的学生。在班主任老师的帮助下，小组成员慢慢地了解牛牛的不一样，懂得与牛牛相处的合适方式和禁忌，并在学习上帮助牛牛。最初，学校里的任何活动，小伙伴都拉着牛牛参加，牛牛刚开始不能接受，还闹过小情绪。在老师和同伴的体谅与细心指导下，他慢慢体会到这是和以往不太一样的生活方式，渐渐地接受了。

在学科老师的教学过程中，"小组合作"是牛牛参与课堂学习的重要形式，每次牛牛都会用自己洪亮的声音向大家介绍："大家好，我们是率真一组，我们汇报的主题是……我是牛牛。"每节课老师都让小组合作的同伴给牛牛讲可以学会的知识点。渐渐地，牛牛的快乐更多了。因为他融入了这片海洋，他不再是一条孤独的小鱼，而是一条开始和别人有交集，被同伴接纳和欣赏的快乐小鱼。

走进资源教室，这里便成了牛牛最好的休憩港湾和情绪出口。沙盘游戏、注意力训练、思维训练、社交故事训练、青春期心理健康，都是牛牛喜欢的课程。通过康复训练，牛牛可以做到安静听讲，注意力慢慢由无意注意向有意注意过渡。在社交故事的课程中，几个同伴和牛牛一起参与情境表演，牛牛掌握的同伴交流方式越来越多了。牛牛不再随意拥抱别的同学了，能和喜欢的女生用正确的方式打招呼，并用合适的语言进行交流了。

首都师范大学附属小学　郭新星

案例分析：

从这个案例中我们可以看到资源教师和随班就读教师之间的合作与分工。学期初召开个案研讨会时，需要资源教师号召班主任、任课教师、家长、特教专家一起参加会议。此时是资源教师与随班就读教师密切合作的关键时刻。资源教师要引导会议成员以发展学生为目标，给随班就读教师专业咨询，共同商讨达成共识，明确帮助学生的努力方向。而后，资源教师与随班就读教师便各司其职。班主任负责班级建设工作，例如成立"合作四人小组"、用心寻找小组伙伴、指导小伙伴助学策略等。任课教师发挥小组合作学习功能，在课堂上给特殊学生表现的机会，筛选出特殊学生能掌握的学习内容，并指导小组伙伴进行学习辅导。资源教师则主要进行"一对一"的个别化训练，帮助牛牛提升社交能力、注意力和疏导情绪等。"开小灶"式的资源教室训练，就是帮助牛牛在模拟的环境中习得技能，然后在真实环境中去践行技能。这样的模式需要资源教师和随班就读教师的密切联系合作，才能让牛牛的学习习惯保持一致。

二、特教助理教师与学校教师合作案例

在集体教学中，特殊学生需要接受随班就读教师和特教助理教师协同教学的支持服务。这种协作服务是变化的，与学生的能力水平及特教助理教师的专业技能水平直接相关。特教助理教师对学生参与课堂学习、培养社交技能及管理情绪行为发挥重要的支持作用。特教助理教师的工作需要与班级教学保持一致，只有与学校教师协同合作，才能有效促进学生融合。

【案例 4-1-4】

从挑战到共赢

笑笑(化名)，男，8岁，诊断为自闭症谱系障碍，目前就读于某小学二年级，实际入学年龄比同龄学生晚一年。笑笑进入班集体的挑战是无常规意识的，表现为随意离开座位、拍桌子、晃动座椅、发出无意义笑声且持续时间较长(不干预时会持续30分钟左右)，有时甚至会随意拿起教鞭挥舞……

担任该生特教助理教师的前期，我根据事先对学生行为表现的了解，寸步不离地挨着学生，以便及时发现并制止或引导学生的行为问题、疏导情绪问题，以免扰乱课堂秩序。我要深入观察了解学生，与学生建立和谐的师生关系，更具体地说是培养学生听从指令并执行的能力，这是特教助理教师开展工作的基础，也有助于更好地制定与实施辅助策略。例如，笑笑随意离座这一行为，经过分析发现产生的原因是为了逃避课堂，或由于学生本体觉失调而产生的自我刺激的需求。因此，对于学生逃避课堂而离座的情况，一方面采取降低目标的方法，给学生设定的目标是能保持坐在座位上5分钟，当学生有离座迹象时立即制止，同时及时强化学生的正向行为。另一方面则是在进入班级前先让学生进入资源教室，进行本体觉游戏活动，满足其自我刺激的需求。三周后，学生明白随意离座的行为是不被允许也无法得逞的，在目标时间内学生离座行为基本不再出现。

为了能使笑笑参与课堂教学，我依据他的能力现状，将任课教师的指令细化传达给学生，如教师说："打开课本35页做第二题"，我则在一旁轻

声(不影响班级其他学生)提示:"拿笔、橡皮——拿出书——翻到第 35 页——找第二题——做题。"同时在资源教室训练学生听指令将书翻至指定页码的能力,根据学生的表现及进步情况,逐渐简化辅助的言语:"书——35——第二题",直至学生能独立执行教师的指令。

笑笑在社交方面存在一些障碍,由于理解能力及语言发展不足导致不能与同学进行正常的交往。于是,我会故意藏起笑笑的橡皮,引导他向同学借橡皮。笑笑会不停地逼问:"橡皮在哪里?"数次后,笑笑会说"丢了"或"找不到了"。此时,我会引导笑笑说出"向同学借"的语言并辅助他执行完成。

担任特教助理教师后,我每天认真记录学生的在校表现并及时反馈给家长,还要与教师、家长沟通,共同商讨出适合学生的教育方法。如今,笑笑的自控能力得到了良好的发展,不再出现随意离开座位、拍桌子等破坏班级秩序的行为。他也能够主动参与部分课堂任务(如听写等),能够帮助同学做一些力所能及的事,与熟悉的同学之间有了短暂的目光对视。我也从最初的寸步不离变为撤离到教室外面观察。

北京市海淀区特殊教育研究与指导中心　杨晓宗

案例分析:

当学生具有随意离座、扰乱课堂秩序等问题行为时,任课教师往往无法兼顾全班教学和个别化管理,这就需要特教助理教师的合作。特教助理教师辅助任课教师的第一步,就是培养学生的课堂常规能力。特教助理教师可以利用特殊行为管理的策略方法,在实际情景中强化学生被期待的行为,矫正不被期待的行为,例如,有效处理常见的离座和大声喊叫等不良行为。在学生能安坐后,特教助理教师还需要配合任课教师的教学内容,辅助特殊学生参与课堂学习,例如案例中的语言提示,或者采用视觉提示的方式。特教助理教师与学校教师、家长的密切沟通联系,是非常重要的一个环节。每天都需要把学生的进步与问题进行反馈,才有助于适时调整教学策略。可以说,特教助理教师就是学校教师的另一只手,密切的合作能有效减轻任课教师的压力,同时对学生的辅导也更有针对性。当然,特教助理教师的辅助只是融合过程中的一个阶段,是需要随着学生能力的提升而逐渐撤除的。

【案例 4-1-5】

心手相牵 共同参与

六六(化名)，最喜欢的是数学课，掌握课堂上的知识点总是很快，但是也很快会让她觉得无聊，所以当老师要求同学们开始做笔记、做重复的练习时，六六会有大声说话、随意离开座位等行为。任课老师针对这些行为曾多次提示，但都没有得到改善，反而使她的行为问题越来越多。在课堂上，六六很喜欢发言，刚开始还会举手等待老师点名，但是当老师叫其他同学回答问题时，六六会有不满的情绪，会出现大声说话、发出怪声的行为，任课老师批评后会出现离开座位现象，已经影响到其他同学。

特教助理教师与数学老师详细沟通个案情况，降低对个案的目标要求。特教助理教师与任课教师的目标要保持一致性，对个案的目标要求要明确，确定好现阶段目标，制定行为契约与个案达成一致性。特教助理教师与任课教师采取的策略有：

1. 建议任课教师多关注个案好的行为，并给予鼓励和口头表扬(比如在个案安静的时候及时鼓励和强化)。这可以很好地及时阻止不好的行为发生。

2. 多安排在教室里走动的活动(比如给同学分发作业本、教具、到黑板上做题目演示给大家或者协助老师开多媒体等)给学生。任课教师主动安排个案走动的活动，用正向的行为淡化不好的行为。

3. 在提示时还应注意对个案的提示语言要简短、明确、语气平和。六六能够感受到老师是尊重她的，是在征求她的意见。所以即使不好的行为出现，也都是按照大家协商好的规则来要求的，应该遵守和接受。

4. 辅助任课教师布置任务时，事先让她知道应该做什么、什么事情可能会发生、遇到不会的题目怎么办。

5. 布置作业突出重点信息会更加有利于学生学习和完成。比如书写时，作业纸也需要重新调整，每一页的作业纸上的问题越少，给她写答案的地方越大、越醒目，学生就更有可能完成，更有利于按照说明来做。例如，数学老师给大家布置的课堂任务包括 20 道题目的作业，所有问题都写在一张纸上，那么针对六六的情况，我们可以安排将 20 道题目分别写在四张纸上，这更有利于学生顺利完成。

经过与任课教师的合作干预，六六数学课上的问题行为在减少。在课堂上，数学老师会多方面给予六六正向行为的关注度。六六得到肯定，情绪也得到改善，正向行为在不断增多，也能够接受任课教师的提示，遵守制定好的规则。课上当别人回答问题时，六六还是会小声抱怨，但是不会影响到其他同学了。她会经常说："是啊，也有其他同学没有被叫到。"她在渐渐融入集体课堂，将关注度从自己身上转移到别的同伴当中，在老师的引导下，尽量为班集体做自己力所能及的事情。

北京市海淀区特殊教育研究与指导中心　王咏溪

案例分析：

特教助理教师除了扮演任课教师的辅助角色，还可以起到专业指导的作用，充分利用其掌握的特殊教育教学方法。案例中的特教助理教师取得了任课教师的信任，共同制定了针对六六的教学和管理策略。从行为管理、言语提示和作业调整多个方面进行改变，从而帮助六六学会了自我管理和完成任务。在这个案例中，特教助理教师用自己的专业知识，帮助任课教师制定管理方案，不仅解决了任课教师的教学管理难题，而且帮助了六六进步，是双赢。所以，特教助理教师不能把自己局限在"助理"角色之中，而要发挥自己的"特教"专长，合作解决问题也是一种辅助的方式。

【案例 4-1-6】

有效沟通　同步支持

某普通小学三年级的小德，是一名随班就读的自闭症学生，小德的注意力、语言理解和表达能力等非常差，从小学入学开始就配有特教助理教师进行辅导。但是随着学业内容的加深，小德对于学科知识的理解和掌握程度明显低于班级同学，课堂问题行为常常出现。所以针对学生的实际情况和能力水平，我对学生制定了短期目标和长期目标。围绕学生发展，我和学校教师从不同方面进行合作，共同帮助学生发展。

班级生活方面，由于学生情况特殊，班主任会对学生进行特别照顾。当小组分配任务的时候，以往通常不会给学生安排任何任务。后来，我和班主任、学生所在小组组长进行沟通，尽量尝试着给学生安排可以完成的任务。例如，鼓励学生积极参与打扫班级卫生的工作，在吃完饭后完成收桶、收小垫子、清洁地面的任务，分配倒垃圾桶的工作等。刚开始的时候学生动作会很慢，而且常常会在劳动的时候，突然跑去动别的东西或者跑掉了。后来，在同学提醒和特教助理教师的帮助下，学生大多数的时候可以认真完成任务。通过积极参与班级分配的劳动任务，增加了学生在小组和班级中的存在感，锻炼了学生劳动的能力。

学业发展方面，以语文为例，学生上课无法完整读下来一篇课文（古诗和诗歌除外），对于文章内容的理解更是困难。语文教师课堂讲解课文大意的时候，学生常常看向窗外。不过学生识字量还可以，能独立拼读学过的词语，能够独立完成简单的组词，书写模仿较好。根据学生能力情况，我与语文教师进行沟通和商量，学生课堂学习以词语认知和书写为主，课后进行练习。后来，当语文教师听写词语的时候，学生可以独立跟从老师和同学进度，有一次还全部听写正确，得到了语文老师的当众表扬。虽然课本上的词汇有很多学生是不理解的，但是在学校生活中，学生遇到自己感兴趣的字词会主动寻求特教助理教师的帮助，询问字词如何书写，练习简单的句子表达。

北京市海淀区特殊教育研究与指导中心　束丽菲

案例分析：

案例中特教助理教师在发现学生问题后，能积极地和班主任进行沟通。有的班主任确实能发现学生问题，但不知道应该采取什么样的解决方案。特教助理教师因长时间和特殊学生单独相处，对学生的观察更胜于班主任，往往可以提出更适合学生发展的建议。案例中特教助理教师观察发现，班主任出于对特殊学生的照顾不分配任何任务，让学生无所事事和无归属感而产生问题行为。特教助理教师建议班主任给学生分配劳动任务，从而帮助学生建立了归属感。特教助理教师还帮助语文教师为特殊学生制定了个别化的学习目标和内容，帮助特殊学生在学业上获得成就感，从而激发学习的兴趣。特教助理教师能够近距离接触学生，比起随班就读教师而言，更容易发现学生的优点和缺点，也更容易明确学生的学习目标、内容和方法。如果特教助理教师不与任课教师积极沟通，任课教师往往就忽略了对特殊学生的个别化教学。那么特教助理教师存在的价值，就仅仅局限于"陪"，而非"助"。

【4-1-7】

共同呵护落在我们掌心的那双小手

爱而不骄——走进学生心

有一天上语文课前的课间，有一个女孩跟小 A 来了个拥抱，小 A 吓得直接叫："郑玥，你快来！"我赶紧跑过去，关切地问："怎么了？"他说："有个小霸王欺负我，郑老师……"说着，就使劲儿拉着我的手要带我去，我不禁想起来儿子也是这样常常拉着我的手，非得一起要去探究竟。跟他一起去会会"小霸王"，发现原来是一个女孩子想跟他一起玩。我跟他说："她想和你一起玩，所以会拥抱你一下，不信你问她。"他便没有再说什么，就笑着走开了，他笑得很灿烂，很迷人。

自此以后，他每天清晨都能够自己独立进班，并且都会主动跟我打招呼。他跟学生能够一起玩耍，他周末会约小伙伴一起外出郊游，一起攀爬嬉戏。在学校不会再有开学初的大声哭泣和歇斯底里。

严而不苛——与学生同步

"丁零零……"开始上语文课啦，我正在津津有味地给学生讲着端午节的来历，小 A 却大喊大叫，我一个眼神看过去他没有反应。特教助理教师见状马上提醒他，他反而越来越大声："不行！不行！"全班同学把目光投向他，但是他没有任何意识。当他出现第二次声音的时候，我温柔而坚定地说："小 A，安静！"简短而明确的命令最有力，他一下子就用右手捂住他的嘴巴，坐姿端正地听课。

做操时，小 A 会在队伍后小声说："我有点渴。"特教助理教师提示学生："嘘！"小 A 安静后，特教助理教师向后撤离，与学生的距离拉开两米。五分钟后学生持续说第二次："我有点渴，想要喝水"，声音持续渐强，我提示小 A 安静，不能说话，他没有回应，闭上了嘴巴。尽管他还不会做操，但是已经能够安静站着了。

松而有度——教学相长也

经过学习资源教师课程与培训，对于自闭症谱系障碍的学生我们有科学的教育方法，该生对于班主任的指令有回应，我通过每日记录卡与家长进行沟通，特教助理教师通过强化物的方式对学生进行鼓励。语文课上，我正在给学生讲《端午节》，班级学生记录课堂笔记，小 A 听到指令后没有记笔记（描红写生字：之、玉、青等，词语：上下、玉米、玉石）。特教助理教师会再次给学生发出指令，让学生在课本上记词语或生字，学生注意力不在课上，持续看向窗外或趴在桌子上，特教助理教师提示多次无效。我看到后介入并再次发出指令，学生做出回应，并进行记录，该生能够进行书写，并在特教助理教师的帮助下注意"之"的笔画的书写，该生能够完成课堂教学任务。

耐心陪伴与精心呵护后，便是指引他前进。随着与特教助理教师沟通的增多，我和小 A 彼此有了深入的了解，小 A 每天都会告诉我其他课上的相关内容，比如：蝎子的英文怎么说，食堂做饭不能带手机因为太危险了等内容。小 A 最初在课堂上的歇斯底里的大喊大叫的情况也慢慢消失不见。多么可爱的孩子！多么善良的少年！我愿意陪着他走过小学的六年，也愿意陪着他一起快乐地成长！

中国农业科学院附属小学　郑玥

案例分析：

班主任教师从自己的视角观察到特教助理教师在参与小 A 班级学习过程中发挥重要的作用。小 A 最初开学时出现歇斯底里的哭泣和吵闹，班主任教师逐步走近小 A、理解小 A，对小 A 提出明确的指令。特教助理教师进一步强化老师的指令，例如让学生保持安静。当课堂教学时，教师要求学生完成课堂笔记，特教助理教师根据随班就读教师的要求，对学生提出要求，并提供辅助。在随班就读教师和特教助理教师的共同呵护下，小 A 变得更加积极主动，与老师的关系和谐融洽，并主动分享自己在课上学习的内容，问题行为也明显减少。

三、主管领导与学校教师合作案例

在学校融合中，资源教师的工作离不开学校主管领导的支持，主要表现为以下几个方面。第一，学校主管领导需要给资源教师开展工作的权力、空间、机会和专业角色的认可，这是非常重要的一点，也是前提。如果学校主管领导不重视资源教师工作，给资源教师安排大量其他教学工作，或限制资源教师的工作权限，那么资源教师没有足够的精力与勇气去开展工作。第二，学校主管领导是资源教师与随班就读教师协同工作的协调者。资源教师在学校中没有行政职权，无权对随班就读教师提出工作要求。例如，在个别化教育计划制定与实施的工作中，就需要学校主管领导统筹安排，将特教专家、资源教师、随班就读教师与家长等集中起来，进行个案研讨并制定个别化教育计划。当资源教师与随班就读教师之间工作出现分歧或矛盾时，也需要学校主管领导及时出面协调解决。

【案例 4-1-8】

做教师的知心人与领路人

以情牵手，奠定合作的基石。作为学校融合教育主管的我时常穿梭在教室的各个地方，及时聆听、适时送上学校的感谢和祝福。在梳理和总结过往工作中，我对大家精诚合作所取得的成绩进行表彰；我努力在轻松和谐的氛围中进一步拉近资源教师与随班就读教师的心灵距离，促进他们相互理解、相互包容并相互信任。我们一起参加团建活动，一起走出校门，一起品茶，一起读书看报等，在轻松的活动中让他们互相关心各自的生活和工作情况。彼此能够以一种关切、接纳的态度关注对方，从而在情感上更加贴近，为深入合作奠定基石。

以能交心，优化合作的成效。"个别化计划怎么填写呀？""这样的孩子在课堂上发生了问题，我该怎么办？""小叶又和同学打起来了。""悦悦又抱人了，上课还不停发出怪笑。""刚刚又在上课时突然跑到讲台旁大叫了。""教育他们需要花费大量的精力，而且每天还提心吊胆，最终的进步又微乎其微。如果我总是在管理教育他，对别的孩子就是一种不公平，即便管理教育他，还是会时常影响他人学习，其他孩子和家长的怨气很大。""有时候我也试图寻找这些孩子的优点，但太难找了，每天的问题都焦头烂额。"时常有老师找到资源教师述说类似情况……资源教师也有苦恼，因为这些孩子不愿意离开资源教室，但是不能天天待在资源教室，老师应付不过来，另外这样也对他们的成长不利呀！

作为主管领导的我一段时间里感觉如履薄冰，每天在焦虑中面对各方渴求答案的眼睛。不能总是在低效的合作中，工作需要有突破。日子在思考和学习中流转，我们有了新的想法和行动，教师需要参加培训。我分类组织了资源教师和随班就读教师的各类培训。资源教师外出参加各类专业培训，掌握解决问题的专业方法。任课教师开展校内培训会，了解基本方法及合作方式，共同制定个别化教育计划并分工合作执行。例如，资源教师协助任课教师备课，设计随班就读学生的学习内容和注意事项，同时邀请资源教师进入课堂协助完成授课任务。培训让老师们知道因为差异导致特殊学生在行为及认知方式上与常人不同。我们不仅要有爱心，而且要掌握合适的方法，从而提升合作的成效。

以制促行，完善合作的通道。在学校工作中，每位孩子都是宝贝，每位教师都是财富。要尊重教师辛勤的工作与付出，让教师看到付出的收获，为他们疏通合作通道的各类障碍或交叉点，这是让资源教师和任课教师深度合作的前提。为此学校制定了各类制度，如入学前的教师衔接、学校考核评价中的倾斜、及时总结表彰等。让致力于融合教育的教师看到发展的前景，更加主动地思考教育和深度合作的问题。

现在我已经很少听到老师们的相互指责，更多的是学生和教师成长的惊喜。我不知道未来他们还会给我们带来哪些惊喜，但我知道他们的存在应该成为校园生活的必然，让我们感受生命的个性美，甚至产生积极的影响力。

北京市清河中学　邓丽萍

案例分析：

融合教育主管领导就是融合教育教师团队的领头羊，需要让资源教师和随班就读教师都认同融合教育的理念，团结起来攻破特殊学生的难关。现阶段融合教育的实施面临很多挑战和困难，教师们难免会有为难和排斥的心理。融合教育主管领导就需要发挥凝聚人心、加油鼓劲和提供支持的作用。案例中，融合教育主管领导通过正式和非正式的手段，用情谊来聚拢融合教育团队；用分类培养培训的方式，来提升教师队伍的专业技能和融合素养；用制度规范的形式，来平衡资源教师和任课教师之间的合作与分工；用考核倾斜和表彰鼓励的办法，来激励教师们看到融合教育工作的发展前景。融合教育主管领导对融合教育工作的态度，会直接影响学校老师对随班就读学生的态度。融合教育主管领导对融合教育工作的思考深度，决定学校融合教育向好发展的程度。融合教育主管领导对融合教育工作的执行力度，将最终影响随班就读学生接受在校教育的质量。

小结：

普通学校是融合教育的主要场所，应该充分发挥普通学校融合教育的内生性动力，增强校内融合教育教师的协同与合作。资源教师和特教助理教师作为校内具有特殊教育专业背景的教师，需要对随班就读教师提供关于特殊学生课堂教学、行为管理等方面的建议。当随班就读教师在教育特殊学生面临困难时，需要第一时间寻求校内专业人员的支持，从而针对性地对教学目标、教学内容、教学策略或班级管理进行适时的调整，"因材施教"，为特殊学生提供适性的教育。在当前我国普通中小学中，融合教育主管领导对于全校融合教育的发展起到引领性和导向性的作用，当主管领导了解并支持融合教育工作开展时，可以"联结"校内各科教师之间的"纽带"，"打破"校内壁垒，促进全校教师参与融合教育工作。

第二节 专业指导教师与学校教师合作案例

一、巡回指导教师与学校教师合作案例

巡回指导教师具有系统的特殊教育专业背景，负责为区域融合教育发展提供专业支持。当学校在融合教育发展过程中面临困境时，可由学校的融合教育主管领导或资源教师及时与区特教中心取得联系，区特教中心派出巡回指导教师进入学校对学生进行课堂观察，通过访谈教师了解学生的特殊需要，并针对性地为教师提出对学生行为管理、课堂教学调整、融合环境营造、辅助支持策略、资源教室运作等多方面的建议，从而引领学校融合教育的发展。

【案例 4-2-1】

小白的改变

小白(化名)，男，普通小学二年级学生。课堂中他经常发出"嗷嗷"的奇怪声音，随意离开座位，总想往教室外面跑。班里的同学回家向家长说起这事，家长联合向学校反映，认为该生严重影响其他同学学习，不适合在这里学习。学校资源教师也感到此事处理起来比较棘手，于是向区特教中心寻求帮助。

我作为介入此事的巡回指导教师，首先进入学校进行课堂与课间观察，发现该生曾打破课堂常规和学习习惯不好。与老师访谈得知，学生的成绩很差，不明白老师讲授的内容。于是，经过家长同意后，我为该生做了一个全面的认知评估和适应行为评估。该生的认知能力明显落后于同龄儿童，学习必备的基础能力也不足。这导致学生因听不懂而常扰乱课堂，注意力与精细动作能力欠缺也使其不愿意安静做作业。

有了全面评估后，中心协助学校召开了学生个案研讨会，为其制定个别化教育计划。最终决定第一个月，该生上午在特教中心进行基础能力的训练，下午回到学校跟随班级上课。在这一个月中，资源教师每周来两次特教中心观摩训练课。第二个月时，小白回到学校由资源教师进行半天的

基础能力训练，下午随班级上课。待学生初步建立课堂常规、能基本控制问题行为与情绪后，便全天跟随班级上课。当然，每周两次资源教室训练课依旧进行。

　　小白按照个别化教育计划的安置形式和训练内容开始了个别化的学习。在此期间，我每周会到小白学校巡回指导一次，了解小白在学校的近况。同时，指导资源教师的训练课教学，给班主任的教学与行为管理提供建议，并为家长提供家庭教育方面的咨询。学校还安排了一个小型教研培训会，邀请我给小白所有的任课教师进行一次教学与管理策略的培训。如今，小白的融合之路越来越顺畅了。

北京市海淀区特殊教育研究与指导中心　张俊贤

案例分析：

　　我国当前资源教师多为心理教师或其他学科教师通过培训转岗而来，当面对尤其棘手的特殊学生时，仍然倍感困难，甚至不知所措。案例中学生有严重的情绪行为问题，已经严重扰乱班级秩序，班级其他家长也提出了异议。学校资源教师处理困难时，特向特教中心寻求帮助。特教中心作为第三方单位，可以更为客观地提供评估和建议，也比较容易获得家长和学校的信任。特教中心的巡回指导教师一般会根据学生情况，进行观察、访谈和综合评估，以全面了解学生的能力水平和情绪行为特点。必要时，会辅助学校召开个别化教育计划会议，为学生制定个性化的学习方案。当学生暂时无法进入班级学习时，特教中心也为学生提供了一个过渡的安置方案：从校外康复训练，到资源教室训练，再完全融入班级。同时，资源教师全程参与，巡回指导教师对资源教师"手把手"指导，渐进式地让学生融入班级。特教中心在其中发挥的作用很大，既做到了客观评价，又全程跟踪指导，确保学生接受适合的教育。

【案例 4-2-2】

融合教育之路有你陪伴

　　2016 年刚开学不久，一年级的小王老师向我求助，他们班有个男生叫小聪，6 岁，刚入学几天就出现了一些不良行为问题，如上课爬桌子、挠人和掐人等。当老师要求他停止这些行为时，他会用语言攻击老师。课下老师找他谈话，他会大声地说："我来上学的目的就是把所有老师和同学们都气死。"班主任老师不知道如何处理，希望得到资源老师和学校的帮助。

听到这个学生的情况后，我马上跟王主任沟通商讨方案，第一时间约谈了家长。第一步，希望家长能进班辅助学生，当孩子发生情绪失控或者攻击他人时能及时给予制止，并做一些正确的引导。第二步，建议家长找专业的机构对学生进行干预。第二天家长就来学校进行陪读，但我们发现学生的攻击行为没有减少，反而又增加了一些新的行为。例如，老师给完成作业的学生发奖励，他没有完成，就会将经过他身边的同学一个个绊倒；他还会在楼道里攻击其他班的老师；更危险的是，他在校门口，将等待放学的同学们推倒一片。

班里的家长本来就对小聪的一些攻击行为有看法，常常在微信群里跟小聪爸爸理论。之后又发生了一连串的事件，家长们忍无可忍，联名向学校提出保障学生在校安全的请求书，并且派家委会的家长们多次来学校找校领导，希望学校有一些解决的办法。

为了不引起更大的矛盾，我们跟小聪爸爸商量短期之内对他进行抽离式教学，学校聘请了专业的老师对他进行一对一的语数英教学。他很不喜欢这样的学习方式，非常不配合老师，对老师发脾气、摔东西。小聪虽然进行了抽离式教学，但是他的行为和情绪问题还是没有解决。另外，家委会给予学校的压力也越来越大。学校每个学生都有平等受教育的权利，我们不能偏袒任何一方。正当我们不知所措的时候，我们想到了特教中心的专家团队。我跟小聪的爸爸经过沟通后，他爸爸同意向特教中心求助并递交了申请。

特教中心接到了申请，第一时间回复了我们，并尽快地安排了家长会谈。家长刚开始非常抵触，但特教中心老师的专业知识、包容和接纳的态度打消了家长的顾虑，家长同意接受特教中心给予的帮助和建议。首先，中心老师对学生进行了认知、情绪、动作等方面的评估。之后根据学生的能力给他安排了免费的课程。家长看到中心的老师为了他的孩子做了这么多的努力，非常感动，表示会积极配合。

由于小聪校外课程比较多，暂时不到学校上课。基于这个情况，学校要求班主任不定期跟家长沟通学生在家的学习情况，同时也邀请家长给班主任发一些学生在家的学习和生活情况的视频。

经过3个多月的训练，特教中心老师和家长都反映学生在情绪控制上有了很大的进步。为了更好地帮助学生，特教中心牵头、学校和家长参加了学生的个案研讨，家长表达了对特教中心老师们专业水平的认可，同时表达了对老师们无私付出的感谢！大家看到了小聪的这些进步都非常欣慰。经过三方协商之后，我们决定让小聪逐步地融入学校生活。

为了让小聪回归班级的时候能够更好地适应，我们跟班主任讨论后决定给他举办一个小型的欢迎和入队仪式（因为小聪错过了一年级入队仪式）。当天小聪来学校的时候怀着忐忑的心情，当他看到同学们送给他的各种礼物，还有为他特别准备的入队仪式时，小聪惊呆了。妈妈看到了学校、老师和班里的同学对孩子的接纳和付出，非常感动，并表示今后会更加配合学校的工作。

小聪在逐步地融合，现在的他还会有一些情绪问题出现。但是经过一年多的学习和成长，他在慢慢地学会控制自己的情绪，也开始尝试跟同学们友好相处。虽然小聪已经回到学校两年多了，但特教中心的老师每次见到我都会询问小聪的情况。

北京交通大学附属小学　樊颂

案例分析：

这则案例全面地展现了特教中心教师辅助学校融合教育工作的调节作用。许多特殊学生家长普遍具有抵触学校的心理，这是出于对自己孩子保护而引发的心理状态。家长担心自己孩子的特殊性而受到学校教师和同学的歧视与排斥，所以往往采取回避学校的态度。而其他家长面对自己孩子的安全问题，也不愿意让特殊学生继续留在班级中。因为家长双方，包括学校，都不了解融合教育政策，当双方意愿无法达成一致时，特教中心以专业的第三方立场来帮助家长，同时也帮助调和家长与学校之间的矛盾。案例中，家长开始也抵触特教中心，但随着特教中心教师的专业介入，对特殊学生进行评估、召开研讨会、康复训练等，家长逐渐意识到这是在帮助孩子成长，也逐渐配合学校的工作。只有家校的努力方向一致，孩子的发展道路才会更加顺畅，孩子也会朝向预期目标发展。

二、行为指导教师与学校教师合作案例

目前自闭症学生、注意力缺陷多动障碍学生、情绪障碍或社交障碍的学生越来越多，他们的问题行为是学校教师与家长非常头疼的问题。随班就读教师面对存在问题行为的学生，往往要么使用一贯的"特殊的爱"去教育感化学生，要么尝试根据以往的经验在教育教学中渗透一些行为管理的

方法，但这对于有严重情绪行为问题的学生往往收效甚微。他们迫切希望能有专业的行为指导教师的帮助。行为指导教师是教师团队中的专业师资力量，可与学校教师合作为学生提供系统的行为干预与指导。

【案例 4-2-3】

家有小荷初长成

通过长时间的观察评估，我们发现在普通学校就读的随班就读及有特殊需求的学生，大部分都伴有较为明显的情绪行为障碍。胆小、退缩、害怕、恐惧、具有攻击性、自残等情绪行为问题直接影响特需学生的班级融合及认知、学业、语言等各方面能力的训练提高。

文中个案正是因为情绪行为障碍导致各方面能力提升缓慢。多方积极行为支持，通过多方教育者同步实施个别化教育计划，使学生在高频率正强化的融合氛围中，情绪行为问题得到尽快解决。目标行为稳定生成，自信和积极的学习态度逐渐替代消极情绪，学生在认知发展各方面能力得到稳步提升。

小荷（化名）是一名在四年级普通班学习的随班就读学生，两年前韦氏评估结果58，属轻度智力障碍。先天胆小的性格，导致小荷对新的环境和人适应性较差，很容易表现出恐惧、害怕等典型情绪行为。害怕及不安全感，导致一系列困难行为的出现。以言语发音训练为例，小荷知道自己发音不准，当老师针对目标行为发出指令时，词语就像被卡在喉咙里，伴随退缩的表情，拒绝发出任何声音。当老师加上示范再次发出指令时，不仅没有改善，而且更加不配合，惊恐情绪持续升级，更加拒绝发出任何声音。这个场景表现在小荷各种训练和课堂参与中。逃避、退缩成为小荷综合能力提升的最大障碍。我联络班主任、学科教师、家长，综合多方意见对学生进行行为功能评估。因此明确干预目标、统一干预思想，针对学生困难行为，多方力量同步实施个别化教育计划势在必行。

通过小荷的行为功能评估结果，各方教育者达成以下几点共识：设计简单任务，为学生创造更多展示机会；高频次正强化鼓励，使学生消除紧张情绪，激发好行为主动生成，逐渐替代困难行为。

在多方干预前，一份学生个别化教育计划整体实施建议作为各方同步干预的有力技术支撑，确保干预更加科学、精准。一方面，"教育建议"包含各学科课堂教学、资源教室、家庭三方的具体训练和实施建议，同时展示在一张大表格中，使三方实施者一目了然，既相互了解、相互借鉴，又保证大家的强化物标准一致。另一方面，各学科各种能力间都存在相互影响相互联系的关系，"学科联动"式的训练更能够达到事半功倍的效果。

班主任将班级文化建设与融合教育紧密结合，引导和教育同学们要发扬团结互助、博爱平等的精神。挑选性格温和、行为习惯优秀的学生作为小荷固定的阳光伙伴，课间主动走到小荷旁边，提醒她是否如厕，主动做简单的对话交流。小荷虽然有咬字不清的问题，但阳光伙伴做到耐心倾听不嫌弃。阳光伙伴的这些细节关怀，大大降低了小荷的不自信。通过班主任个别化激励表扬、同伴关心，通过被分配浇花、擦窗台、帮助老师拿教具等小任务，让小荷在班级中处处感受到"我能行"，而小荷也非常喜欢完成这些小任务。这样的尝试，无疑对提高小荷自信心、主动积极地参与学习和集体活动都起到激发促进作用。

以美术课为例，教师通过降低学习任务的难度，为学生创设更多展示表现的机会，利用小组合作学习、阳光伙伴协助、分层评价和不断激励的语言，充分调动学生持续不断地主动参与到课堂教学活动中。如在讲授环节，小荷每完成一次任务，老师就给予鼓励的评价语言："谢谢你为大家领读！""你回答问题咬字清晰，真棒！""小荷坐姿特别好！""小荷今天敢于挑战自我大胆尝试，请大家为她鼓掌。"在正强化的氛围下，小荷完全忘掉了恐惧害怕心理，最大限度地参与到课堂活动之中。

积极行为支持训练技术的主要原理，是当学生的好行为发生时，训练者马上给予积极的正强化从而使好行为能够继续出现。而学校行为训练的弊端，是每天或每周很难保证足够长的训练时间和训练次数，强度达不到，好行为由生成转变为真正习得就比较缓慢。使家庭训练和学校训练相辅相成、紧密结合是最科学理想的训练方式。家校联动，训练能够达到事半功倍的效果，学生各方面能力显著提升。

小荷"语文学习能力"和"社会交往能力"两次评估间隔半年，学生各方面能力的提升空间很大，通过多方同步积极行为支持，目标行为更加顺利稳固地生成，能力得到更好的提升。

当然，多方积极行为干预还在不断实践探索中。比如，对于有特殊需求的学生，训练者不能操之过急，暂时停一停，给学生一点等待的时间，耐心加上鼓励才是最重要的。

另外特殊需求学生每个阶段认知发展和问题行为出现，具有更多的不可预见性。只有及时通过阶段性评估，及时了解学生最新阶段最快成长点、新的问题行为，才能更精准地制定出训练目标。而这需要多方训练者同步实施，协同作战，教育大环境的支持也非常重要。

海淀区东升实验小学　王研

案例分析：

行为指导教师是经过应用行为分析培训的专业教师，可以对特殊学生出现的情绪行为问题进行干预。但学生生活学习的环境是一个生态系统，不可能像实验室一样能够排除所有的干扰因素，因此行为干预需要家校共同合作完成。案例中，行为指导教师召集班主任、任课教师和家长共同开会，经过功能行为分析，确立了共同的目标。行为指导教师确立干预目标、干预方法和统一强化物，班主任根据干预目标调整班级融合氛围并采取融合策略，任课教师则根据目标调整上课内容并注意激励语的使用，家长在家庭中也积极配合。在行为干预中，这是比较理想的环境，让学生将一对一训练的内容泛化到生活中的方方面面，有助于好行为的塑造和稳定。

小结：

普通学校面对特殊学生时存在"不知情、不懂因、不会法"的情况，这是由于缺乏特殊教育专业知识和技能所致。这时可以主动寻求与专业指导教师的合作，向区特教中心提出需求，由巡回指导教师入校进行实地指导，面对面地帮助教师对学生的情况进行分析，提出针对性建议并进行跟踪指导。行为指导教师不仅服务于本校学生，而且需要服务于所在学区内的其他学校，实现教师资源的流动。行为指导教师前往所服务学校后，一是运用应用行为分析干预技术为学生进行行为功能分析、制定训练计划与实施训练；二是指导资源教师按照训练计划执行日常训练；三是观摩资源教师康复训练课，为教学训练策略提供指导；四是行为指导教师与随班就读教师、资源教师乃至家长一起商讨行为干预系统，保持行为干预在家校的一致性。

第三节　融合教育教师团队全员合作

一、解决融合教育冲突时的全员合作案例

随着全区融合教育的发展，越来越多的自闭症儿童家长让学生优先选

择到普通学校就读。由于自闭症儿童在沟通表达、社交和行为方面存在困难，在普通班级环境中会出现不同方面的问题，例如发出声音"扰乱"课堂行为、攻击行为，随之而来的安全问题等都令学校"苦不堪言"。当学校难以解决时可以寻求专业指导教师的介入，通过不同融合教育教师的协力合作，解决冲突，达到和谐发展。

【案例 4-3-1】

全员合作　专业护航

小星，一个经常梳着小马尾辫子的可爱女孩，4 岁时被诊断为自闭症。这给小星家庭带来了沉重的打击，小星妈妈一夜白发，对孩子的未来茫然无措。依据就近入学原则，小星在 6 岁时顺利进入中国科学院附属玉泉小学就读，与普通孩子一同接受融合教育。小星的融合之路最初充满了坎坷与泪水，甚至一度引发社会关注，但在专业力量的共同介入下，小星破茧成蝶，健康幸福地成长在玉泉小学的沃土上。

暗流涌动

小星入班之后，班级的同学与家长对小星的情况是非常理解和宽容的。但随着年级的升高，学业内容的加深，小星受认知能力和社交沟通能力所限，在课堂上越来越难以控制自己，时常做出一些怪异行为扰乱课堂教学秩序，成为班级的"累赘"，严重影响到其他学生的正常学习和发展，引起了全班其他学生家长的不满。隐忍夹带不满的情绪在全班普通学生家长中"弥漫式"扩散，不断升级。

火山爆发

直至某一天，家长已经完全不能忍受小星对课堂的干扰，要求校方将小星"剥离"出班级，并表示全班集资把小星送到特殊教育学校就读。小星的家长坚决反对其他家长的提法，在小星上学的问题上绝不退让。学校坚持小星依法享有平等接受义务教育的权利。普通学生家长群情激愤，小星家长用倔强的外表包裹无助柔软的内心，双方针锋相对、矛盾重重，普通学生家长还联合起来在学校门口抵制小星入学，这一事件曾一度引发社会的广泛关注。校长为此召集双方家长召开了一次又一次恳谈会，从白天到黑夜一遍又一遍疏解矛盾，从法律到人情一句又一句诚恳说服，但多次沟通无果，双方仍旧闹得不可开交。

专业护航

海淀教委基教一科、海淀特教中心、中国心理卫生协会、永定路学区在接到学校诉求后，积极介入，共商良策，既要保护好小星的受教育权，又要维护好其他学生接受正常教育的权利。在大量分析的基础上，根据小星的个性心理特征和行为表现，特教中心与玉泉小学共同为小星制定了个别化教育计划和个体差异生援助方案，并为其配备了专门的语文教师、数学教师、英语教师和特殊教育教师。

之后，小星便开始在特教中心、资源教室和普通教室接受教育，实现个性辅导与集体教学的融合。小星的"私人定制"课程包括：大动作训练、沙盘游戏、精细动作与手工制作、生活能力训练课、奥尔夫音乐治疗、社交训练、行为干预、情绪课程等；除此之外，小星接受语文、数学、英语课的教学辅导，参与班会课、采摘节、欢乐新年节、体育活动和整理书籍等活动。学校还为小星选定了专门的考场、设计了个性化考试。学校积极和小星家长沟通，每学期资源教室都会定期邀请小星的家长来学校听课；每个学期末开展一次家校交流会，学校同家长共同研讨小星的发展目标及教育策略。在此过程中，学校借用小星的案例教育其他同学如何接纳与对待差异，在全校营造理解、尊重、关爱、包容的文化氛围。

破茧成蝶

2017年新学年开学的第一天，小星在妈妈及特教助理教师的陪同下再次回到班级中，班主任李志洁老师组织同学召开欢迎仪式，所有同学用温柔的笑脸、欢快的语气大声喊出："欢迎小星回家！"声音清脆悦耳，令人久久难以忘怀。

三年级的新年联欢会上，小星向同学们展示了自己在资源教室学习的才艺，收获的掌声是全班最多的，小星已经由班级的"累赘"变成了冉冉升起的"明星"，同学的接纳和喜爱助力小星"重获幸福"。为了给小星提供更多融入的机会，我校少先队活动邀请小星参与少先队材料的发放和整理；资源教室邀请小星作为"讲解员"为参观资源教室的三、五年级学生介绍讲解，众多的活动参与让大家认识了越来越自信的小星。

现在的她，担任资源教室的"讲解员"，声调虽无波澜起伏，但她自信的讲解赢得了更多的尊重与掌声；现在的她，会写简短作文了，会做小数加减法了，能把桌子擦干净了，还会乘坐地铁了；现在的她，有了自己的好朋友，会教同伴算数了，会为生病没来上学的同伴做小礼物了；现在的她，知道"生气时不哭不闹，深呼吸冷静冷静"；现在的她，作品成功入选海淀区"星星向融"书画巡回展览活动；她的动人故事依旧在继续，她幸福的笑脸一直在洋溢……

家长心声

看到小星这么大的进步，小星的妈妈感激地说："作为一个自闭症孩子的妈妈，我经历了更多的磨难，面对孩子越来越多的问题也感到措手不及，这么多年来我努力过、失望过，甚至也忧郁过，但是一路走来，我感觉玉泉小学的资源教师们给了我信心，帮我想办法，学校老师认真为孩子制定计划，孩子各方面进步都非常大。"

一位普通学生家长代表说道："原来我们很难理解一个自闭症孩子在班上的行为，譬如大喊大叫、脱衣服等，只感觉到这些会影响我自己孩子的正常生活。我们也有保护自己孩子的权利，不能因为一个孩子让课堂教学无法进行下去。后来，我们慢慢理解了，其实班里有一个特殊儿童，这也是一种教育资源，让我们这些正常的孩子去理解一个不一样的人，将来到了社会上也会这样。感谢学校的老师，让我们所有的孩子在这里幸福地生活着。"

中国科学院附属玉泉小学　刘丽君

案例分析：

小星在普通学校融合过程中被普通学生家长"排斥"，小星家长坚持融合，双方的矛盾一度达到"白热化"状态。学校积极应对，但单凭学校的力量难以有效化解，请求了行政部门、区特教中心、中国心理卫生协会、学区管理中心等多方面的介入。巡回指导教师多次到学校同小星家长、普通学生家长、学校校长与融合教育主管领导召开研讨会，"以情动人、以理服人"，逐步化解矛盾。巡回指导教师、学校资源教师和各学科教师共同为小星制定了个别化教育计划，为小星配备特教助理教师、行为指导教师进行系统干预，开设"私人定制"课程。在多方的共同努力下，小星取得了明显的进步，学校的融合氛围更加浓厚，普通儿童家长的观念也随之发生改变。

二、个别化教育计划制定与实施的全员合作案例

一名学生被随班就读教师发现有异常行为、资源教师对其进行筛查确认为有特殊教育需要的学生后，有评估主试资质的巡回指导教师为学生进行认知、适应行为、动作、情绪、行为等综合评估。巡回指导教师结合医

院诊断证明，或与家长、教师与同学的访谈，分析学生能力现状并撰写综合评估报告。对学生能力现状进行科学评估后，就需要召开个案研讨会讨论学生的安置形式和个别化教育计划。参与制定个别化教育计划的人员包括高校专家、巡回指导教师、行为指导教师（非必需）、融合学校主管干部、资源教师、随班就读教师、家长和特教助理教师（非必需），偶尔也有学生本人参与。学校主管领导统筹监督个别化教育计划的实施，资源教师与随班就读教师是主要执行者，按照计划为学生开设资源教室训练课或调整课程与教学。如有特教助理教师，也需按照个别化教育计划的目标与实施计划给予学生支持辅助。个别化教育计划如需调整，整个教师团队将再一次聚在一起商讨调整方案。学期末的个别化教育计划效果评估，也是整个融合教育教师团队成员共同参与评估反馈。

【案例 4-3-2】

凝心聚力共促发展

俊俊（化名）小学四年级时被诊断为多动症。为详细了解俊俊的情况，班主任 F 老师主动承担起与家长沟通协调的重任，多次对俊俊进行电话家访，及时将俊俊在学校的表现反馈给家长，了解俊俊的生活环境。我作为资源教师，对俊俊的行为进行观察，及时表扬俊俊的好行为。并在课后邀请课堂上表现好的同学（包括俊俊）到资源教室玩，增加与俊俊接触的机会。在资源教室中我主动找俊俊聊天，与他建立信任关系。同时我也默默根据观察对俊俊进行个别化教育训练。

结合诊断报告和教育观察评估，在获得家长许可后，我与班主任 F 老师召集主要科目的任课教师，召开了针对俊俊的个案研讨会，制定个别化教育计划。个案研讨会还邀请了特教中心巡回指导教师为我们进行指导。我向随班就读教师们介绍了俊俊的诊断和能力发展现状，班主任 F 老师也介绍了俊俊在学校的表现，家长介绍了家庭情况及过去的辅导经验。之后，我们所有任课老师分别对俊俊的学科表现和能力现状进行了讨论。老师们普遍认为俊俊的阅读速度、流畅度、词汇量及阅读理解能力明显低于同龄学生，并且他对阅读产生了畏难情绪，生活学习中习惯性地逃避有关阅读的所有活动，已经严重影响到各学科的学习和考试。俊俊在课堂上常表现出手乱动、大幅度后仰、插话等行为，干扰了课堂秩序。巡回指导教师将这些问题进行了归类分析，给出了一些教育指导建议。

最后达成共识，班主任 F 老师还在班内为俊俊挑选相关伙伴，选择语文、数学、英语等学科的优秀学生坐在俊俊周围帮助他学习。任课教师在个别化教育计划方案的基础上，细化学科学习目标和策略，以适应学科特点。语文老师对俊俊的阅读能力进行评估，建议阅读训练课采用适合 6～14 岁儿童阅读的绘本作为教材。课程采用文本阅读、生字教学、语句阅读等教学方式，由我在语文老师的协助下对俊俊同学开设一对一的阅读训练课。对于俊俊的行为问题，由我在行为指导教师的督导下制定行为介入方案，各科目教师配合执行。同时，我对任课教师进行基本培训，由任课教师执行和监督俊俊的行为干预。我还对三名阳光伙伴进行了特别训练，要求他们对俊俊说话、大笑等行为进行忽略，对俊俊安坐学习的行为进行鼓励，以改善俊俊的问题行为。

第一个学期结束了，我们制定的个别化教育计划完成得很好，俊俊认识了很多字，阅读速度也大大提升，课堂上安坐时间也变长了，后期还积极参与课堂，经常举手回答问题。俊俊的变化是资源教师、班主任及所有随班就读教师、阳光伙伴、家长共同努力的结果。我们团结协作，取长补短，为俊俊的成长提供了良好的环境和充足的教育资源。

北京市海淀区教师进修附属实验香山分校　褚祯

案例分析：

个别化教育计划的实施需要依靠一个团队的合作，任何一个人都无法独立完成整个个别化教育计划的工作。案例中的班主任做了很好的示范，这是在特殊学生个别化教育计划实施中非常重要的一环。班主任与家长的积极沟通，奠定了个别化教育计划实施的基础。只有班主任与家长沟通畅通无阻，才能充分了解学生的生活背景，才能在后期计划的推进时更加顺利。而资源教师在团队中扮演了一个协调者的角色，组织评估、召开个案研讨会、组织制定个别化教育计划、获取校外专家指导等，同时资源教师根据学生需求也会提供部分教育康复训练的服务。资源教师在个别化教育计划中的长期目标制定方面，有引导的作用，能帮助各个学科教师明确该生发展的长期目标，例如案例中的阅读速度、阅读流畅度、词汇量等。在这基础上，各科教师就可以分别制定自己的学科计划，让学科短期目标和个人发展的长期目标相结合。

小结：

本节内容列举了两种情景的融合教育教师全员合作的案例。一种是解决普通学生家长与自闭症学生家长之间的冲突过程中的全员合作，另一种是在为特殊学生制定和实施个别化教育计划时的全员合作。在这两个案例中，巡回指导教师、行为指导教师、资源教师、随班就读教师、特教助理教师都需要共同参与其中。需要融合教育教师全员参与的情况具有一定的复杂性和非常规性，即发生的问题情境涉及多方面的因素，不是任何一方能够解决的。例如，当学校内部无法解决与特殊学生相关的矛盾冲突时，可以由巡回指导教师作为专业人员进行客观的分析，并提出专业的建议。决定特殊学生的教育安置或未来的教育计划，都涉及特殊学生受教育阶段甚至以后参与社会的发展。因此，需要不同的融合教育教师与家长一起共同研讨，确定对学生而言最为合适的方案。

第五章 融合教育教师专业发展案例分析

目前我国融合教育教师的培养、培训、专业发展还处在起步阶段，每一名融合教育教师都是在摸索中前进的，他们通过培训、阅读材料、互相探讨经验等方式，逐渐为自己的专业成长铺路。美国学者傅乐（Fuller，1969）将教师的专业成长划分为四个阶段：教学前关注阶段、早期生存关注阶段、教学关注阶段、关注学生阶段。他认为，"一个专业教师的成长，是经由关注自身、关注教学任务，最后才关注学生的学习以及自身对学生的影响这样的发展阶段而逐渐递进的"[①]。现实中，很多融合教育教师还在教学前关注阶段，或早期生存关注阶段，抑或教学关注阶段，他们还未发展到能娴熟地关注学生及自身能对学生产生影响。本书介绍不同类型融合教育教师的专业发展之路，希望广大读者能更好地认识这个群体，也希望从业者从中获得些许感悟与启迪。

第一节 巡回指导教师的专业发展

目前我国大多数巡回指导教师都是特殊教育学校教师转型而来的，他们的优势是对特殊教育理论和理念有深刻的认识，并且具有丰富的特殊教育教学与管理经验，可以对普通学校中的特殊学生进行专业的指导，但同时也面临诸多挑战。一种情况是，由于长期以来特殊教育学校与普通学校之间的"隔离"，导致特教教师不了解普通学校的集体教育规则，而普通学校教师也不能深刻理解特教学校中"个别化"的教育理念。在普通学校就读的特殊学生障碍类型也呈现多样化，特殊教育学校教师往往只熟悉一类学生的教育，很难同时指导多类特殊学生。另外一种情况是，特殊教育专业毕业生任巡回指导教师，虽然拥有系统的特殊教育知识，但是缺乏实践经

---

① 陈琴，庞丽娟，许晓晖. 论教师专业化[J]. 教育理论与实践. 2002(1).

验，在巡回指导过程中需要经历一段时间的专业发展。

【案例 5-1-1】

专业转型，摸索前行

1990 年 7 月，我从南京特殊教育师范学校毕业，进入了海淀区培智中心学校工作，成为一名正式的特殊教育工作者。在我从教的二十几年中，我一直承担着班级的教育教学工作。

2010 年 8 月底，我调到区特教中心工作。初到这个单位的我，对未来的工作一片茫然，不知道该如何开展工作。我想，要做好工作就应该了解所面对的人群，于是我研究了当年各校上报的随班就读学生情况调查表，整理出各校随班就读学生的人数、障碍类型及残障程度等，并走访每一所有随班就读学生的学校进行基本调研。

在下校调研的过程中，我从学生的学业情况、活动参与、人际交往、教师及家长困惑等几方面，对学生、班主任、任课教师、学校负责融合教育的领导、个别陪读家长进行了访谈，从中了解到随班就读学生融合的现状、目前融合教育教师在教育教学方面所面临的困惑，为进一步工作打下基础。

当然，下校的过程也不是一帆风顺的。以往培智学校的工作，自己面对的只是班上的十几名学生和他们的家长，现在我需要面对来自不同学校的领导和老师。

记得有一次到某校去巡回指导，学校的领导对我说："您看这个学生是（不是）自闭症？上课经常发出声音影响同学学习，下课就会跑到教室外面看空调外机的扇叶，上课铃响了也不知道回来，我们从来没接触过这样的学生，老师也不知道该怎么教，您看他是不是应该转去特殊学校啊？"幸好，我曾经整理过关于随班就读方面的政策文件，这时正好派上用场。我向领导解读了相关政策，领导也表示愿意接纳这个学生，并且派出学校一位负责心理教育的老师参加特教中心的资源教师培训，更好地为随班就读学生提供服务。

面对老师们提出的困惑，有的问题我可以通过经验和知识现场解答，但是也有的问题是自己以往没有接触过的内容，如视力障碍、听力障碍、注意力缺陷与多动障碍、阅读困难等方面，这些问题就不能及时解答，于是我通过借阅专业书籍、查找文章、参加专业培训来不断补充自己的知识。

在巡回指导的过程中，学校里的老师都认为巡回指导教师是特殊教育方面的专家，见到我们总有问不完的问题："老师，我们班这个学生语、数、英三科都不及格，我课下给他补了很多次课，可就是怎么教也学不会，他自己也不爱学，就喜欢帮我做事情，您有什么好的教学方法吗？""您帮我看看这个学生，他学习成绩还可以，就是控制不住自己的情绪，人际关系差，总跟同学发生矛盾，您说他到底是什么问题？我该怎么教育他呢？""这个学生就是坐不住，不是趴桌子上就是斜躺在椅背上，作业字迹潦草，边写作业手里边玩东西，其实他挺聪明的，可学习成绩就是不理想，您有什么好方法吗？"即使是学校里接受过专业培训的资源教师也经常问各种各样的问题："学校里有智障、听障和自闭症的随班就读学生，作为资源教师应该为他们开设哪些训练课程呢？""学校里还有一些有不同特殊教育需求的学生，针对这些学生，资源教师应该给他们提供哪些专业服务呢？"对于老师们提出的问题，我不能只凭自己的经验去指导，应该在全面了解学生的基础上，用科学、专业的方法指导老师的教育教学工作。于是，我参加了韦氏儿童智力量表和适应性行为评定量表幼儿版和儿童版主试资格的学习，还学习了多动、行为、情绪、感觉统合等方面测试量表的使用，使自己在评估学生方面更加全面和客观，给教师和家长提出的建议也更加符合学生的实际需求。

现在，我们的巡回指导工作在实践中不断摸索，已经形成了一套完整的工作流程，不仅制定了巡回指导制度、巡回指导教师职责，而且设计了巡回指导申请表、访谈表、课堂观察表、巡回指导反馈表等，使巡回指导工作更加规范化，更加专业化。

北京市海淀区特殊教育研究与指导中心　张俊贤

案例分析：

案例呈现了一名特殊教育学校毕业生出身、富有特教专业经验的特教老师转型成为一位巡回指导教师的成长历程。该教师在巡回指导的过程中遇到很多问题，也面临各种挑战。该教师从一开始的茫然不知所措积极转型，通过自身的调研、学习、经验积累，成长为一名富有经验、具有专业素养的巡回指导教师。并且该教师在实践摸索中总结出一套完整的工作流程，制定了相关制度，明确了巡回指导教师的职责，设计了各类工作用表，更加规范、专业地开展工作。巡回指导教师的工作得到了各个学校领导、教师和资源教师的认可和支持。学校的领导和教师对巡回指导教师是具有一定依赖性的。学校中除了随班就读教生之外，还有一些具有特殊教育需要的学生。当他们出现各种各样问题的时候，学校领导、随班就读教师和资源教师需要寻求专业的指导和支持，需要求助于巡回指导教师。从他们问不完的问题中也可以看出巡回指导教师工作的必要性和专业性。

【案例 5-1-2】

初出茅庐，蓄势待发

研究生毕业至今已有半年，作为一名刚步入特教工作岗位的新手教师，我深深意识到特教事业的崇高，感受到前辈教师的关怀与支持，自己也不断练好本领，逐渐独当一面。

巡回指导教师是一个综合性与专业性程度较高的岗位，该岗位用"十八般武艺样样精通"来形容一点也不为过。巡回指导教师不仅需要下校筛查特殊教育需要学生，指导随班就读教师，而且要对特殊教育学生进行教育评估，为程度较重的特殊教育学生提供一对一的个案指导，并与家长进行沟通，还要具备一定的教科研能力，引领区域融合教育的发展。因此，初出茅庐的我踏上了巡回指导教师这一条不平凡的道路，特教路漫漫，吾将不懈求索！

新教师的成长离不开专业的学习与前辈教师的指导。在特教中心工作以来，单位领导为自己创造了多次专业学习的机会，如先后参加韦氏儿童智力量表第四版(中文版)、适应性行为评定量表第二版(中文版)、斯-欧非言语智力测验(6—40岁)(中文版)的培训，并获得主试资格。此外，当自己在指导个案和指导随班就读教师过程中遇到困惑时，及时向长辈教师请教，他们扎实的专业知识和闪亮的智慧令我深深折服，他们的谆谆教诲有如醍醐灌顶。长辈教师不经意的提醒使自己对工作内容认识得更为深入全面，工作的效率也随之得到提高。

千里之行，始于足下。新手教师若想得到切实提高，必须深入实践，将理论知识与教学指导相结合，并及时进行总结与反思。入职以来，自己共承担了 4 名普通学校特殊教育需要学生的一对一个案指导课程，前往两所小学对学生进行筛查，并与家长、教师及时沟通，提出针对性的建议。所教学生或有智力障碍，或为自闭症谱系障碍，我根据他们的认知与社会性等发展特点设计并实施针对性的课程，将儿童喜爱的绘本元素融入教学过程，通过记录学生情况及时总结优势与不足，不断督促自己增强个案指导的能力。在与教师和家长沟通的过程中，认真聆听他们的诉求，结合已有的知识与经验给出实效性建议，对尚存疑惑之处，及时查阅资料或咨询前辈教师，力求增强融合指导的能力，切实解决家长与教师所面临的实际问题。

步入特教领域是一件幸事，成为一名服务全区的巡回指导教师更是一件值得让自己用一生去付出、去奋斗的事。好的开端是成功的一半，中心为自己提供了良好的发展平台，长辈教师给自己诸多鼓励与关怀，自己也不断积蓄能量，提升专业素养，增强巡回指导能力，在这片被历史赋予重要使命的大海上扬帆起航！

北京市海淀区特殊教育研究与指导中心　牛爽爽

案例分析：

巡回指导教师是融合教育发展的重要指导者，需要有系统的特殊教育专业背景，衔接特殊教育与普通教育，联合特教专家与普通教师，为区域融合教育发展提供专业支持。本案例的巡回指导教师虽然是一名新手教师，但是其学历和学业背景都体现出作为一名巡回指导教师应该具有的专业性。作为一名新手巡回指导教师，其成长受到了特教中心的支持和前辈老师的关怀，结合自身所学习的理论知识，灵活运用于实践之中，通过在实践中不断积累经验，探索自身作为巡回指导教师的成长模式和道路。专业背景、平台支持、自身学习、有经验老师的指点，再加上自身的思考和经验总结，是成为巡回指导教师的必要条件，这也是新手巡回指导教师成长最快的途径。这一切离不开巡回指导教师对于自身工作的向往和热爱、对融合教育理念的正确理解，以及解决学校融合教育中实际遇到问题的智慧。

小结：

特教教师向巡回指导教师转型的过程中，需要做好充分的准备。一是强大的内心准备来应对可能会遭遇的诸多"闭门羹"；二是了解随班就读的国家、省市政策及当地随班就读整体现状；三是必须加强各类培训与学习，掌握各类特殊学生的基本特点，熟练几种干预方法策略，才能对资源教师、随班就读教师和家长进行有针对性的指导；四是提升自己的沟通技能，巡回指导教师面临的沟通对象不仅仅局限于学生，还有学校领导、教师和家长。新手教师刚刚毕业直接走向巡回指导教师岗位，其优势是熟知当前随班就读发展最新理论动向，能带着研究的思维去看待与解决问题。同时因为年轻，学习新知识能力强，敢于接受新挑战，勇于在工作中创新，对开辟巡回指导新思路有较大的贡献。然而，新教师最大的劣势就是实践经验的缺乏，沟通交流不够成熟稳重，不容易取得别人的信任。那么，新教师的专业成长之路一定不能忘了"谦虚请教"四字。在巡回指导教师团队中，多向前辈请教、与同辈交流，记录下自己每一次巡回指导的感悟，遇到问题及时加强自我学习。随着经验的积累，逐渐向成熟型教师过渡。海淀特教中心打造"青蓝结对"工程，通过让有经验的"老教师"带"新教师"的方式，促进新教师的成长，实现了巡回指导教师"内涵式"专业发展。

第二节　资源教师的专业发展

目前我国的资源教师多是由普通学校的学科教师转型而来的，少数由有特教专业背景的教师担任。不论哪类教师转型而来，当初任资源教师遇到特殊学生时，几乎都会产生疑惑、焦虑、担心与不自信。资源教师因为学科背景多元，在普通学校接受的培训信息多样，他们会结合自己的特长去创造性地开展资源教师工作。海淀特教中心自 2011 年起开始系统地培养资源教师，就不断涌现出一批又一批优秀的资源教师，他们都有一个共同的特质，那就是不放弃学生和喜欢钻研学生。他们会通过各种渠道了解学生，包括与家长、班主任、同学和学生本人沟通，更重要的是他们有强烈的自主学习意愿，会去查阅相关书籍，去寻求相关专业人士的咨询帮助等。

【案例 5-2-1】

开拓阵地，教学相长两相宜

我在大学主修的专业刚好是特殊教育，毕业前在图强二小实习。正巧实习的时候，海淀特教中心正在进行资源教师的培训，我就抓住这个机会，走进了资源教师的队伍中去。

应该说进入这个队伍是一件意料之外而又在情理之中的事，刚刚工作就赶上区里的资源教师培训，而学校中又有多名随班就读学生，学校领导为我提供了资源教师职前培训的机会，我利用自己本身的专业技能，成为一名年轻的资源教师。

因为自己本身对特殊教育已经有很好的理解，同时也在培智学校进行过实践，对学生们的情况有一定的心理准备，所以接受起来并不是一件很难的事情，对于又能做跟自己专业相关的工作，还是挺开心的。其实最初在工作之前，只是在课堂上听到过资源教师和资源教室，而并没有接触过这些，更没想到自己能够成为资源教师。

虽然跟别的老师相比，自己有特殊教育的专业背景，但是毕竟是一名刚刚入职的新老师，说实话，经验很少，一开始，根本就抓不住孩子的核心问题，不能针对孩子的问题进行相应的训练。那时候的我仿佛是个懵懂的孩子，跌跌撞撞般硬着头皮慢慢接受新事物……

2014年初，我入职的第二个学期，第一次给学生上个训课，上完课唯一的感觉就是自己要崩溃了，好像以前学的东西统统都不管用了，也不知道自己以前上学的时候都学了什么。一节课我想要顺利地上下来很难。学生根本就不听你在说什么，不能按照我的指令完成每一个任务。

不管学了多少，由于缺乏经验，自己一个人始终无法顺利完成这些工作。就在我彷徨、无助的时候，学校帮我找了我现在的师父作为我的引路人，带着我从学生的问题一点一点地入手，抽丝剥茧般一层一层地分析学生，从和学生之间关系的建立到和家长的沟通，一点一点慢慢学起。由于师父是一名心理老师，很多随班就读学生的情况她也没有接触过，区里的巡回指导教师来到学校，帮助我成长了许多。从资源教室最基本的区角设计到运作，再到针对学生的问题给出可操作的方法。有了大家的帮忙，给了我很多经验性的意见和建议，让我有了进步的方向。在一次次的尝试中，在老师及专家们的鼓励、帮助、引领下我一次又一次成长……我顺利地完成了从学生到普通教师再到资源教师的过渡。

还记得第一次见芃芃，那时候他已经是一年级下学期的学生，妈妈陪着他坐在班级的角落中。从我开始带他去资源教室进行每周一次的训练，到一个学期过去后，芃芃知道自己叫什么，知道爸爸妈妈是谁了，但是他看见我还是不会主动打招呼。转眼二年级开学，有一天在操场看见他妈妈带着他在散步，他忽然跑过来抱住我叫："徐老师！徐老师！"声音虽然不大，但是确实让我非常惊喜，他会主动跟我打招呼了！对于其他孩子来说，这是一件特别小的事，但是对于芃芃来说，这是他主动交往的第一步，是一个特别大的飞跃！

在这几年中，陪伴着随班就读的学生一起成长，见证着他们每一天的变化，看到他们每一次的成长。纵使这些成长充满了汗水和眼泪，但是每一次的成长都是一种惊喜。

北京市海淀区图强第二小学　徐迅

案例分析：

本案例中的资源教师是一名特殊教育专业出身的老师，作为一名尚在普通学校实习还未毕业的学生，因为学校的实际情况和随班就读学生的需求，受到了学校领导的重视和培养，并安排该教师参加资源教师的培训，可以看出学校对于有特殊教育专业背景教师的需求和重视，资源教师的队伍目前还在不断地建立和发展中。资源教师作为联结特殊教育与普通教育的关键人物，并且是学校资源教室方案的直接执行者，对融合教育的质量保障起着重要作用。本案例中的资源教师，具有特教专业背景，接受过专业学习，但是在实践中也会遇到很多问题。新手老师尤其是新手资源教师的成长模式更值得去探讨。资源教师的发展历史较短，是较新的专业，资源教师队伍中也缺乏富有经验的老师。资源教师对学生康复训练的内容、资源教室的运作都存在经验不足的问题。所以在资源教师的成长中，经验积累、专家培训和巡回指导教师的指导为资源教师的快速成长提供了有力的支持和保障。

【案例 5-2-2】

且思且行，以研促教

六年前，我还是一名英语骨干教师。在十六年的英语教学生涯中，每年每班，总有那么一两个孩子，不管他们多么地努力学习，但学习成绩依然明显落后于同龄同学。他们有的记不住单词拼写，不能辨认相似字母；有的在听力理解时，自然屏蔽了语义；有的在书写时，尽管很认真，但是依然不能写入格，甚至写的字母还东倒西歪的；有的在朗读课文时，总会漏掉某些词汇；有的……

后来我对存在这些学习问题的孩子产生了好奇：他们为什么会这样？背后的原因是什么？在学习过程中他们的感受如何？当他们被叫作"后进生"时心情如何？他们真的是别人眼中的"懒孩子"或"笨孩子"吗？不仅如此，我还发现这些孩子在其他学科表现得也相似。后来，什么自闭症、智力障碍、脑瘫、视觉障碍、听觉障碍、注意力多动障碍等词汇都在我头脑中扎下了根。为了弄明白这些，我开始对这类知识着了迷。我平时还将研究由课堂延伸到家庭，了解到这些学生的家长也是一直深深地处于焦虑之中。

我作为一名党员教师，深切感受到陪伴和支持学生的健康成长就是我们的职责和教育义务。我暗下决心，通过自学来给这些孩子和家庭更多有效的专业帮助和支持。加之我有五年的心理学背景，又对教育教学中学生的行为问题感兴趣，便悄悄地开始了融合教育研究，也开启了自我学习成长的一段崭新征程。

早在 2005 年，我便开始了对英语学习障碍的尝试研究。在四年的研究过程中，我以自然拼读教学策略为基础，将 26 个英文字母逐一制成硬卡片。学生根据听到的语音结合自然拼读规则，采用视听动三种感官学习模式和游戏竞赛的形式将单词（按拼读规则，由简渐难）拼摆出来。这些取得了明显的成果：第一，学生英语拼摆成句有了显著提高，经过四年练习，孩子拼摆词汇的正确率由最初的平均 0.8%，上升到 68%；第二，他们对英语的学习兴趣也发生了质的变化，由主动放弃，变成积极求教；第三，他们的英语学习成绩在毕业考试中，平均分达到了 88 分（那是一个 80% 的学生都来自外来务工人员家庭的学校，父母的学历几乎是初中以下，且从事的职业大多都是简单体力劳动）；第四，参加这个学习行为研究的孩子，自信心明显增强了，性格也变得比以前开朗了。

有了以上教学研究经历，我对融合教育研究的兴趣越发浓厚。在学校领导的栽培下，使我逐渐由一名英语教师，慢慢成长为一名兼职和专职资源教师。经历七年的时间，无论是个人专业技能发展，还是学校融合教育现状提升，我们一直积极地走在探究的路上。

北京市海淀区永泰小学　刘翠红

案例分析：

资源教师大多数是由普通学校学科教师转型而来的，本案例中的资源教师就是一名有着丰富教学经验的英语学科教师转型为一名兼职和专职资源教师。该教师的转型完全是出于其对有学习问题学生研究的兴趣，凭借兴趣和自己实际工作中的经验，自发地去进行研究和学习。根据自己所教学科，结合自身研究兴趣，开展研究和教学策略的思考，并且取得了明显的效果。在融合教育中，我们面对的学生情况各种各样，有不同类型的障碍学生，他们的教育需求也是不尽相同的，这就需要资源教师对不同障碍类型学生的特点有所了解，根据学生发展采取不同的教学策略和训练内容，提供恰当的教育支持和服务。兴趣是最好的老师。资源教师的队伍，保持对特殊教育的热爱和兴趣是非常重要的。该资源教师就是在兴趣的驱使下，从最初的对学习问题学生产生兴趣，到教育教学工作中进行实践研究，最终成为一名接受专业培训和培养的资源教师。

【案例 5-2-3】

方法有道，事半功倍

有人说，上帝为你关上一扇门，也一定会为你打开一扇窗。在我成为兼职资源教师的第二年，遇见了一个小天使——涵涵（化名）。涵涵今年 8 岁了，说起话来干脆利落，老师们很喜欢这个聪明伶俐的小家伙。遗憾的是，涵涵课堂上注意力不好，会不自觉地说话，发出怪声，经常看窗外，搞一些小动作，兴趣狭窄，不爱跟同学交往……是的，这样一个患有高功能自闭症的涵涵走进了我的课堂，走进了我的生活，一举一动都牵动着我的心。

我与孩子爸爸、妈妈的一次次沟通交流，针对孩子的表现帮助家长制定家庭辅助计划、针对课堂情况协助班主任老师调整强化策略，针对孩子的特长帮助孩子拓展兴趣……而在无数个困扰妈妈的问题里，"亲密感"让妈妈更担心。妈妈说："涵涵这个孩子，不知道为什么，他跟别的小孩儿不一样，一点儿都不黏爸爸、妈妈，他对谁都一样，没什么亲密感。谁都可以把他领走，他好像跟父母也没什么感情……"说着说着，眼泪就在妈妈的眼眶里打转了。我能理解一个母亲的心疼与担心。可是，孩子跟父母生活了七八年都没有建立起亲密关系，这问题确实很棘手。而我，作为一名教师，每周与孩子相处的时间极其有限，又将如何走进涵涵的心呢？

第一次来资源教室上课的涵涵是紧张的，在小椅子上坐得端端正正，老老实实地一问一答。看着如此拘谨的涵涵，我想起了孩子缺乏亲密感，于是我决定从建立良好的师生关系开始。一个好的教育首先源自内心的喜爱，如果孩子不喜欢资源教室的课程，不喜欢资源教师，每天都是被迫学习，那不但没有乐趣反而会更痛苦，而我们做的所有努力都将归零。

首先，我用陪伴换取孩子的信任。在与孩子的交谈中我了解到兴趣狭窄的涵涵非常喜欢恐龙，喜欢各种各样的恐龙，而且孩子很有想象力，拿着恐龙玩具，一边摆一边讲，一会儿就讲出了一个生动的自创故事。我褪去教师的角色，变成涵涵故事中的小伙伴，陪孩子一起编创恐龙故事。第一节课结束了，孩子不愿意离开教室。以后每次上课前，我都会花上五分钟左右的时间聊聊恐龙故事，这一方面拉近了我与孩子的距离，另一方面也培养了孩子的表达能力。

其次，从童话故事回到真实生活。从孩子喜欢的内容中挖掘教育资源，让学习变得更加灵活。为了培养孩子的视觉、听觉注意力，我以讲述绘本故事为载体，借用代币策略强化孩子的良好行为。什么样的故事是孩子喜欢的呢？毫无疑问，童话故事。将童话故事与真实生活相关联，让课堂更贴近生活，让学习更实用，孩子会更喜欢。《小狐狸上学校》中，小狐狸知错能改、乐于助人，最终感动了山羊校长，成功入学。涵涵联想到班级里有个同学生病了，他主动带着同学找卫生老师的事情。从孩子眼中的自豪感，我知道路选对了。于是《大树和小树》《去野餐》《智救梅花鹿》……一系列的故事中，我们学习了勇敢、乐观、坚强、诚实……我与涵涵仿佛越走越近了，他的课堂注意力越来越好，上课变成了一件期待的事儿。

扑向我怀里的涵涵，喊着"王老师，我都想你了"的涵涵，课堂变得越来越棒的涵涵……这就是教育者的幸福。正如著名教育家雅斯贝尔斯所言："教育就是一棵树摇动一棵树，一朵云推动一朵云，一个灵魂唤醒另一个灵魂。"不必慌张，花终会开！

北京市海淀区西颐小学　王静伟

案例分析：

上面案例中的资源教师是一位兼职资源教师，这也是目前我们国家普通学校中资源教师常见的来源形式。各个学校在开展融合教育工作的初期，由于缺乏专业师资，大多数学校采取的是心理教师、普通班级的任课教师或学科教师兼职资源教师。兼职资源教师除了完成自身教学任务之外，投入部分时间为随班就读学生提供资源教室服务。资源教师不仅仅为学生提供康复训练、补救教学等资源教室服务，还对普通班级教师和家长提供咨询和支援等服务，宣传融合教育理念和思想，多方促进有特殊教育需要的学生在正常班级中的学习。本案例中的资源教师就非常好地扮演好了协调员的角色，对有特殊教育需要的学生进行训练，与学生家长进行沟通和指导，联系学生班主任针对课堂情况进行教育策略制定，充分协调多方力量为学生尽可能地提供恰当而有效的教育支持和服务。所以本案例中的学生涵涵进步明显，不仅课堂表现越来越棒，而且学会了关心他人和表达自己，这离不开资源教师的努力和多方的协作。

【案例 5-2-4】

铸就专业　梦想成真

如今，我总会骄傲自豪地对身边的朋友说，我是美术教师里最懂特殊教育的，我又是资源教师中最富有艺术天分的！虽然这是一句笑谈，但每每这么说时，幸福总是满满地写在脸上，因为多年的梦想成为现实。

自幼习画、毕业于专业艺术院校、区教委定向培养的专职艺术类教师，这些成长背景和机遇当初让我顺利进入普通小学成为一名美术教师。带着学生用画笔去感受美、创造美，曾是我初为人师的梦想。后来，实践教学让我开始逐渐体会到，美术教育不只在于培养学生的审美力和创造力，它更是一种抒发人的情绪情感、表达生活感受的方式。尤其是对未成年的孩子，很多情绪无法用言语完整地表达出来，画笔成了他们最好的朋友。

在每个班级里，总会有一些个性和行为上"独特"的孩子，比如一些在学习上不大占优势、性格内向胆小的孩子，他们似乎更愿意用画笔表达所思所想。在绘画中，他们有机会成为主角，找到更多的自信。而那些张牙舞爪上课开飞机、让各科老师挠头的捣蛋鬼们，唯独对美术创作情有独钟并乐此不疲，似乎艺术创作能够把他们的想法畅快淋漓、无拘无束地表达出来。我渐渐明白，美术教育对健康人格的塑造起着不可替代的作用。美术更是心灵的教育！后来我完成了北京师范大学教育心理学在职研究生的学习，希望自己的艺术教育工作做得更加有意义。

接下来，融合教育理念在普通学校全面铺开，越来越多的随班就读学生和有特殊教育需求的学生走进普通学校，他们有了更多机会享受同等优质的教育资源。而让这些有智力障碍、学习障碍、自闭症、多动症等各种障碍的孩子融入普通班级并非易事。艺术的敏感性让我很快观察到这些特需孩子，他们大多伴有言语能力、交往能力的严重不足，刚刚进入班级容易出现被孤立、自卑等问题。先天的弱势使他们的情绪极不稳定，或表现为胆小逃避，或突然大哭大叫、打人咬人。绘画再次展现出它神奇的一面，为这些孩子打开了一扇窗，在五彩的童话世界他们的精神得到放松、情绪得到舒缓，好行为一点点生成和增加。

从稚嫩走向成熟，我的第二个梦想也逐渐清晰，我想成为一名资源教师，运用艺术教师的优势，帮助更多的生命，做心灵的教育。学校终于建成崭新的资源教室，我也如愿成为一名资源教师。但我知道，发挥优势的意义在于将绘画的不可替代和特殊教育中各种专业知识、方法融会贯通，相互支撑。要达到"一加一大于二"的效果，仅靠单一的绘画疗法是远远不够的，我利用一切机会积极参加海淀特教中心举办的各种教科研培训。相继完成了北京市、海淀区资源教师上岗培训、感觉统合培训、应用行为分析师培训，听了自闭症儿童系列讲座、个别化教育计划系列讲座等，并取得资源教师资格证书。

融合教育，让我在工作二十余年之际，完成了一次华丽的蜕变。我相信不管今后在路上遇到怎样的荆棘，前方的路都将充满幸福，因为我不是一个人，所有有特殊教育需要的孩子其实都有一颗简单善良、很容易被满足的心。他们背后的爸爸妈妈们把最真诚的信任支持都给予了我。还有身边为了特需孩子辛苦付出的同行老师，我们组成了一个爱的大家庭，相互分享一起努力。每天我们在滋养另一个生命的同时，自己也在同步被滋养着。融合教育并不是我帮助了谁，而是我们一起温暖前行！一起感受生命教育的真谛！希望将爱的真谛传递，让更多的家庭、社会、学校关注和接纳有特殊需求的孩子，让每个生命都能在被关爱和平等中美丽绽放！

北京市海淀区玉泉小学　王研

案例分析：

案例呈现了一位美术教育专业出身的艺术教师转型成为一名资源教师，利用自身美术专业技能，结合特殊教育专业知识，为有特殊教育需要的学生提供艺术疗育，实现了自己的梦想，也为融合教育的发展和实践做出自己的努力。很多有特殊教育需要的学生存在语言沟通和表达障碍，但是他们却能够用画笔来表达出自己内心的情绪和情感。让画笔成为孩子沟通的工具，让学生发现沟通的新渠道和新出口，逐步挖掘每个特需孩子身上的优势，树立有特殊教育需要的学生的自信，资源教师可以做的方面有很多。资源教师专业化发展水平也直接决定着资源教室功能是否能够有效实现，随班就读工作的水平和有特殊教育需要的学生的受教育质量。学科教师具有丰富的学科专业知识和经验，但是成为一名优秀的资源教师，在具备普通教育知识的基础上，还要具有特殊教育专业知识和教育特殊学生的经验，这样将自身的优势与专业性相结合，才会有快速地发展。

【案例 5-2-5】

不忘初心　专业成长

记得那是 2013 年一个冬日的午间，我开完学校的例会匆匆忙忙地回到办公室，准备开始下午的工作。只见办公桌上的水杯冒着热气，杯子的外侧壁贴着一张小纸条："老师我去上课了，杯子里给您倒了热水，天冷注意保暖！"我的脑海里迅速闪过一个一个笑脸。当我看到杯子角落里那个不起眼的"小代号"时，我怎么也想不到，竟然是她。她学习成绩不理想，在班里从来不敢大声说一句话，因为自卑，不敢和同学交往。她是我接触的第一个有特殊教育需要的学生。有一段时间中午她会到我的办公室和我一起摆沙盘，但大多数时候都是我问她答，她很少主动挑起话题，也很少流露出自己的情感。但是这个纸条在那一刻，让我的心变得软软的，让我至今铭记，也让我深深理解"静待花开"的含义。从这之后，我开启了职业生涯的另一扇大门，有幸成为普通学校的一名资源教师。

刚刚进入资源教师领域，我校的特殊学生主要为智力障碍学生。因为自己的心理学背景，主要采用一些情绪辅导和心理团体辅导的方式来帮助这些学生。但很快我就发现，自己的这些知识远远不够。另外随着国家对融合教育的重视和普及，我校特殊学生的类型也开始多样化，有视力障碍、脑瘫、自闭症，等等，越发觉着自己心有余而力不足。特别感谢这5年来，海淀特教中心的不断培训和培养，我先后参加了资源教师上岗培训、书法治疗培训、个别化教育计划培训、应用行为分析师的培训等。我从一开始摸着石头过河到现在开始从专业知识的角度帮助有特殊需要的孩子做训练，不仅有爱心，而且越来越专业，这也让我在工作中底气越来越足。

结合自己的所学，我开始尝试利用开展小组训练课的形式来训练智力障碍和情绪障碍的学生的人际交往、语言表达、社会生活技能等。为了更好地通过教学提升这些学生的各方面能力，5年来争取每年上一节小组训练课的公开课，比如《学会观影》《职业导购员》等，督促自己在实践中不断学习，不断成长。从开始的不敢上课，到现在愿意和孩子在一起尝试各类课程（多米诺课、沙盘课、情景表演课），我在不断地突破自己，更重要的是在这个过程中，我感受到了孩子们的变化：从开始的默默躲在角落里，到和班级同学关系越来越融洽；从课上的不敢发言，到勇于走上讲台表现自己，笑容时常挂在他们的脸上。但近几年，我又遇到了新的挑战，学校开始接收一些疑似自闭症或诊断为自闭症的学生。当面对这类学生时，我之前的方法显得那么无力和无用。就在这个时候，区里开展了应用行为分析师的培训，当时真有一种雪中送炭的感觉。在学习的过程中，正好结合我训练的一名学生做案例，一边根据所学用专业应用行为分析的技术帮助学生训练，一边接受老师手把手地督导纠正。尽管过程中遇到了很多的困难，但在老师的帮助下，还是温和而坚定地执行了预定的教学策略，借用强化，达成了对该生的期待行为。

回想这五年的资源教师生涯，有家人的不理解，也有自己成就感不强的时候，因为我希望能够看到孩子们的变化，但有时他们的变化成长会比一般的孩子更慢些。孩子们反复出现的坏行为会让我有一种挫败感,但也正是这一点,又在不断地激励我,因为我想看到他们期待行为的出现。不忘初心,保持耐心,我会坚定地在这条路上继续走下去,用自己的专业、技术,真正为特殊需求孩子提供优质服务,让孩子们更好地适应周围的环境,有质量地生活。

北京市清河中学　李小花

案例分析:

特殊教育教师的工作成就感普遍低于普通教育教师,因为特教教师付出很多,学生却不一定有明显的进步。本案例中的资源教师就用自身的经历告诉大家,只要充满爱心、耐心和专业技能,学生都会有取得一定进步的希望,这种成就感对于资源教师来说是加倍的幸福。该教师是一位具有心理学背景的资源教师,目前普通学校资源教室中的资源教师较多由心理教师兼任。他们具有一定的心理学基础,对于学生的发展特点、评估、特殊教育基础理论、个别化教学和团体辅导等相关技能能够较快掌握,并且在专业培训、实践探索和自我成长中都具有自身的优势。心理教师在职称晋升、专业发展等因素上比较稳定,所以心理教师兼任资源教师是在特殊教育专业人员不足的情况下较为稳妥的方法。目前资源教室没有统一的课程,有特殊教育需要的学生能力程度、存在的行为问题也各不相同。正如案例中的资源教师,当她对随班就读学生进行个别化或者小组教学的时候,更多的是依赖资源教师根据对学生的了解、学生个别化教育计划等方面,来对教学内容进行设计和选择。由此可见,为有特殊教育需要的学生提供教育的质量,在一定程度上取决于资源教师课程设计的能力以及课程实施的水平。

【案例 5-2-6】

辛勤耕耘　守望花开

2011 年底,海淀特教中心组织培训了第一批资源教师,就在那时,我由一名小学语文教师、班主任,开始走上了融合教育教师之路。在参加培训的同时,学校开始筹建资源教室。

刚开始的学习并不顺利,当时还是语文教师、班主任的我,每周三要参加资源教师培训,周五要参加北京市教育学院组织的"积极心理大讲堂"

的学习，所以每周余下的三天工作日，我要完成普通教师五天的教学任务，而后利用周末两天把本周的学生作业批改完，再把周三和周五自己学习的知识进行复习。大量陌生的知识，判不完但绝不能糊弄的五年级作文本，压得我有些喘不过气，而且那时的我怀孕了。

之后，暑假的每一天，清晨的地铁里都出现了这样一个身影——手捧一本融合教育相关书籍，低头认真学习、做笔记，即使有座位也没发现的站着的孕妇。但是这个学习的过程并不痛苦，因为这些知识远比孕妇要学习的产前产后知识要丰富和科学很多。

每天早晨我会来到学校，因为暑假学校在抓紧时间改造资源教室。资源教室从设计不同空间的功能分区到教室内的整体景观与设计风格，包括每面墙的颜色和每个角落的小细节，都是我反复参考相关资料，反复向领导请示，与设计公司多次协商才最终确定的。为了确保教室最终的效果与设计相一致，我当然要亲力亲为来"见证"它的改造建设过程。

经过紧锣密鼓的前期准备工作，资源教室在开学时投入使用，相关工作顺利开展。2014年7月，学校人员紧张，校长找我谈话，因为语文老师紧缺，学校希望我回到语文教师和班主任岗位，解决学校实际困难。我知道，学校不能缺班主任，更不能缺主科教师，不论是作为一名年轻的党员教师，还是一名资源教师，我都痛快地答应了。因为，融合教育的知识、策略不仅可以运用在资源教室，而且可以运用到普通班级和日常教学中。

于是，我在一年级的语文课上，开始尝试将注意力训练和课堂常规结合、眼耳手口脑配合训练与语文知识学习相结合的教学设计。之后，学校开始尝试低年级语数包班学科融合的教学模式，以及多元评价学生的学业水平，于是，由我主笔的《低年级评价方案》一、二年级上、下学期共四册，也应运而生。在方案中，我们不以考试为评价学生的唯一方式，而是从表达、倾听、思考、理解、操作和协作等多元智能方面去进行综合评价，学科融合也由单一的某两三个学科的融合，变为多学科融合，这些都得益于融合教育理念。例如：为了鼓励学生学会表达、合作，培养学生自信心，激发学生学习兴趣，二年级的评价方案中语文方面的评价，设有课本剧表演的内容，学生可以根据自己的喜好，选择剧本，自主分工。当然，评价并不是强制的，不善于表演或某方面能力较弱的学生也可以选择朗诵课文。

在承担着一、二年级语文教研组长，一个班语数包班班主任工作的同时，我并没有把资源教师的职责彻底放下。我主动向学校申请，利用课后一小时的时间，给低年级的有特殊教育需要的学生做小组训练。根据学生的不同情况，我把这些学生进行分组，开设适合的训练课程。

区里组织资源教师进行"中国应用行为分析教师"的培训学习，我也没有落下。整个培训有对知识的系统讲解与考核，有去特殊教育机构实地参观学习和实践考核，还有校内本人开展相关行为转化工作的视频、个案分析报告的督导，最终综合几方面的成绩，对教师进行评价，我的成绩排名靠前，被评为"优秀学员"。那一年多，我所有的休息时间都用在了这里，虽然有些辛苦，但是学习到的方法策略受用终生，它解决了我工作中遇到的大多数问题，现在我依然在继续自主学习。

今年，我重新回到资源教师岗位，在学校的认可和大力支持下，资源教室的课程，并不局限于面向随班就读的学生和有特殊教育需要的学生的一对一或小组训练课程，还面向学校的全体学生，解决不同年龄段学生的问题，以及面向教师的培训课程，面向家长的家庭教育培训和个体咨询。

相信在不断地努力和坚持中，学校资源教室的功能会更加丰富，更多的学生、教师会因此而受益，这是我作为一名资源教师最幸福的事。

首都师范大学实验小学　李子玉

案例分析：

真正的融合并不是简单地对特殊学生进行单独教育。有特殊教育需要的学生他们本身也是受教育的对象，所有学生享有同等教育是他们的权利。本案例中的资源教师不仅具有正确的融合教育理念，而且将其运用于实践之中。无论是所在学校建立资源教室的初期，还是在自身工作过程中，该资源教师都积极向领导提出建议，并得到重视和落实，从低年级的环境中先进行融合，不唯分数论，多元综合评价学生，对低年级的学生发展自我都有较为明显的效果。这是融合教育对普通教育的积极影响。该资源教师积极主动地利用暑假等时间进行学习，并且实践应用，特殊教育专业知识不但对有特殊教育需要的学生有用，而且对于普通学生也适用，追求融合教育理论与实践的通用性。资源教师的努力决定了该校融合教育的质量，搭建融合教育环境，宣传融合教育理念，传播融合教育知识，保证了融合教育工作的稳定性与持续性。

小结：

随着市区级特殊教育中心的兴起与完善，资源教师培训也逐步系统化，这给资源教师提供了良好的培训机会。资源教师培训是资源教师专业成长中非常重要的环节。从通识课程的初步涉入到专业技能的提升，从理论讲座学习到实操督导练习，从单打独斗开展工作到教研团队的沟通交流，让资源教师逐渐从懵懵懂懂的探索阶段，快速进入专业发展的提升阶段。在培训中，资源教师也逐渐找到了组织归属感，对自身角色也越发认同。当所学所思在实践中见效、看到学生的一点一滴进步时，资源教师的教学效能感也得到了强化。资源教师的专业化成长之路也反映了近些年来海淀区在促进资源教师专业发展上取得的成效，也直接决定了资源教师所在学校融合教育的专业化程度，从而影响其校内特殊学生受教育的质量。

第三节 随班就读教师的专业发展

随班就读教师首先是一名普通教师，他们承担着繁重的班级教学和班级管理任务，但缺乏特教专业知识。由于各种原因，他们往往对班级中有特殊教育需要的学生认识不全面，态度不积极。然而，随班就读教师，尤其是随班就读班主任，是与特殊学生在校接触时间最长，教育互动最频繁的老师。随班就读教师对班级融合教育环境的营造，对普通学生接纳特殊学生的态度，对特殊学生融入集体的效果有直接的影响。因此，随班就读教师需要认可融合教育理念，也需要掌握一定的特殊教育和融合教育的知识和技能，才能有意愿开展班级融合工作，才愿意去进一步思考适合融合班级的策略方法。因此，随班就读教师的专业发展从理念的改变开始，逐步过渡到专业的知识，之后是具体的技能，直至将融合浸润到课堂教学的每一个环节。

【案例 5-3-1】

执着追求，以特教知识滋养融合教育发展

2018 年是我教师生涯中最幸福的一年。当看到孩子的笑脸、家长的支持时，我是幸福的；当成为学生最喜欢的老师时，我是幸福的。正如习总书记告诉我们的："幸福都是奋斗出来的。"

我曾是一名奋战在一线的特教教师，接触过各种类型的特殊学生，小到 3 岁，大到十七八岁的特殊学生，也做过各种训练，如：社交故事、沙盘游戏、作业治疗、语言训练、地板时间、精细训练、结构化教学等。每一堂课或大汗淋漓，或心力交瘁，但能看到学生的进步，即使是微小的，一

切也都是值得的。想起离开特教学校那天的不舍和对班里学生的嘱托，至今我仍然坚定地将特教教师的角色在不同的职业生涯阶段用不同的形式演绎下去。

如今，我扎根普通小学成为一名随班就读教师，一名五年级的班主任教师，由于教育理念的差异，需要解决的问题更加多元和复杂化。成为一名合格的融合教育特教教师，不容易，但我坚信，我可以用自己的力量为这群生活在普小的特殊学生们撑起一片天，用自己的专业经验协助每一名有特殊需要的学生成长，让领导、同事看到特殊教育专业的价值，为身边的同事、家长、普通学生树立榜样，用行动让家长体会到这些特殊学生不会影响全班的成绩，反而会让普通学生获得心灵的滋养。

还记得在刚接班时，随班就读学生没有规则意识，普通学生与随班就读学生矛盾重重，普通学生家长找领导要求班中一名扰乱课堂的随班就读学生离开，随班就读学生家长不承认自己孩子的问题，也不配合。总之，"天时、地利、人和"都不具备。在学校领导和同事帮助下，我迅速整理思路，形成以随班就读学生的养成教育为基础，建立普、特学生平等、尊重、有爱的融合环境为目标的班级管理策略。目标有了，接下来的任务是艰巨的，时间紧凑的班级管理规划、随班就读学生指导，我一天下来经常忙得连水都没喝。

为提升普通学生与随班就读学生的互助意识，开展了《帮助了你，快乐了我》的心理活动课，让学生学会如何帮助他人，体验到帮助别人的快乐；发起了《赏识自己、赏识同学》的活动，每周班会上有 2 名同学请全班同学说出自己的闪光点与进步点，以此肯定优势，保持积极乐观的心态；开设《集体中的我们》讲座，讲述孩子们之间的故事，可以是你心中的榜样，也可以是你们之间温暖的故事；展开《我是思维小能手》活动，展示思维的条理性，如多角度的思维方式处理与同伴包括随班就读学生相处的问题等，推选出各组的思维小能手，并展示本组的思维魅力。

在班级稳定下来的同时，鼓励普通学生与随班就读学生结对子，共同参与班级活动，如教室卫生清扫、课间跳绳等活动；利用班级文化建设环境给予随班就读学生大量视觉提示，建立普、特学生都懂的班级规范；"展示自我"中培养随班就读学生的学习习惯和被同伴欣赏的自信；借助"我的沟通板"培养随班就读学生自主管理能力，形成有规律的生活习惯。这些点滴的活动的落实对于随班就读学生来说是悄无声息的帮助，不会让他们感觉到自己和别人不一样，也能培养本班其他学生的良好习惯，形成良好的融合环境。

相信看到孩子的和谐相处、孩子的进步，家长的问题便很好地解决了。首先我借助家长会的契机，通过直观的短片、文字等介绍，让家长从中了解了特殊学生；通过介绍成功的融合教育案例让家长了解融合教育最终的受益者不仅是随班就读的学生，而且还有普通学生。家长从中了解了班级的融合活动，感受到这些活动对促进普通学生社交、专注力等方面有很大提高。

经过一年多的努力，我们班的学生都有进步，学习成绩稳中有进，同伴关系友善，家长们认可了这样的管理模式。奋斗的过程是艰难的，收获的喜悦是幸福的味道。用对特殊学生、普通学生都负责的态度面对学生，用灵活有效的方法和智慧发展学生，相信每一个生命都会绽放光彩，每一个家庭都会幸福快乐。这就是我的职业使命。

首都师范大学附属小学　郭新星

案例分析：

案例呈现一名随班就读教师，从特殊教育学校的特教教师到扎根普小成为一名随班就读教师的工作成长经历。这一过程中有艰辛、有汗水，也有疲惫。但是，她通过自己的专业引领职业发展，实现了自身的价值和追求。随班就读教师是融合教育中的主体，他们面对的不仅仅是随班就读学生，还有班级中的普通学生。随班就读教师开展的工作要得到领导和学生家长的理解，需要随班就读教师做出大量的努力、协调和沟通。案例中随班就读教师就面临了很多问题，例如，如何形成班级常规，稳定班级秩序，推进随班就读学生和普通学生适应班级生活，消除班级中普通学生对随班就读学生的不接纳、家长的不理解等。但是，她通过利用主题班会、家长会、结对子等多种形式，创造机会，生动直观地进行工作，促进普特融合，增进家长、同事和领导对融合教育的理解和支持。随班就读工作效果明显，这离不开随班就读教师的辛苦和努力。

【案例 5-3-2】

不断积淀，用专业引领成长

我的班级接收了一名随班就读学生——自闭症儿童曼曼。让她真正地融入班级，一直是我思索、努力的目标。作为一名长期坚持在一线工作的老教师，虽然有很多教育教学经验，但是面对这名特殊学生，我依然无所适从、身心俱疲。曼曼患的是自闭症，根本没有课堂意识，总会自言自语。发现了她的与众不同，刚刚上学的其他小同学心里充满恐惧与不解。但是在我适时的引导下，全班同学渐渐学会了适应与包容。随着对班级环境的熟悉，曼曼上课出声的情况也在渐渐变少，可是在一年级下学期曼曼突然变得情绪极不稳定，课堂上总是会突然大喊大叫，被陪读老师阻止后使劲敲脑袋，甚至用下巴敲桌子、用头去撞墙，继而变成不间断地大哭，严重影响了课堂纪律。我束手无策，心力交瘁。这时恰巧海淀特教中心组织普教教师进行融合教育的专业培训，这真的是"及时雨"！培训学习期间，在专家老师的指导下，我们每个人都如饥似渴地学习着新的理念，边学习边实践，把这些专业知识运用到自己的教育教学工作中。面对曼曼这样大的情绪变化，我运用学到的应用行为分析的 ABC 原则，进行了初步尝试。首先查找引起情绪变化的原因。在专家的指导下我积极与家长及陪读人员沟通访谈，发现问题出在妈妈的心态和教育方法上。妈妈相信孩子一定可以正常参与课堂学习，每天晚上都要对其进行 2～3 小时的模拟课堂教学，并且不停地强迫其要坐好听讲。由于孩子感统失调，在学校学习一天已经很不舒服了，回到家还要面对母亲严苛的训练，得不到一点放松。每天六点半还会被妈妈叫起来上学，加重了她身体的不适感，致使其情绪不稳定。

查明了曼曼情绪行为的前因后，在海淀特教中心专家老师的指导下，我主动与妈妈进行沟通，鼓励其勇于面对现实，明确告诉她为了孩子能够很好地融入集体，现阶段目标是稳定情绪。因此建议：取消晚上的模拟课堂教学，进行有计划的家庭感统训练；适当进行亲子游戏，让孩子充分放松；第二天让孩子睡到自然醒，晚点到校，渐渐消除或减轻身体不适感，确保其有愉悦的心情上学。妈妈很难面对现实，依旧不放弃模拟教学，孩子的情绪越来越糟，哭闹时间越来越长，频率越来越高。我寻求多方合力与孩子爸爸沟通，讲明稳定孩子情绪对孩子融入集体的重要性，取得爸爸的支持，去做妈妈的工作。妈妈终于明白了只有稳定情绪，才能够使孩子真正地融入班级。于是停止了晚上的模拟课堂，按计划带孩子做感统训练、亲子活动；早晨睡到自然醒，每天第一节课后到校。孩子的情绪渐渐稳定，哭闹次数减少，有了课堂意识，在班中也有了好几个伙伴，并且能够和小伙伴一起去饮水间接水，去卫生间，中午能够自己排队打饭。

但是当曼曼三年级时，妈妈生了弟弟后她又出现情绪失控的情况，上课时经常大声喊叫，拒绝参与课堂简单学习，频繁做小动作。我与妈妈进行访谈查找原因，原来，妈妈怕她伤害弟弟，每当她要摸弟弟时就把她推开，并且也不抱她。面对这些变化，她不适应也不理解，每天晚上在家也大哭大闹。弄明白原因后，我劝妈妈要帮助两个孩子建立感情，建议她可以拉着曼曼的手告诉曼曼这是弟弟要轻轻摸，只要她轻轻摸弟弟了，就马上抱会儿她，给予正强化的引导。其实妈妈是爱曼曼的，经过我耐心指导妈妈举一反三，细心引导曼曼如何对待弟弟。后来只要看见弟弟，曼曼都会轻轻地摸他，渐渐地曼曼的情绪稳定了。在融合教育教学中，我与曼曼共同成长。平时，我也把应用行为分析的 ABC 原则，运用到班级的教育教学之中，效果突出。

"学是成长之师，思是发展之根。"学习是反思、成长的过程。我深深感觉到融合教育研究无止境，教学创意无极限，对今后的工作充满信心。

中国农业科学院附属小学　尹佳颖

案例分析：

随班就读教师的知识、技能和态度，这些核心专业素养构成了随班就读工作质量的关键。本案例中的随班就读教师是一位有多年教育教学经验的教师。但是班级中的自闭症学生也让老师犯了难。该随班就读教师并没有放弃这位学生，而是不断地思考学生的目标，提升自身的专业技能。班主任对于班级中普通学生的引导是非常重要的，也是随班就读学生是否能够被班级中普通学生接纳的关键。在这位老师的引导下，班级学生和老师积极为随班就读学生创造较舒适的学习环境。这位老师遇到的主要问题来自随班就读学生的家庭。家庭环境对学生的影响非常大，该随班就读学生妈妈的教育形式给了学生很大的压力。随班就读学生又缺乏良好的自我表达能力，她的不稳定的情绪就表现在了课堂中。特教中心的专业培训，以及随班就读教师的用心和实践，分析了学生出现情绪问题的原因，并努力寻求解决方法，多次和学生父母沟通，最终解决了问题。这个过程也提升了随班就读老师的综合能力，可见对随班就读教师开展专业的培训是非常必要和有效的。

【案例 5-3-3】

开创特色课程　共绘融合蓝图

我们班上 37 个学生来自全国各地，他们怀着对知识的渴求，跟随进京务工的父母在北京生活和学习。他们也与现代社会大多数孩子的情况类似，突出表现在以自我为中心，任性随便，自私、独占欲强，做事很少考虑别人，不懂得包容与合作。因此，让他们包容、接纳患自闭症的小 A 和患多动症的小 B 成了严峻的考验。

正当我为此问题苦恼时，北京市海淀区特教中心组织随班就读教研员参加了由北京师范大学和香港大学联合举办的"言语语言康复训练班"，台湾中山医学大学的刘秀丹副教授讲授的《读写萌发》——绘本共读课，让我初识绘本，知道了"绘本能启迪孩子心灵，助孩子快乐成长"，便想将"绘本阅读"作为切入点，从培养学生的阅读兴趣出发，营造一个包容友爱的书香班级。

学习结束后，便开始尝试将童话故事题材的课文《特殊的考试》，做成贴近学生生活、符合年龄特点和思维特点的绘本形式来学习，来调动学生的阅读兴趣，增加随班就读学生的课堂参与度和与班级普通学生的合作与互动，并做了一节全区随班就读公开课。也正是这节课我与来听课的北京师范大学江小英博士结缘。课后，我们互留联系方式。从此，江博士成了我和学生绘本阅读的引领者和指导者。

在江老师的推荐和指导下，我在寒假阅读了大量世界经典绘本，进一步了解了绘本。台湾出版人郝广才说："孩子为什么怕？心里空白就会害怕，因为不明白发生什么事。心灵开放才能接受更多的东西，孩子通过从小阅读绘本可以奠定这个基础。"这不正好解决我们班的种种难题吗？也就在那一刻，我萌发了做同班共读的想法。

同班共读，是在融合班级开展师生和亲子的共读，以达到促进包括特殊儿童在内的所有学生共同发展。在这个过程中，每个孩子在同样的环境下，拥有同等的权利和地位，享受同等的教育。同班共读既要求特殊儿童有学可上，又要与正常儿童"同读"，在平等的层面上接受适合自己的教育，追求在受教育过程与结果上的平等，因此，同班共读与融合教育的理念是一致的。

我们班级的同班共读，就是以绘本为媒介，以阅读为纽带，让教师和学生通过阅读交流而达成的一种分享性教育活动。我们的亲子共读，不同于一般的亲子共读。由于家长文化水平低，很难独立有效地与孩子共读，需要老师从观念上加以引导，从方法上加以指导。在这个过程中，教师、家长与孩子一起阅读、一起学习，不仅扩展了知识，而且增加了孩子与老师和家长的感情交流。

经过四年的同班共读，让两个特殊儿童爱上了阅读，学会了管理自己的情绪，学会了如何面对困难、克服恐惧、关爱别人、与人相处等。现在，我们班的阅读氛围浓厚，阅读已成为孩子们每天学习生活中必不可少的一部分。无论在家还是在学校，到处都可以看到学生们阅读的身影，阅读成为学生们的一种习惯。通过同班共读，拓宽了学生的知识面，提高了学生的语言表达能力，丰富了学生的想象力，培养了学生的探究能力，促进了学生品格与身心健康的发展，培养了学生的美感和审美能力，更增进了教师、家长和孩子之间的感情。

中国农业科学院附属小学　王燕华

案例分析：

本案例中的随班就读教师以绘本为媒介，以阅读为纽带，营造浓厚同班共读的班级氛围。四年来，在王老师的带领下，班上每一个学生都爱上了阅读。班级中的自闭症和多动症学生也在这样充满浓厚阅读氛围的环境中得到成长，爱上了阅读，从绘本中学会管理情绪、面对困难、克服恐惧、关爱别人、与人相处等。融合教育保障了特殊学生平等享有优质教育资源的同时，也让更多学生了解特殊群体，减少歧视，学会包容和接纳。融合教育需要良好的融合环境，该随班就读教师在具备融合教育理念的基础上，自己不断思考、琢磨，选择以绘本这种学生都喜爱的方式为切入点，积极寻求外界专业人士的帮助，提高自身水平。在提升随班就读学生适应能力和良好习惯养成的基础上，王老师引导随班就读学生的同伴学会接纳和包容。这种教育方式颇具特色，取得良好效果。

小结：

每一位接触到特殊学生的随班就读教师都是从焦虑开始的，担心自己没有能力教好这名学生，也担心学生的能力是否能和同班同学齐头并进，甚至担心特殊学生影响了同班同学的学习进步。这是由于他们缺乏对特殊学生的了解与特殊教育理论学习，更不知道具体的应对方法。因此，教师参加融合教育全员培训非常重要，全员培训虽是融合理念的普及和对特殊学生的初步认识，但对随班就读教师具有至关重要的作用。随班就读教师教学管理经验丰富、教育智慧多彩、教育资源多元，在这块"砖"的基础上，他们的教育情怀驱使着各自发挥主观能动性寻找既适合学生需求又适合自己风格的教育方法，并创造性地在各个班级使用。此外，随班就读教师积极取得外界专业人士的帮助，对自身专业成长也将起到促进作用。随班就读教师可以与学校资源教师、学区资源中心或区特教中心巡回指导教师沟通，共同探讨问题的缘由和解决策略。有条件的随班就读教师还可与高校或研究院的相关研究者共同合作，以课题的形式展开研究，在研究中有效地帮助学生成长，同时提升自身专业水平。

第四节　学生行为指导教师的专业发展

学生行为指导教师是海淀区融合教育教师团队中的新成员。与国外的行为治疗师不同的是，行为指导教师大都来自普通学校，他们有的是随班就读教师，有的是资源教师，具有多重身份，在普通学校担任多种角色。但他们同样都接受了系统的应用行为分析的培训，主要包括中国应用行为分析师（CNABA）和国际副应用行为分析师（BCaBA）的专业培训。这项培训具有延续性，从2016年至2019年持续四年，培训系统性强，对行为指导教师进行专业知识、专业技能、专业伦理等方面的理论培训和实践督导。在"漫长"的过程中，行为指导教师的专业素养不断提升。

【案例 5-4-1】

眼中有光，心中有爱

2015年我正式成为一名资源教师，工作中常常苦于缺少教育方法。2016年11月海淀特教中心组织的为期3年、跨越4个年头的"应用行为分析师"培训项目使我的工作有了专业化、系统化的发展，也开启了我的学生行为指导教师"孕育"期。学习应用行为分析是我参加工作之后一个重要且正确的选择，有两方面的收获，一是让我保持了持续性的学习，二是让我逐渐成为"眼中有光，心中有爱"的学生行为指导教师。

特殊教育需要爱，但是更需要具备专业技术。"应用行为分析（Applied Behavior Analysis，简称 ABA）"培训项目是用来分析与改善行为的专业技术，是目前自闭症谱系障碍干预方法中基于实证依据的高效科学方法，国际认可度高。它是专业知识和专业技能的有机结合，包括理论学习、实践培训、实践督导、作业与综合考核等多种方式。多种学习方式确保学员获得高质量的培训效果。

当然，丰富的学习方式也意味着我们将经历相当"痛苦"的过程！除了需要保质保量完成学校每周计划内的教育教学工作，还要阅读大量的文献和教材资料，参加视频学习、讨论课，设计教学，还需上课、分析整理上课数据，进行督导，再根据督导意见修改课程，还有笔试和实地督导，如此反复，一周足足要学80学时！如此，学习任务之重可想而知。我经常在外出培训的公交车上看书、在开会的间隙进行视频学习、在半夜设计课程、孕期挺着大肚子进行教研，甚至在月子里参加讨论课、进行团体督导，生完孩子一个月就需要去学校给特殊儿童上课。终于，经过这些努力，我成为一名学生行为指导教师了！

从2016年到2019年，我和同伴们一起学完了中国应用行为分析师培训项目（CNABA）初阶课程、中阶课程和高阶课程，目前正在学习国际副应用行为分析师培训项目（BCaBA）课程。并试着把所学的知识和技能用在日常的教育教学中，已取得一定的成效，并逐渐成为一名合格的学生行为指导教师。

（一）应用行为分析走进资源教室，助力特殊儿童生活学习

在资源教室的日常教育教学中，我观察特殊学生的行为，应用ABC原则进行行为功能分析，然后用功能分析筛检工具（FAST）、行为功能的问题表格（QABF）、结构性ABC分析表格等对特殊儿童的父母、老师和特教助理教师进行访谈，结合间接功能分析和直接功能分析的结果对学生的行为进行功能分析。明确其行为功能之后，再设计教学目标，然后进行强化物的筛选，接着是课程设计、课程实施，并在这个过程中进行行为基线的测量、强化、行为的持续测量和评估等。

应用行为分析的灵活运用，使我校的唐氏综合征儿童、自闭症儿童、注意力缺陷儿童、情绪行为障碍儿童等都受益良多。他们当中有的之前想要东西直接用手去抢，现在学会了用语言表达借东西或请求交换；有的之前因为不会表达而尿裤子甚至拉屎在裤子里，现在学会了用语言告诉老师如厕；有的本来一天都不怎么喝水，现在学会了一下课就洗手、喝水；有的原来上课的时候满教室跑，现在会端正地坐在自己的座位上不离开，能够较好地听课了；有的原来一发脾气就大喊大叫、扔东西、打人，现在学会了深呼吸、学会了冷静；有的原来见到人就上前拥抱、亲吻他人，现在学会了问"能抱抱你吗"或者用"你好"和握手打招呼；有的原来衣来伸手、饭来张口，现在学会了洗碗、擦桌子、拖地、倒垃圾、浇花，甚至会缝补衣服、烘焙糕点、做奶昔等。

（二）视觉提示走向全校校会，《玉泉小学行为图谱》助力习惯养成

在学习中，我发现视觉提示策略非常有效，除了用在日常针对特殊儿

童的教育教学中之外，还在高峰校长的指导下制定了《玉泉小学行为图谱》。把学生的一日常规都进行工作分析式的分解，再拍摄成视频，在为期2个月的周一全校校会上进行播放、讲解，同时每天在楼道大屏幕上播放，以视觉提示的方式帮助全校学生更快更好地将良好的行为习惯内化于心、外化于行。

（三）应用行为分析走近特教教师，授人以渔塑造"3D"环境

学生的资源教师、班主任、任课教师、特教助理教师和父母都是他的重要他人，在他的生活学习中扮演着重要的辅助角色，所以我除了直接给特殊儿童进行教学之外，还对这些重要他人进行培训和宣传，包括在学校微信公众号上发表《儿童问题行为会说话——儿童行为背后的目的》，旨在让老师和家长了解儿童问题行为在表达什么；在全校的家长夜校上介绍如何针对孩子的问题行为给予支持，帮助孩子用别人能接受的行为替代问题行为；在日常教育教学和教研培训中，向其他资源教师介绍应用行为分析的理论，指导他们实践应用，并给予反馈；帮助特教助理教师和家长观察孩子的行为，进行记录、辅助、强化。

这种"渔"不仅让资源教师、班主任、任课教师、特教助理教师和父母掌握了一些应用行为分析的知识和技能，有利于他们的日常教育教学，而且塑造了一个"资源教室—普通教室—家庭"三位一体的"3D"环境，促进了学生的行为有效改变和持久泛化。

（四）应用行为分析走出玉泉小学，区域辐射促进融合教育

在国内外教育同仁来校参观学习过程中，我也向他们介绍了应用行为分析，以及在我校的应用情况，受到英国和美国的师生的敬佩，也引起了云南、山东、安徽、福建、湖南、广东、香港、澳门等多地的参访团的兴趣，甚至还有十余人到资源教室学习，北京市石景山区特教中心也组织全区的资源教师前来学习。北京某高校的两名本科生在我的协助指导下利用应用行为分析的思想对学生进行干预并撰写毕业论文，得到相关老师的肯定。

这个过程不仅提升了我的特殊教育教学水平，让我逐渐成为一个手握技术、眼中有光、心中有爱的学生行为指导教师，而且促进了解决我校融合教育中的技术困扰，逐渐使我校自闭症儿童康复训练技术取得突破，实现了一定程度上的区域辐射。

中国科学院附属玉泉小学　刘丽君

案例分析：

行为指导教师拥有行为分析与干预相关的资格证书，为本校或者区内学生问题行为的管理提供专业支持与指导。本案例中的行为指导教师非常完整地介绍了自己专业的成长历程，她是海淀区 2016 年启动的行为指导教师培养工作的成员之一，先后参加了中国应用行为分析师（CNABA）和国际副应用行为分析师培训项目（BCaBA）。相关的学习过程历时长、内容多、任务重，该教师充分利用所有时间进行学习，即使在怀孕生子的过程中也在坚持学习。付出就会有收获。她掌握了专业知识和技能之后，在工作中灵活运用，效果显著。不仅有特殊教育需要的学生进步明显，而且全校其他学生也从中受益；还受到了国内外各界同仁的敬佩与学习，很好地宣传了融合教育理念和技术，成为一名手握技术、眼中有光、心中有爱的学生行为指导教师。技术的专业性是行为指导教师最为明显的特点，具备资质的行为指导教师，其身份可以是巡回指导教师，也可以是资源教师，还可以对学校内的资源教师、随班就读教师、学生家长等进行指导，在融合教育工作中发挥着重要作用。

【案例 5-4-2】

给我一双慧眼看行为

作为一线教师，我们既是学生在校事件的亲历者，又是后续事件的处理者。"横看成岭侧成峰，远近高低各不同。不识庐山真面目，只缘身在此山中。"就像诗中所云，有时我们并不能客观地判断学生的行为，做出理性的干预方案。在行为分析师的培训过程中，专业的学习给了我一双慧眼，从一个全新的视角看待学生的行为。

语文老师眼中的琪琪（一名自闭症倾向学生）：

"他有一定的语文学习能力，但是情绪特别不稳定，他发起脾气来，整个课堂都不能进行下去。比如在语文课上听写时，只要是遇到他不会写的字，就会哭闹不停，老师无法继续听写下去，整个课堂只能停下来。我感觉他没有办法参加语文课堂的听写，期末考试为了其他同学的考场纪律，他估计也不能参加了。"

行为指导教师（作者）眼中的琪琪：

"在语文课听写活动中，琪琪会写的字词，他会安静地跟随听写。如果遇到他不会听写的字词，会非常紧张并且说：'等一等，不会写'，由于老师上课听写的规则，是老师念三遍就进入下一个词。他会着急地哭，并且下座位要求老师停下来。因为他的哭闹和下座位行为，老师不得不暂停听写任务来处理他的事件。"

通过上面两段话的描述，可以发现，我会从行为发生的前因、行为、结果进行描述和分析，寻找行为发生的诱因。琪琪的问题行为主要由三个原因造成。首先，琪琪非常在意听写成绩，不能接受自己写不出这个生词；其次，他不掌握应试技巧，当遇到不会写的内容时不能继续跟进后面的听写；最后，在听写的生字中一大部分不会的内容加大了他在听写过程中的挫败感。我认为琪琪是有学习语文的动机的，而且有获得好成绩的强烈愿望，因此他是可以参加语文课堂听写活动和期末考试的，但是他需要进行相应问题行为的矫正，并要由行为指导教师帮助家长和语文老师做出一些调整。

在制定行为矫正方案之前，我会对学生进行细致的情景观察和相关信息了解，分析他的行为特质、优弱势领域分析、潜在强化物评估、问题行为的功能关系等，然后和家长、任课教师、学生一起制定行为干预计划。

针对琪琪我们制定了两个课程的干预目标：

第一，语文听写时，不会写的字标记"?"，安静等待听写下一个词。

第二，观察、识记不会写的生词，课堂听写能独立写出该生词。

在课程实施过程中我运用了说明、扮演、示范、回馈等教学策略，在此将我的回馈图表分享给大家。琪琪在识字方面很缺乏信心，他非常抵触要识记所有的生字。为了增加他的信心和兴趣，我用海报纸绘制了"琪琪识字号"，横轴为训练日期，纵轴为个案目前掌握的生字数量，单位为每个，为了呈现效果明显，我会调整纵坐标。

琪琪在评测中不会写的字占总字数的50%，他非常害怕自己犯错，一旦错的比重过高就会逃避听写活动。因此我建议家长每天进行练习听写的活动两次，并运用海报式的累积记录图进行记录，从图中可以看到总体完成率较高。另外，建立相应的代币系统，由家长和琪琪一起制定，当回合数达到一定数量时会得到相应的奖励。

我还对语文老师进行了相应的辅助，选择多样的强化方式，制定不同的评价标准。对琪琪我们会按照对几个、标记问号几个进行评价。在试卷练习过程中，由于琪琪书写较慢，老师给琪琪圈出其中几道题目，根据学生的实际情况进行学习成绩标准的调整。

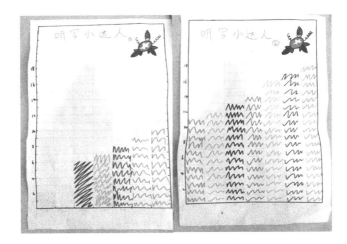

图 5-4-1　琪琪识字号

在家长、老师、琪琪和我的共同努力下，最后琪琪完成了 180 多字的识记，在期末考试中也顺利地完成了语文、数学、英语的考试，并且取得了良好的学习成绩。这是一次全新的旅程，可谓是峰回路转，每一位参与者在这次旅程中都有收获和提升。

北京市海淀区万泉小学　佟会敏

案例分析：

该行为指导教师选取了一个学生作为案例，详细地介绍了她对于这名学生在听写语文字词的时候出现的行为问题进行干预的过程。案例开始就列举了语文老师和行为指导教师眼中的学生行为表现。可以看出，在不具备专业知识的人员看来，遇到特殊学生出现的问题行为，他们更多的是不知所措。而专业的行为指导教师则是通过观察和记录发现和分析学生行为问题背后的真正原因，并有针对性地选取科学有效的策略和方法进行干预。与此同时，还对学生的任课老师和家长进行沟通和辅助，确保行为干预的持续性和有效性。行为指导教师不论从学生问题行为功能分析，还是强化物选择，抑或教学策略的运用等方面都提出了专业科学的意见和指导。行为指导教师在经过严格程序培训及培养之后，取得相应的资质，获得相关证书，具备专业处理学生行为问题的能力，能够调动学校相关资源，肩负着对学生问题行为干预和指导的重任。

【案例 5-4-3】

学以致用　成长有迹

自从入职以来，我就不断地追求特教的专业性。如果说当初参加中国应用行为分析师项目培训的意图还有点朦胧，目标也不明确，可随着学习的深入我越来越有一种冲动，想把掌握的科学理论宣传给周围的人，去帮助学生改善问题行为，提高学生的生活质量。

（一）问渠那得清如许？为有源头活水来

以前的教学工作我们已经应用到了应用行为分析中的某些训练方法。但真正理解应用行为分析的含义，科学地操作应用行为分析教学法却很难。从中国应用行为分析师到国际副应用行为分析师，跟随着老师一步一个脚印学习后，我才明白，当我想教给学生一个新的概念和技能时，我应该怎样去思考，怎样去做。

（二）不经一番寒彻骨，怎得梅花扑鼻香

国际副应用行为分析师相较于之前的中国应用行为分析师的学习，少了以前的密集培训，更多的是网上学习、网上讨论、网上测试，然后期末考试，每次测试只有一次，讨论不能迟到，没有补考机制；和大学的时候一样挣学分、期末考试，获得每门课程导师的签字，最后申请像托福一样的国际考试。听起来，真的是太难了；做起来，也确实是太难了，不过只要一想到具备这样的能力之后，我可以服务于更多有需要的学生，再难也要往前冲。

（三）纸上得来终觉浅，绝知此事要躬行

除了讨论、考试之外，还有督导自己的案例。这些案例在督导老师的带领下，脚踏实地地完成，最终将收获的经验回归自己。

1. 为你打开朋友圈

学生桐桐是一个被诊断为多重残疾的女孩，被安置于普通学校进行随班就读。刚开始见到她时，她不能很好地表达自己的需求，也不会向同学寻求帮助。为了改善这一情况，首先为她设计了求助课程。为了教学生学会求助，说出"请你帮帮我"，教师故意在教学中设计"困难"，所有的困难都是依照学生现有水平，略提难度，学生无法独自完成，利用字卡采取视觉提示策略引导学生学着寻求帮助。现在学生遇到自己无法独立完成的任务会主动向班级同学和老师说"请你帮帮我"，并且慢慢地融入班级活动，受到班里同学的喜欢，为她打开了朋友圈。

2. 识字能力是基础

小白是一名小时候因外力导致大脑受到损伤的学生，学习能力同班级同学相比稍弱。普通学生已经学过的 400 个汉字，他认识的汉字数量为 80 个，占总数的 20%。由此可见，学生的识字量并不高。于是对学生进行一对一识字教学，采用情景识字、游戏识字、生活识字方式，穿插"汉字变变变"或"加一笔、减一笔"以及字谜识字的方式进行教学。每次教授汉字后，充分运用区别性强化的手段，学生可以使用平板计算机玩汉字游戏作为每节课的强化物(5 分钟)。当每个月月底检测时，如果能达到 70% 的通过率，由家长完成学生的一个目标活动，例如看电影、去游乐场等。

学生经过 3 个月的学习识字量从 80 上升到 117，呈显著上升趋势。后期小白妈妈根据老师的方法继续在家进行教学，学生的识字能力有了一个稳步的提高，现阶段已经可以自己阅读一些放大版的没有拼音的故事书了。

3. 班级管理展成效

我还将应用行为分析法运用到集体课教学中，并且达到了良好的效果。

在我担任班主任的班级中，发现学生有这样的情况：

(1)课上随意下座位；

(2)老师讲课时，经常会走神，有小动作，例如玩铅笔、尺子；

(3)课上和同学小声说话，课堂听讲效率不高；

(4)课间有打闹现象。

为了改善这样的情况，我充分地运用了应用行为分析的各种方法，比如区别性强化替代行为(DRA)、区别性强化其他行为(DRO)、区别性强化低频率行为(DRL)、区别性强化高频率行为(DRH)等，在班级内实行荣誉护照进行盖章兑换奖品的制度。通过一个学期的实施，任课教师普遍反映班级学生的整体情况较之前有很大提升，教师们再也不抵触给班级上课，班级内学生的成绩也有较大的提升。

(四)长风破浪会有时，直挂云帆济沧海

当然，任何一种方法也都会有它的局限性，但我想只有先怀着吸收和学习的心态，认真、谦虚、全心地掌握它，才有资格评价甚至改良它。"梅花香自苦寒来"，相信我们这些行为指导教师在特殊教育指导中心的支持和自身的努力下，一定会"青出于蓝而胜于蓝"。

北京市海淀区图强第二小学　徐迅

案例分析：

案例中的巡回指导教师结合自身所学的应用行为分析方面的专业知识，列举了两个学生案例。一位学生从不会表达自己，不会求助，到最后不但学会了向他人求助，还受到了班级同学的喜欢，打开了属于自己的朋友圈。另一位学生在行为指导教师的训练和对其家长的指导下，识字量明显增加，进步显著。这两个案例，可以看出巡回指导教师工作的内容是专业且广泛的，他们面对各种不同类型的学生，采取的策略也不尽相同。在处理学生各种情绪行为问题的同时，他们还要对普通教师的教学提供支持，对家长进行指导，对特殊学生实施个别辅助，承担着帮助特殊学生融入普通班级的责任。行为指导教师如果想要更好地开展工作，就需要对专业知识不断学习、不断更新，除了积极参加培训学习之外，还要在实践中不断地应用、思考。每个孩子都有不同的特点，其成长都在不同的环境中，如何将个别化与集体化更好地融合，需要我们仔细琢磨。

小结：

学生行为指导教师的专业发展之路漫长而艰难，正如案例中的行为指导教师所说，这是一个"痛苦的过程"。行为指导教师克服重重困难去实现一个最"单纯的梦想"，那就是帮助特殊学生发展，为特殊学生提供有效的服务。在"痛"的同时，他们也掌握了很多具体的行为干预策略，用于对本校或本班的学生进行系统的干预，例如在培养生活自理能力、增加识字量、改变问题行为、塑造良好行为、促进言语沟通等方面，都取得了明显的效果，这进一步增强了行为指导教师的成就感和对这份工作的认同感。在此过程中，他们还增进了与其他教师及特殊学生家长的沟通，深入了解到学生行为背后的原因，更加综合地进行分析和指导。此外，学生行为指导教师还对自己干预个案的过程有诸多反思和总结，这进一步促进了其专业发展。

第五节 特教助理教师的专业发展

特教助理教师是直接对特殊学生进行辅助支持的专业人员，对于特殊学生参与班级生活、增进社交都起到重要作用。目前特教助理教师的来源比较广泛，有特殊教育专业人员，也有来自各行各业的跨学科人员，但他们都有共同的职业愿景。在开展特教助理教师工作前期，这些人员都有困惑，担心能否辅助孩子有质量地完成学业，担心因技能不足影响学生成长，但这些人员都有踏实干事、潜心研究的工作动机，希望通过努力提高专业技能，这是保障特教助理教师职业稳定的前提条件。在海淀特教中心统一培训的基础上，特教助理教师经过一段时间的实践和摸索，其专业技能逐步提升。从初期不断向区特教中心巡回指导教师寻求帮助时的不自信，到成长为一名能独立处理突发状况、有成熟业务能力的特殊教育专业辅助人员，最终成为推进融合教育工作良好发展的重要一员。

【案例 5-5-1】

观察干预，由"助"到"不助"

我是一个商学院毕业的学生，从来没有接触过教育行业，虽然曾经幻想过自己有一天可以成为一名教师，不过看看自己的专业感觉希望不是很大，但是，因为各种机缘巧合，在毕业找工作时找到了一份和教育有关的工作——特教助理教师。最开始看到这个词，我想到的是教育机构的那种助理老师，直到我去面试才知道原来是特殊孩子的老师，而且还是需要带领学生进入普通小学上课的老师。当时听负责人给我讲解，观摩他们的老师给学生上课，心里有种说不出的感觉，总觉得我应该为他们做些什么，但也担心自己不能胜任特教助理教师这一岗位。思来想去我最后还是决定放弃家里安排好的工作，选择从事特教助理教师这个职业。我总觉得有些事情，如果不去尝试就永远不会知道结果。人生嘛，只有进行各种各样的尝试，才能不留下遗憾。

随后的一段时间生活过得非常紧张，参加完论文答辩的第二天，我就从西安的学校回到了北京，开始了为期3个月的特教助理教师培训。在培训过程中，我才知道我最开始的认知太过肤浅了，成为这些孩子的老师并不容易，需要细心、耐心，一步一步有规划地进行干预。制定计划的时候要根据学生的特点，选择不同的策略方法，最重要的是要保证学生的安全，让他快乐地成长与进步。做特教助理教师还需要强大的情商，需要与家长和各科老师进行沟通协调。

在疯狂补习和培训后，很快我就迎来了第一个学生——林林（化名）。这是一个8岁的男孩子，长得非常可爱也很聪明，是个典型的高功能自闭症的孩子。现在我已经陪伴他到第二学期了，林林进步非常快，能够积极跟随课堂进行自主学习。看着林林现在的样子，让我不禁想起第一次接触林林家长时的样子。那时候自己十分紧张，认认真真地详细记录下家长反映的孩子一点一滴的情况，想象跟随这个孩子进入班级之后可能出现的情况，我应该怎样做？应该如何介入？应该如何和他建立良好的关系？……进入学校后用了2~3天去观察孩子的上课表现、社交表现，详细记录了问题行为的过程以进行功能行为分析，进而开始尝试用各种策略进行介入。

都说万事开头难，的确是这样，最开始的一个月是我觉得最"黑暗"的一段时光。刚进入学校，心里本就非常忐忑，对林林无从下手，手忙脚乱，进行介入也没有明显的进步和变化。从而对自己开始变得怀疑和不自信，内心非常惶恐和担心。所幸的是，与我同学校的老师和整个教师团队都给了我很大的帮助支持。针对林林的情况做了一次长达近2小时的研讨会，大家帮助我慢慢分析他的心理，可以尝试的一些策略。我都一一进行了详细的记录，然后回家开始慢慢调整自己的状态，之后所有的介入程序从头开始，循序渐进。过了一段时间后，惊喜地发现采用这样的方法果然是有效果的，孩子在一点点地进步，而我也得到了专业强化，看到了好的效果。慢慢地，我也变得越来越从容，能够带着他进行更多的练习，对自己也越来越自信，到第一学期期末的时候林林的进步已经非常大了。

在一学期短短的4个月中，我和林林经历了长时间的磨合，然后开始了稳步的进步和成长，这也是一个互相成长学习的过程。现在我们可以说非常默契，已经不需要大量的口语提示，只要我抬起手轻轻指一指，林林就可以立马改善自己的行为。上学期的时候，我还是和林林寸步不离，而这个学期我已经开始慢慢地尝试离林林远一些，让他自己上课，进行社交活动。当然，当他出现不合适的行为时，我就会用手势提示他。或许，不久他可能就不需要我在教室里面陪着他了，这也是我努力的目标。

北京市海淀区特殊教育研究与指导中心　吴冠瑾

案例分析：

特教助理教师是有特殊教育需要的学生每天在校生活中接触最多的人，他们给予学生的是最直接的支持，是学生的助理、是班级老师的助理、是家长的助理。但是，特教助理教师师资目前还是比较缺乏的，现有特教助理教师多数来自非专业人员。当他们开始工作时，由于缺乏专业知识和技能，常常感到无所适从，人员流失的情况也比较严重。本案例中的特教助理教师就是一位非专业出身的老师，一开始也是困难重重，但是经过巡回指导教师、特教中心等相关人员和部门的指导和培训，快速成长，逐渐适应特教助理教师的身份，与学生相互磨合，建立起彼此信任和谐的关系，帮助学生适应融合教育环境并取得了进步。特教助理教师的工作多是面对一个特教学生，不同于保姆和陪读老师，他们在工作中需要不断学习和培训，运用特殊教育专业知识去辅助学生完成在校的各个任务，促进学生的融合教育发展。

【案例 5-5-2】

多方联动，促专业成长

做一名特教助理教师是我来到单位工作的第一个任务，在此之前，对于特教助理教师的工作自己只是有个大概的了解。国内外提倡融合教育的趋势一直是有增无减，可以有机会站在融合教育的第一线，在真正的教育环境中支持和辅助一个有特殊教育需要的学生，我是非常期待的，但实际的情况和具体的开展，又是没有实践经验的。

一、参加岗前培训，做好前期准备

新学期开学前，特教中心就对特教助理教师进行了岗前培训，让特教助理教师了解自己的工作职责、常规工作、问题处理等。我做特教助理教师之前，先从两个方面进行准备：一方面，和学生相关的特教中心老师及家长进行沟通，了解学生的情况和评估的结果，比如与学生的妈妈见面沟通，了解学生的基本情况。另一方面，和学生所在学校相关的老师进行沟通。同学生班主任和资源教师进行沟通，安排资源教室钥匙配备、特教助理教师出入校园证件办理的相关事宜。

二、与学生建立关系，制定辅助相关目标

（一）熟悉学生并与学生建立良好信任的师生关系

学期初是了解学生，与学生建立良好信任的师生关系的关键时期。这期间，令我印象深刻的便是小德进班上课的第一天，他就给我制造了个突然没影儿了的"惊喜"，仅仅是我去小柜子里放书的一瞬间，小德就跑出去了，原来他自己跑到别人班里去了。所以快速地了解学生，与学生建立和谐信任的关系是首要任务。

（二）学生问题行为基线期的观察与记录

相处中发现学生的问题行为是比较多的——乱跑、抢同学眼镜、解女生头绳、拿同学的东西、上课脱鞋、情绪激动、敲打自己的头、自言自语、撕教室墙上贴的标签等。我进行观察并及时记录，搜集确定学生问题行为的基线期数据。

（三）分析学生问题行为，制定学生学期目标和周目标

通过对学生问题行为数据进行基于 ABC 原则的前事行为分析，分析学生问题行为功能，结合学生实际情况，制定学生的短期目标和长期目标。与此同时，在巡回指导教师的支持下，结合学生的发展水平和能力现状，为学生制定学期目标和周目标，并且随时根据具体的实际情况进行调整。

三、围绕行为目标，辅助与干预问题行为

我接下来围绕目标对学生进行辅助指导和目标行为的干预，在课堂和课下采取不同的策略和方法。课堂上，多采用视觉提示法；课下辅助增加语言提示的频率，加强学生对于语言指令的理解和完成，围绕学生的社交、常规、语言表达等方面的内容进行辅导。

选取最关键的、具有危险性的行为作为目标行为干预。自己不断地去学习应用行为分析、积极行为支持等相关的理论知识，结合实践进行干预。例如小德从班级同学那里模仿扔铅笔盒的行为，常常在课堂上、列队的时候不分时间、不分场合地向上空抛扔，多次发生砸到同学头的情况，而且扔铅笔盒的行为也扩展到了扔笔、扔书、扔橡皮等多种情况。针对这个行为，通过提前预防、行为替代等多种途径对学生的问题行为进行干预，慢慢地学生扔东西的行为减少了。类似其他行为发生的原因也不尽相同，所以需要认真观察，仔细分析，大量思考，谨慎地使用干预策略。

特教助理教师的成长离不开特教中心，海淀特教中心主要从以下几个方面对每一位特教助理教师的成长提供支持和指导：

1. 定期举办教研会。中心每周五下午都会举办特教助理教师教研会，巡回指导教师会进行相关内容的理论培训，各个特教助理教师汇报学生的一周情况，存在的问题和困惑，大家一起进行研讨、商量和建议，集体成长、一起收获。

2. 不定期举办专题培训。内容涉及融合教育理论与实践、学生目标制定与辅助策略、个案撰写等，既有来自特教领域的专家们分享特殊教育和融合教育的知识，又有针对学生目标和个案撰写的具体培训。

3. 巡回指导教师下校指导。巡回指导教师会安排时间到每一位配有特教助理教师的学生学校听课，观察学生的课堂表现和学校生活，对特教助理教师进行指导和提出建议，并且与学生的班主任、资源教师、任课教师进行沟通交流和指导。

特教中心通过多种途径培养特教助理教师。我能够从一开始的迷茫疑

感转变为目标清晰、不知所措转变为积极处理，离不开特教中心的支持和培养，在做特教助理教师的过程中，自己的专业知识、应变能力、沟通能力都取得了一定的进步，不过我还需要更加努力，让自己更快速地成长、成熟。

北京市海淀区特殊教育研究与指导中心　束丽菲

案例分析：

这个案例是围绕专业出身的、特教中心培养的特教助理教师进行介绍的。该特教助理教师对自己工作流程的整体开展进行简单的梳理，也是她作为特教助理教师成长的轨迹。在这个过程中，她遇到过很多困难，产生过困惑、迷茫。但是特教助理教师就是一份需要付出爱心和耐心，同时不断调整自己的心态和发展自身的专业技能的工作。除了每日对学生的支持和辅助之外，还需要认真观察记录学生的在校表现，认真思考。可以说，作为一名特教助理老师，需要具备多方面的能力：了解学生特点，具备一定的学科教学能力，与学校教师、家长和巡回指导教师沟通能力，问题处理能力等；还需要熟悉学生的个性化特点，根据学生的实际情况科学制定学生的长短期目标。这些内容对特教助理教师来说都是具有挑战性和专业性的。从本案例中也能看出，特教中心对于特教助理教师的大力培养，定期举办教研会、开展特教专题培训、巡回指导教师下校指导，多方联动，合力并举，以促进有特殊教育需要的学生的融合。

小结：

特教助理教师的专业成长途径一般包括三个方面。第一，增加专业理论知识学习，了解不同发展阶段的儿童特点和基本的教学干预理念与策略。第二，参加培训，特教助理教师的专业成长是在思想修养、专业知识、技术能力等方面不断提升与拓展的行为过程，在这个过程中，需要学习与环境的良性互动才能获得相应能力。特教助理教师工作环境相对封闭，通过定期参加进修班学习理论与实操知识、与同伴交流工作心得体会，才能一直保持专业认同与自信。第三，重视总结与反思，通过对工作的总结分析，特教助理教师对教育教学行为做自我教学监控，进一步提升对辅助策略的判断、思考和分析能力，更有效地发挥特教助理教师的创造性工作作用。

参考文献

1. Broer, S. M., Doyle, M. B., Giangreco, M. F. Perspectives of Students with Intellectual Disabilities about Their Experiences with Paraprofessional Support [J]. Exceptional Children, 2005, 8.

2. Bronfenbrenner U. Toward an Experimental Ecology of Human Development [J]. American Psychologist, 1977, 32(32).

3. Butt, Rosemary. Employment Procedures and Practices Challenge Teacher Assistants in Mainstream Schools [J]. School Leadership and Management, 2016, 36(1).

4. Deng M, Wang S, Guan W, et al. The Development and Initial Validation of a Questionnaire of Inclusive Teachers' Competency for Meeting Special Educational Needs in Regular Classrooms in China [J]. International Journal of Inclusive Education, 2017(21).

5. Evans, S.. Perceptions of Classroom Teachers, Principals and Resource Room Teachers of the Actual and Desired roles of the Resource Teacher. Journal of Learning Disabilities. 1981(10).

6. Fairbanks S, Sugai G, Guardino D, et al. Response to Intervention: Examining Classroom Behavior Support in Second Grade [J]. Exceptional Children, 2007, 73(3).

7. Farrell P, Alborz A, Howes A, et al. The Impact of Teaching Assistants on Improving Pupils' Academic Achievement in Mainstream Schools: A Review of the Iiterature [J]. Educational Review, 2010, 62(4).

8. Frencb N K, Lou Pickett A. Paraprofessionals in Special Education: Issues for Teacher Educators [J]. Teacher Education and Special Education: The Journal of the Teacher Education Division of the Council for Exceptional Children, 1997, 20(1).

9. Mu G M, Wang Y, Wang Z, et al. An Enquiry into the Professional Competence of Inclusive Education Teachers in Beijing: Attitudes, Knowledge, Skills, and Agency [J]. International Journal of Disability, Development and Education, 2015, 62(6).

10. Giangreco, M. F. Broer, S. M. Questionable Utilization of Paraprofessionals in Inclusive Schools: Are we Addressing Symptoms or Causes [J]. Focus on Autism and Other Developmental Disabilities, 2005, 20(1).

11. Gibson D, Paatsch L, Toe D. An Analysis of the Role of Teachers' Aides in a State Secondary School: Perceptions of Teaching Staff and Teachers' Aides[J]. Australa-

sian Journal of Special Education，2016，40(1).

12. Keating S，O'Connor，Una. The Shifting Role of the Special Needs Assistant in Irish Classrooms：a Time for Change [J]. European Journal of Special Needs Education，2012，27(4).

13. O'Rourke，John，West J. Education Assistant Support in Inclusive Western Australian Classrooms：Trialling a Screening Tool in an Australian Context [J]. International Journal of Disability，Development and Education，2015，62(5).

14. Stainback W，Stainback S. A Rationale for the Merger of Special and Regular Education. Exceptional Children，1984，51(2).

15. Teaching Personnel. Classroom Support Staff Handbook[R]. 2013，16-17.

16. Umesh Sharma. Teaching Assistants in Inclusive Classrooms：A Systematic Analysis of the International Research [J]. Australian Journal of Teacher Education. 2016，41.

17. Wadsworth D E，Knight D. Paraprofessionals：The Bridge to Successful Full Inclusion [J]. Intervention in School and Clinic，1996，31(3).

18. Wallace T，Anderson A R，Bartholomay T. Collaboration：An Element Associated With the Success of Four Inclusive High Schools [J]. Journal of Educational and Psychological Consultation，2002，13(4).

19. 北京市教育学会特殊教育研究会. 北京市特殊教育 50 年[M]. 北京：华夏出版社，1999.

20. 曹婕琼，昝飞. 美国、日本、中国大陆地区融合教育的比较与思考[J]. 中国特殊教育，2003(04).

21. 陈琴，庞丽娟，许晓晖. 论教师专业化[J]. 教育理论与实践. 2002(1).

22. 邓猛. 融合教育理论指南[M]. 北京：北京大学出版社，2017.

23. 邓猛. 普通小学随班就读教师对全纳教育态度的城乡比较研究[J]. 教育研究与实验，2004(1).

24. 邓猛，潘剑芳. 关于全纳教育思想的几点理论回顾及其对我们的启示. 中国特殊教育，2003(4).

25. 邓猛，肖非. 隔离与融合：特殊教育范式的变迁与分析[J]. 华中师范大学学报(人文社会科学版)，2009(4).

26. 邓猛，朱志勇. 随班就读与融合教育——中西方特殊教育模式的比较[J]. 华中师范大学学报(人文社会科学版)，2007，46(4).

27. 丁钢. 教师的专业领导：专业团队计划[J]. 教育发展研究，2004，24(10).

28. 邓猛. 融合教育实践指南[M]. 北京：北京大学出版社，2016.

29. 冯雅静. 随班就读教师核心专业素养研究[J]. 中国特殊教育，2014(1).

30. 冯雅静. 国外融合教育师资培训的部分经验和启示[J]. 中国特殊教育，2012(12).

31. 冯雅静，王雁. 美国"双证式"融合教育教师职前培养项目的概况和启示——以田纳西大学早期教育融合教师培养项目为例[J]. 中国特殊教育，2015(3).

32. 冯雅静，朱楠. 随班就读资源教师专业化发展的现状与对策[J]. 中国特殊教育，

2018(2).

33. 甘昭良. 从隔离到全纳：特殊教育发展的理论与实践[M]. 厦门：厦门大学出版社，2012.

34. 皋岭. 网络教研与教师的专业化发展[J]. 教育科研论坛，2008(3).

35. 高威. 实现高质量的融合教育：美国辅职教师制度化路径及启示[J]. 基础教育，2018(2).

36. Halahan P. D. , Kauffman M. J. , Pullen. 特殊教育导论[M]. 11 版. 肖非，等，译. 北京：中国人民大学出版社，2010.

37. 韩文娟. 香港"全校参与"融合教育模式下的普通教育教师培训及启示[J]. 现代特殊教育，2016(22).

38. 华国栋. 残疾儿童随班就读现状及发展趋势[J]. 教育研究，2003(2).

39. 华国栋. 残疾儿童随班就读师资培训用书[M]. 北京：华夏出版社，2006.

40. 华国栋. 随班就读教学[M]. 北京：华夏出版社，2004.

41. 黄志雄. 特教教师与普教教师的合作与协同教学[J]. 特教论坛，2006(1).

42. 教育部等七部门. 第二期特殊教育提升计划(2017－2020 年)[Z]. 2017-07-17.

43. 塞轶. 新疆维吾尔自治区义务教育阶段特殊教育发展现状与发展对策研究. [D]. 乌鲁木齐：新疆师范大学，2009.

44. 江琴娣. 随班就读轻度智力落后学生心理健康问题的研究[J]. 中国特殊教育，2005(2).

45. 景时，邓猛. 英国的融合教育实践——以"特殊教育需要协调员"为视角[J]. 学习与实践，2013(6).

46. 兰继军，于翔. 加强教师教育改革培养全纳型的教师[J]. 中国特殊教育，2006(1).

47. 联合国教科文组织. 全纳教育共享手册[M]. 北京：华夏出版社，2004.

48. 雷江华. 重读《萨拉曼卡宣言》——解析全纳教育的理念：教育机会均等[J]. 现代特殊教育，2001(3).

49. 雷江华，连明刚. 香港"全校参与"的融合教育模式[J]. 现代特殊教育，2006(12).

50. 李拉. 巡回指导：学前融合教育的专业支持模式[J]. 现代中小学教育，2013(3).

51. 李拉. 论随班就读教师队伍的专业化[J]. 教育理论与实践，2014，34(17).

52. 李拉. 专业化视野下的随班就读教师：困境与出路[J]. 教育理论与实践，2012(23).

53. 李晓杰. 普小学生对随班就读弱智同伴接纳态度的干预研究[J]. 教育探索，2009(10).

54. 李泽慧. 近二十年我国随班就读教师培养研究回顾与反思[J]. 中国特殊教育，2010(6).

55. 刘春玲，杜晓新，姚健. 普通小学教师对特殊儿童接纳态度的研究[J]. 中国特殊教育，2000(3).

56. 刘慧丽. 融合教育理念下资源教师角色的指导模式研究[D]. 武汉：华中师范大

学，2013.

57. 刘岩华，叶立言. 试论残疾儿童随班就读教育支持的组织系统[J]. 中国特殊教育，2000(4).

58. 刘艳虹，顾定倩，焦青. 改革开放30年北京市特殊教育发展及现状研究[J]. 中国特殊教育，2008(10).

59. 刘莺. 上海市基础教育培训机构教师胜任力优化研究[D]. 上海：华东师范大学，2016.

60. 马红英，谭和平. 上海市随班就读教师现状调查[J]. 中国特殊教育，2010(1).

61. 马红英，谭和平. 略论融合教育教师的特殊教育专业培训[J]. 现代特殊教育，2009(10).

62. (美)查尔斯·H. 扎斯特罗，卡伦·K. 柯斯特-阿什曼. 人类行为与社会环境[M]. 师海玲，孙岳，等，译. 北京：中国人民大学出版社，2006.

63. 孟晓. 资源教师的角色浅析[J]. 中国特殊教育，2004(12).

64. 孟万金. 全纳教育理念下教师专业素质及专业化标准研究[J]. 中国特殊教育，2008(05).

65. 孟晓. 资源教师的角色浅析[J]. 中国特殊教育，2004(12).

66. 钮文英. 拥抱个别差异的新典范：融合教育[M]. 2版. 台北：心理出版社. 2015.

67. 朴永馨. 融合与随班就读[J]. 教育研究与实验，2004(4).

68. 朴永馨. 特殊教育辞典[M]. 北京：华夏出版社，2014.

69. 彭霞光. 中国全面推进随班就读工作面临的挑战和政策建议[J]. 中国特殊教育，2011(11).

70. 卿春. 锦江区随班就读学生课程调整现状研究[D]. 成都：四川师范大学，2015.

71. 邱上真. 特殊教育导论：带好班上每位学生[M]. 2版. 台北：心理出版社，2004.

72. 邱上真. 普通班教师对特殊教育需求学生之因应措施、所面对之困境以及所需要之支持系统[J]. 特殊教育研究学刊，2001(21).

73. 高威. 实现高质量的融合教育：美国辅职教师制度化路径及启示[J]. 基础教育，2018(2).

74. 申仁洪. 全纳教育的支持系统及其生态化走向[J]. 重庆师范大学学报(哲学社会科学版)，2006(1).

75. 师海玲，范燕宁. 社会生态系统理论阐释下的人类行为与社会环境——2004年查尔斯·扎斯特罗关于人类行为与环境的新探讨[J]. 首都师范大学学报(社会科学版)，2005(4).

76. 宋源. 团队合作行为影响因素研究[J]. 理论界，2009(06).

77. 苏文利，卢台华. 利用自然支持进行融合式班级合作咨询模式之行动研究[J]. 台湾大学特殊教育学系特殊教育研究学刊，2006(30).

78. 孙颖. 北京市资源教室建设现状与发展对策[J]. 中国特殊教育，2013(1).

79. 谭和平，马红英. 上海市随班就读教师专业化发展需求的调查研究[J]. 基础教育，2012(2).

80. 汤滟秋，唐静，韩睿婷. 台湾地区特殊教育专业团队透析及借鉴[J]. 绥化学院学报，2019(4).

81. 肖非. 中国的随班就读：历史·现状·展望[J]. 中国特殊教育，2005(3).

82. 谢燕，傅王倩，肖非. 日本特别支援教育教师资格认证制度的分析与启示[J]. 教师教育研究，2017(1).

83. 徐美贞，杨希洁. 资源教室在随班就读中的作用[J]. 中国特殊教育，2003(4).

84. 徐建姝. 聚焦供给侧结构改革，深入推进融合教育发展[J]. 现代特殊教育，2016(17).

85. 徐芳. 香港重度智障儿童的学校康复服务[J]. 现代特殊教育，2014(5).

86. 王红霞. 融合教育巡回指导模式探索——基于北京市海淀区的实践[J]. 现代特殊教育，2016(9).

87. 王红霞，彭欣，王艳杰. 北京市海淀区小学融合教育现状调查研究报告[J]. 中国特殊教育，2011(4).

88. 王红霞，王艳杰. 资源教室建设方案与课程指导[M]. 北京：华夏出版社，2017.

89. 王和平. 随班就读资源教师职责及工作绩效评估[J]. 中国特殊教育，2005(7).

90. 王和平，肖洪莉. 随班就读资源教师工作及其专业培训的思考[J]. 中国特殊教育，2017(6).

91. 王丽华，褚伟明. 促进教师研究的学校内部机制构建：国际进展与前瞻[J]. 教育发展研究，2015(6).

92. 王琳琳，赵斌. 随班就读智障儿童积极心理健康教育探析[J]. 绥化学院学报，2013(7).

93. 王淑荣，国家亮. 随班就读听力残疾学生的心理健康状况调查研究——以山东省济南市随班就读听力残疾学生的心理健康状况为例[J]. 中国校外教育，2011(1).

94. 王欣，王于领，黄卫平，等. 世界物理治疗联盟物理治疗师专业准入教育指南(2011 版)[J]. 中国康复医学杂志，2012(10).

95. 王秀琴. 巡回指导教师在随班就读中的作用研究——基于北京市海淀区 2011—2013 年巡回指导工作的实践[J]. 现代特殊教育，2014(Z1).

96. 王雁等. 中国特殊教育教师培养研究[M]. 北京：北京师范大学出版社，2012.

97. 王雁，王志强，冯雅静，等. 随班就读教师专业素养现状及影响因素研究[J]. 教师教育研究，2015，27(4).

98. 王雁，王志强，程黎，等. 随班就读教师课堂支持研究[J]. 教育学报，2013，9(6).

99. 王雁，朱楠. 中国特殊教育教师发展报告[M]. 北京：北京师范大学出版社，2015.

100. 王振德. 资源教室的理念与实施[J]. 中国特殊教育，1997(3).

101. 王振德. 资源教师的角色功能[J]. 小学特殊教育，1986(6).

102. 杨凤金. 协同教学在美国融合教育中应用的研究[D]. 上海：华东师范大学，2013.

103. 伊丽斯克,邓猛,乌云毕力格. 桥梁或枷锁:日本资源教室"通级指导"模式[J]. 外国教育研究,2016,43(11).

104. 颜廷睿,邓猛. 西方全纳教育效果的研究分析与启示[J]. 中国特殊教育,2013 (3).

105. 颜廷睿,关文军,邓猛. 北京市中小学融合教育实施情况的调查研究[J]. 残疾人研究,2017(2).

106. 姚璐璐,江琴娣. 美国特殊教育教师资格认证制度述评[J]. 中国特殊教育,2009(2).

107. 杨希洁,徐美贞. 北京市随班就读小学资源教室初期运作基本情况调查[J]. 中国特殊教育,2004(6).

108. 杨孝谊. 普通班教师实施学习障碍学生融合教育之特殊教育专业知能与教学困境研究,2010.

109. 杨银,秦铭欢. 我国台湾地区特殊教育助理员发展概况及其启示[J]. 现代特殊教育(高等教育研究),2018(10).

110. 叶元. 美国特殊教育相关服务研究[D]. 上海:华东师范大学,2011.

111. 赵斌,姜小梅. 我国残疾儿童少年随班就读师资培训中的问题及对策[J]. 绥化学院学报,2014(4).

112. 赵方春,罗文达. "特教中心学校"在"随班就读"师资培训中的功能研究[J]. 中国特殊教育,2004(10).

113. 赵小红. 近25年中国残疾儿童教育安置形式变迁——兼论随班就读政策的发展[J]. 中国特殊教育,2013(3).

114. 曾亚茹. 普通小学教师对随班就读的态度、教学策略与所需支持的研究[J]. 中国特殊教育,2007(12).

115. 张华军. 论教师作为研究者的内涵:教师研究性思维的运用[J]. 教育学报,2014(1).

116. 张杰. 日本全纳教育的实施体系、改革方向及面临的问题[J]. 外国中小学教育,2010(10).

117. 张玉红,高宇翔等. 新疆普通学校师生和家长对全纳教育接纳态度的调查研究[J]. 中国特殊教育,2014(8).

118. 张悦歆,王蒙蒙. 随班就读巡回指导教师制度研究进展和建议[J]. 中国特殊教育,2017(11).

119. 郑晓坤. 中国特殊教育师资培养研究(1978—2016)[D]. 长春:东北师范大学,2017.

120. 朱建华,邱铁. 区域性特殊教育现代化模式研究与实践[M]. 上海:上海科技教育出版社,2009.

121. 朱楠,赵小红,刘艳虹. 随班就读学校氛围案例研究[J]. 中国特殊教育,2009 (3).

122. 朱政鑫,邓晓蕾. 基于融合教育的普校教师特教培训的思考——以上海市静安区自闭症儿童行为管理培训为例[J]. 长春大学学报,2019(3).

123. 宗河. 帮助更多残疾学生实现梦想[N]. 中国教育报，2013-07-19.

124. 周丹. 美国融合教育教师发展演化及对我国的启示——基于教师专业发展的视角[J]. 现代特殊教育，2018(11).

125. 周丹. 王雁. 美国融合教育教师素养构成及启示[J]. 比较教育研究，2017(3).

126. 周耿. 北京市随班就读综合教育模式的构建与实践[J]. 中国特殊教育，2000(3).

附　件

附件 2-1　海淀特教中心巡回指导教师岗位职责与说明

一、巡回指导工作

1. 通过电话接收各学校提出的巡回指导服务需求信息。

2. 指导提出申请的学校填写《特殊教育需求学生巡回指导申请表》。

3. 岗位负责人与学校协商赴校具体巡回指导时间及流程。

4. 对需要指导的学生或助教进行课堂及学校活动观察。

5. 每周巡回指导至少 2～3 所学校。

6. 根据具体情况，向班主任了解学生的学校表现、突出问题、助教的陪读情况、教育困惑、期待解决的问题，并给予困惑解答和具体建议。

7. 根据具体情况，向部分学生家长了解学生生长发育史、家庭教养环境，必要时建议家长带学生赴医院问诊，为家长提供家庭教育建议，促进家长和学校的彼此理解与合作。

8. 巡回指导过程中要填写《巡回指导课堂观察记录》《巡回指导访谈记录》。

9. 巡回指导结束后，告知学校负责融合教育的领导要针对巡回指导教师的工作填写《巡回指导反馈表》。

10. 对个别有需要的随班就读学生进行定期巡回指导。

11. 巡回指导教师每学期要撰写巡回指导工作总结。

二、筛查工作

12. 指导有特殊教育需求学生的普通学校，登记学生的基本情况和问题，并填写《特殊教育需求学生筛查表》。

13. 岗位负责人与学校负责融合教育工作的领导进行沟通，安排筛查具体时间及人员。

14. 巡回指导教师需进入班级进行课堂观察和活动观察，在自然环境下观察学生的表现。

15. 巡回指导教师要与学生进行一对一互动，在互动中观察学生的反应，了解学生的相关信息。

16. 巡回指导教师要访谈班主任及任课教师，更全面地了解学生在校表现、突出问题、教育困惑、期待解决的问题，并整合相关信息给予困惑解答和具体建议。

17. 如学校邀请学生家长参与筛查活动，巡回指导教师还需为家长提供咨询，给出建议，促进家校合作。

18. 巡回指导教师每周为 2～3 所学校的学生进行筛查。

19. 筛查结束后，教师需整理筛查信息，撰写筛查反馈表，并向学校进行反馈。

三、评估工作

20. 接听学校教师及家长的电话咨询。

21. 向提出评估需求的家长了解学生基本情况以及评估目的，并根据具体情况，为学生选择适合的评估项目。

22. 岗位负责人接到家长的评估申请，安排具体评估时间、评估人员，并提醒家长携带学生前期诊断材料及学生作业本。

23. 每周为至少 2 名学生进行全面评估并提供评估报告。

24. 根据实际需要对学生进行认知能力评估、社会适应行为评估、动作评估、语言评估、阅读与书写能力评估。

25. 对家长进行访谈，了解学生生长发育史、家庭教养环境、学业发展水平、学校适应状况、社会交往水平、家长对学生的期望、家长的困惑与期待解决的问题。

26. 对学生的评估记录进行分析、录入，参考评估报告及对学生的观察，撰写学生评估分析报告。

27. 与家长预约评估结果反馈时间。

28. 将评估结果向家长进行详细反馈，并解答家长疑问，根据评估结果及前期访谈，为家长提出切实可行的教育建议。

29. 将学生各项评估分册、评估报告、分析报告进行整理并存档。

30. 对于要求知悉学生评估结果的学校，需经家长同意，将加盖特教中心公章的学生评估分析报告反馈给学校。

四、数据收集及上报工作

31. 根据各上级单位下发的数据统计通知，设计融合教育和特殊教育数据等相关调查表。

32. 撰写各校填报调查表的通知，并下发通知。

33. 收集、整理各校上报的纸版及电子版调查表，严格审核各校上报的随班就读数据，确保数据的准确性。

34. 统计并填报北京市融合教育和特殊教育数据调查表。

35. 对各校上报的数据按照各种需求进行分类整理，按学区、学校、类型、年级等不同维度进行整理，为各种上报做准备。

36. 严格审核各校新增随班就读学生医院诊断材料，复印并存档。

五、随班就读相关手续的办理

（一）审批随班就读申请手续

37. 审核学生家长向学校提交的医院诊断证明（盖有医院公章）原件和复印件，审核合格后，诊断证明原件当面返还，复印件留存备案。

38. 要求无医院明确诊断证明的学生家长填写《海淀区学生特殊教育需求上报表》，并签署学校意见加盖学校公章后，送交特教中心备案。

39. 负责教师严格审核申请材料，如符合申请标准即可办理随班就读，如不符合标准则不予办理，并通知学校不予办理的原因。

（二）撤销随班就读申请手续

40. 指导提出撤销随班就读申请的学生家长将医院出具的证明材料上交学校，要求学校针对学生的具体情况签署意见并加盖学校公章，将相关材料备案。

41. 岗位负责人安排巡回指导教师到学校，对学生进行具体评估，如符合撤销标准即可办理撤销手续，如不符合标准则不予办理，并通知学校不予办理的原因。

42. 其他巡回指导相关工作。

六、指导资源教室/学区资源中心的工作

（一）资源教室/学区资源中心

43. 根据上级通知，组织随班就读学校/学区积极申报建设资源教室/学区资源中心项目。

44. 根据上级要求，在教委项目平台，初步审批和完善资源教室/学区资源中心项目材料。

45. 给项目通过学校/学区颁发确认函。

46. 根据资源教室相关上级文件，提供学校/学区咨询建设的相关建议。

47. 每年 11～12 月对新建资源教室/学区资源中心进行硬件评估。

48. 每年 4～6 月对资源教室/学区资源中心进行全面检查评估。

49. 提供资源教室/学区资源中心管理与运作方面相关咨询服务。

50. 制定常规巡回指导计划，并与学校/学区沟通确定时间。

51. 提供资源教室/学区资源中心的巡回指导服务，并做好记录存档。

52. 撰写资源教室/学区资源中心相关稿件（如建设方案、建设进展、全面评估和硬件评估的通知、方案等）。

53. 对资源教室/学区资源中心的相关资料进行存档。

54. 其他资源教室/学区资源中心的相关工作。

（二）资源教师

55. 建立资源教师微信群，做好微信群的维护工作，及时将通知在群内公布并做好答疑工作。

56. 每年 3 月，电话调研资源教师在岗情况。

57. 每年 7 月，撰写并下发通知要求各校资源教师上交考核表、学年度总结和下学期计划。考核合格后在资源教师资格证书上加盖公章。

58. 每年 8 月初，撰写并下发通知要求各校资源教师上交岗位登记表，并统计下一年各校资源教师人数，并将学校、教师名单及专兼职人员情况提交给人事科。

59. 每年一次，调研学校对资源教师的津贴发放情况。

60. 每周为 2～3 所学校或学区提供资源教室/中心巡回指导服务。

61. 每两年组织一次全区资源教师风采展示活动。

62. 收集通过上岗培训的资源教师相关信息（如性别、出生年月、继教号等）制作并颁发资源教师资格证书。

63. 对资源教师相关材料进行存档。

64. 其他资源教师相关工作。

七、指导特教助理教师的工作

65. 通过学校了解家长对特教助理教师的需求并做好需求登记工作。

66. 每学期初对招募的特教助理教师进行岗前专业培训。

67. 每周五下午组织特教助理教师开展专题教研活动。

68. 根据教研反馈，每周至少前往 2 所学校开展特教助理教师巡回指导，并填写特教助理教师巡回指导记录表。

69. 实时做好特教助理教师相关工作的沟通协调，做好对特教助理教师的业务指导、与特教助理教师的沟通、与家长及学校的沟通、与助理所在机构的沟通等。

70. 每学期末调研融合教育学校及家长对特教助理教师工作的认识，对本学期特教助理教师工作进行总结。

71. 指导特教助理教师进行案例总结与反思，要求每名特教助理教师每学期完成一篇案例。

72. 做好特教助理教师的工作宣传及人员招募工作。

73. 其他特教助理教师管理及指导相关工作。

八、指导送教上门的工作

74. 每年 6 月做好送教上门学生的摸底调查工作，做好调查记录。

75. 每年 7 月做好下一学年度送教上门工作规划。

76. 每周进行至少 2 次送教上门巡回指导，并填写送教上门巡回指导记录表。

77. 及时解答送教上门教师的疑问，并指导送教上门教师做好送教上门记录。

78. 每周安排半天组织送教上门教研活动。

79. 根据工作安排组织送教上门教师培训、研讨活动。

80. 指导送教上门教师撰写教学案例，要求每位送教上门教师每学期完成一篇案例。

81. 及时将送教上门过程中出现的问题、所需要的支持上报主管领导并做好记录。

82. 每学期末对送教上门工作进行书面总结并报上级主管领导。

83. 其他送教上门管理与指导相关工作。

九、组织培训的工作

84. 每年 9～10 月份完成下一年度培训项目申报工作。

85. 每年 12 月份完成本年度培训总结和下一年度培训计划。

86. 每年开展一次需求调研，根据调研结果调整或补充培训计划。

87. 对重点培训项目进行满意度调查，要求学员完成个人培训总结，了解培训效果。

88. 对于重点培训项目，建立学员培训微信群，做好微信群的维护工作，及时将通知在群内公布并做好答疑工作。

89. 对于周期长的培训项目，做好沟通工作并及时记录沟通反馈，涉及与合作方、学员及学员所在单位的沟通与协调、学员培训情况反馈、阶段性培训安排的通知与确认等。

90. 对学员培训情况进行考核，考核合格颁发培训结业证书。

91. 每一次培训，需完成以下流程：撰写培训通知、报名统计、场地安排、专家联系、现场签到、培训总结或通讯稿撰写、结算。

92. 每次培训结束后，一周内完成继教备案的电子材料，填写备案表和参与培训学员的名册，对于超过 2 天的培训活动还需提供详细的培训课程表；继教备案的纸质材料每年 9 月份交教师进修学校。

93. 组建区级融合教育教研组，每个教研组每学期至少开展 2 次教研活动，有计划、有总结。

94. 实时维护校本培训继教系统，授予校本培训学分。

95. 组织中心教师参加校本培训活动并做好记录、总结。

96. 组织中心教师参与上级组织的培训活动。

97. 根据上级单位要求，上报会议及培训人员名单并做好组织安排。

98. 做好培训资源统筹工作，实时关注各地培训动态、培训资源。

99. 根据中心工作安排完成区内外的交流接待活动。

100. 其他师资培训相关工作。

十、示范教学的工作

101. 学生家长向特教中心提出康复训练申请，并填写《康复训练申请表》。

102. 每学期初，根据申请康复训练学生的评估结果与负责评估的教师进行商讨，制定为期 3 个月的训练计划，设计训练课程，并安排任课教师上课时间及停课时间。

103. 教师按照要求填写《特殊教育需要学生康复训练记录》，为康复训练学生建档。

104. 教师保证每周为学生开展康复训练的课时量。其中岗位负责人保证 10 节/周；个案指导教师保证 15～20 节/周；其他岗位教师保证 6 节/周。

105. 教师须在学生训练时间的前一天完成备课，并准备好相关教具。

106. 教师将上课记录和相关信息完整填写于《特殊教育需要学生康复训练记录》中，并及时与学生家长就课堂表现进行反馈，给予家庭训练指导。

107. 训练过程中与康复训练学生的其他教师及时沟通学生的课堂表现，随时进行教学内容的调整与优化。

108. 岗位负责人定期深入课堂进行听课指导。

109. 教师以照片或视频的形式，随时记录学生具有代表性的问题行为或训练的进步表现，存入训练档案中。

110. 康复训练结束后，负责康复训练的老师需成立康复训练学生个案研讨小组，将学生的康复训练相关材料进行整理，制作 PPT，由岗位负责人确定学生个案研讨会的时间，并告知相关人员。

111. 每位教师每学期上交一节康复训练汇报课课件，包括活动设计、30 分钟录像课。

112. 将康复训练学生的所有训练资料进行整理归档。

113. 由岗位负责人负责康复训练学生的课程设置，及除了训练课程内容之外所有与家长的沟通工作。

114. 其他个案指导相关工作。

附件 2-2　巡回指导工作记录

巡回时间		巡回学校	
学生姓名		学生班级	
课堂观察	（记录学生注意力、课堂参与、学业能力、问题行为等表现。）		
课间观察	（记录学生同伴交往、动作能力、问题行为等表现。）		
访　谈	（了解学生课堂表现、学业能力、社会交往、情绪行为等表现。）		
总结与建议	（学生总体情况与教育建议。）		

附件2-3 特殊教育需要学生筛查表

【填表须知】本表用于资源教师和班主任对疑似有特殊教育需要学生的初步筛查检核。当经学校初筛仍对学生情况判断不清晰时，可凭本表向特教中心申请学生筛查服务。如需教育教学指导与建议，可申请巡回指导服务。

班级：_____ 姓名：_____ 性别：_____ 出生日期：_____

(必填)是否有相关证明：□不清楚 　□无 　□有残疾证

□有医院诊断证明 　□已随班就读备案 　□如有，学生障碍是_____

1. 老师发出指令时，学生通常是

□完全听从集体和单独指令 　　　　□多次单独指令后能听从

□一次单独指令就能听从 　　　　　□几乎不听从任何指令

2. 当老师讲解或同学回答问题时，学生通常是(多选)

□认真听讲 　　□走神发愣 　　□玩文具、衣物等小物件

□小声闲聊 　　□看课外书 　　□抄写 　　　□离座

□睡觉 　　　　□其他_____

3. 当需要集体回答问题或小组讨论时，学生通常是

□几乎不参与 　□偶尔参与 　□大部分时间参与 　□完全参与

4. 当需要独立完成一项作业时，学生通常是

□几乎不完成 　□辅助下能完成 　□偶尔能独立完成

□完全能独立完成

5. 学生的学习成绩在班级中排名

□明显落后 　□中下水平 　□中等水平 　□中上水平

□优秀水平

6. 学生对所学内容的掌握情况为

□基本正常 　□记不住任何知识 　□机械地记住"死"知识

□能掌握需要思考的内容

7. 学生以下能力明显比同学落后(多选)：

□基本正常 　　□书写 　　□绘画 　　□手工

□做操 　　　　□跑步 　　□跳绳 　　□其他_____

8. 课间与同学娱乐玩耍时

□几乎不交往　　　□只和个别同学交往

□不会主动交往，但接受被动交往

□采用错误的交往方式，举例：＿＿＿＿＿

9. 在班级里受同学欢迎程度为

□与多数同学交好　　　□一般　　　□与少数同学交好

□几乎不受同学欢迎

10. 学生语言表达的特点（多选）

□基本正常　　　□吐字不清　　　□表达不完整　　　□表达不清晰

□沉默寡言　　　□总发出奇怪的声音　　　□就某一话题不停地说

□有重复刻板的词汇　　　□其他＿＿＿＿＿

11. 学生语言理解的特点（多选）

□完全能理解　　　　　□部分能理解　　　　　□完全不能理解

□抽象的语言不理解　　□语速太快时不理解　　□句子太长时不理解

□其他＿＿＿＿＿

12. 学生阅读课文的特点（多选）

□基本正常　　　□朗读不通顺　　　□识字量少

□漏字、跳字　　　□颠倒字词　　　□看错行　　　□其他＿＿＿＿＿

13. 学生阅读理解的特点（多选）

□完全能理解　　□能理解大概意思　　□几乎不理解

□理解大意，但不能概括归纳　　　□其他＿＿＿＿＿

14. 学生兴趣的特点

□兴趣广泛　　□对部分事物感兴趣　　□对特定事物有刻板的兴趣

□对任何东西无兴趣

15. 学生注意力的特点（多选）

□基本正常　　□难以持续做完一个任务

□不能条理清晰地思考问题

□很容易顺从任何吸引注意力的事物，容易分心

□注意局部细节，忽略整体内容　　　□一对一交流时无眼神对视

□其他＿＿＿＿＿

16. 学生记忆力的特点（多选）

□基本正常　　　　　　□能大致背诵课文　　　□基本不能背诵课文

□容易忘记学过的内容　　□生活中丢三落四

□容易忘记之前发生的事情　　　□其他＿＿＿＿＿

17. 学生行为的特点（多选）

□基本正常　　□多动，无法安静

□执着于某件事必须做完，才能停止

□一件事情没做完，喜欢经常变换活动

□有刻板的行为、手势或语言　　□常常不加思考就付出行动

□其他＿＿＿＿

18. 学生经常出现以下行为问题（多选）

□基本正常　　□攻击行为　　□自伤行为　　□公然反抗

□故意挑衅　　□其他＿＿＿＿

19. 学生情绪的特点（多选）

□无异常特点　　　　　□没有复杂的情绪，表情单一

□不能感受别人的情绪　　□不会移情或共情　　□其他＿＿＿＿

20. 学生经常出现以下情绪问题（多选）

□基本正常　　□焦虑恐慌　　□偏执固执　　□悲伤沮丧

□胆小害怕　　□容易发怒，尚可控制　　□异常愤怒，无法自控

□其他＿＿＿＿

学生其他问题描述

【资源教师填写】初步判断该生的障碍或困难是：＿＿＿＿＿＿＿＿＿＿＿＿＿

附件 2-4　特殊教育需要学生评估申请表

儿童姓名		性别		出生日期	
就读学校及班级		学校负责人		联系电话	
家长姓名		联系电话		家庭住址	
学生主要问题	□多动、冲动 □学习困难 □自闭症（包括：阿兹伯格综合征） □情绪或行为问题 □感统失调 □交往障碍 □心理问题 □其他				
拟申请评估项目	□韦氏全面评估 □适应行为评估 □动作评估 □精细动作评估 □语言评估 □多动筛查 □感觉统合筛查				
家长意见	鉴于孩子的特殊教育需要，特申请评估。 家长： _____年_____月_____日				

附件 2-5　特教助理巡回指导记录表

日　期			指导教师		
特教助理	支持时间		支持对象	出生年月	
	支持形式			所在班级	
	支持重点			障碍类型	
所在学校					
指导目的					
指导形式					
学校访谈					

过程记录	备注

反馈	

附件 2-6　送教上门巡回指导记录表

日　　期			指导教师		
送教教师	送教时间		送教对象	出生年月	
	课　　型			障碍类型	
家庭住址					
指导目的					
指导形式					
家长访谈					

过程记录	备注

反馈	

附件 2-7　特殊教育需要学生康复训练申请表

学生姓名		性别		出生日期	
学校		班级			
母亲		联系电话			
父亲		联系电话			
障碍类型		诊断单位			
障碍描述					
训练课程选择（画"√"）	大动作（　）、精细动作（　）、注意力（　）、工作记忆（　）、手工创作（　）、社会故事（　）、认知（　）、阅读（　）、体感（　）、箱庭（　）、思维（　）、其他（　）_____				

期望训练时间（画"√"）	周一	周二	周三	周四	周五
	上午（　）	上午（　）	上午（　）	上午（　）	上午（　）
	下午（　）	下午（　）	下午（　）	下午（　）	下午（　）

备　注	

填表日期：＿＿＿＿＿＿＿

附件 2-8　特殊教育需要学生康复训练记录

训练计划

学生姓名：　　　　　训练日期：

课程类型	现状描述	训练目标	家庭支持

训练记录

训练时间	训练内容	学生表现及掌握情况	课后反思

附件 2-9　资源教师的工作职责

1. 对学生的特殊需求进行筛查和教育评估。

2. 根据学生的特殊需求指导学科教师制定个别化教育计划。

3. 资源教室的运作与管理：

(1)资源教室的建设规划

(2)资源教室课程的安排

(3)资源教室的使用与维护

(4)资源教室档案的整理

(5)资源教室展示活动(每学年一次)。

4. 根据个别化教育计划对学生进行补救性教学与康复训练。

5. 专职资源教师每周对有特殊教育需要的学生开展的资源教室课程不少于 10 节。兼职资源教师每周对有特殊教育需要的学生开展的资源教室课程不少于 5 节。

6. 为随班就读教师提供融合教育专业支持。

7. 为有特殊需要的学生的家长提供咨询服务。

8. 及时与海淀区特殊教育研究与指导中心沟通，将学校、教师及学生的需求上报特教中心。

9. 每学年撰写资源教室的工作计划和总结，学年末将总结上交特教中心存档。

10. 每学期至少召开一次随班就读学生个案研讨活动，邀请学校主管干部、学生所在班级班主任、任课教师、学生家长及特教中心教师参加。做好个案研讨的纪录(文字与照片)。

11. 每学年参加专业学习的时间不少于 40 课时，纳入特殊教育继教管理系统。

(摘录自《海淀区普通学校资源教师和随班就读教师管理办法》)

附件 2-10　学生问题行为干预报告

一、个案基本情况

天天，男，13 岁，初一年级在读。智商正常，成绩中等水平。个子比较低，偏瘦，牙齿稍往前突，眼睛大大的，在班里各方面表现平平。平时在课堂上总是动来动去，接话茬、说话，经常扰乱课堂，让科任老师和班主任都头疼不已，经班主任建议来寻求心理老师的帮助。

经了解，发现天天的优势能力如下：记忆能力、语言沟通能力较强，观察力敏锐，学习能力较强。只是因为身材瘦小，长相普通，成绩在班内不突出，所以在同学群体中不被重视，受关注较少。而初一年级的学生处于青春期，非常在意同伴、老师的评价和认可。这就造成了一个内在需求与外在现实的冲突。所以针对这个冲突给天天以适当引导，让他学习通过合理的方式获得同学和老师的注意，这也是解决天天行为问题的核心。

二、问题行为界定

行为干预的第一步是评估天天的生活作息，进行工作分析，对行为问题的发生时间、具体表现，面临的挑战等，对他的行为问题做出详细具体的操作定义。

1. 首先，通过观察记录了天天的一天校内生活作息（见表 1）。天天的行为主要发生在课堂上，目前亟待解决的是他的课堂表现问题，因此，我选择某一节课进行工作分析（见表 2），了解课堂上的基本流程，以及天天行为问题发生的情景。

表 1　天天一天校内生活作息表

时间	活动
7：15—7：30	晨检（班主任讲话，交作业，打扫卫生）
7：30—7：55	早读
7：55—8：05	自由活动
8：05—9：45	上课
9：45—10：15	课间操/升旗仪式
10：15—12：00	上课
12：00—12：40	午餐

时间	活动
12：40—13：40	午休/自由活动
13：40—17：15	上课
17：15	放学

表 2　天天课堂工作分析表

作息内容	工作分析	I①	T②	P③	问题行为④	课程
上课	进班安静坐好		√		1　2　3　4　⑤	记录表，视觉提示，自我管理
	拿出书本，翻到指定页	√			1　②　3　4　5	
	向老师问好	√			①　2　3　4　5	
	听老师讲课		√		1　2　3　④　5	记录表，视觉提示，自我管理
	老师提问	√			1　2　3　④　5	记录表，视觉提示，自我管理
	老师让做题	√			①　2　3　4　5	
	同学回答问题	√			1　2　③　4　5	记录表，视觉提示，自我管理
	记录作业	√			①　2　3　4　5	

注：①I(独立)：学生在没有提示下独立完成活动及活动的转换。

②T(转换)：学生能完成活动，但在活动转换过程中需要提示。

③P(提示)：学生需要提示来完成活动及活动中转换的过程。

④由 1 到 5，表示问题行为发生的程度由低到高。

通过工作分析表可以发现，天天在课堂上注意力还是比较集中，能够跟着老师正常上课的，他的行为问题主要出现在听课和老师提问环节。因此，要在这两个环节中进行干预。

2. 通过观察，天天的主要行为问题定义为多动(在座位上转来转去，侧身坐，手放在后面同学的桌子上)、接话茬、跟同学说话。

三、行为功能评估

对问题行为进行界定之后，需要评估行为的功能。行为功能评估有三

附　件 ｜ 291

种方法：间接评量（访谈、其他功能评估量表），直接（描述性）评量，实验分析。我采用间接评量与直接评量两种方式。

1. 教师访谈片断

A—行为指导教师；S—任课教师

A：天天在课堂上表现怎么样？

S：天天同学上课时坐不住，转来转去，摆弄小东西，经常侧着坐，转头跟同学说话，如果老师批评他，他转回去，过一会儿就又继续乱动。

A：天天在什么情况下出现问题行为？

S：上课老师讲课或发出指令，他会很兴奋地大声接话茬或者提问。

A：天天出现问题行为后，老师会怎么做？

S：当天天打断老师或扰乱节奏时，老师一般会直接制止他或回应他。

2. 间接功能评估表（IFA）

请班主任和任课老师利用量表对天天的行为进行评估，结果显示，天天问题行为的功能主要是获取注意力、获取物品、自我刺激（结果见图 1）。

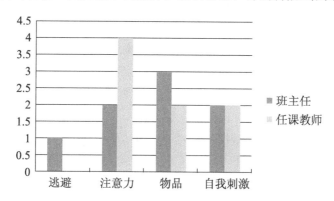

图 1　天天行为间接功能评估结果图

3. 直接（描述性）评量

进入班级观察记录天天行为问题发生的前事（A）、行为（B）、后果（C），分析每个行为的功能。

表 3　天天行为问题描述表

A（前事）	B（行为）	C（结果）	功能假设
上课，老师讲课中	他在座位上转来转去，跟后面同学说话	老师制止他，他停一会儿，继续转	获取注意力

续表

A（前事）	B（行为）	C（结果）	功能假设
上课，老师讲课，他自己差点摔倒	大声哈哈大笑	同学看他，老师停下来，制止他	获取注意力
上课，老师说明天社会实践有野炊，话音未落	大声提问：老师，明天我们带什么东西呀，老师，我明天要带……	同学看他，老师停下来，制止他	获取注意力
上课中，同学讲解 PPT	发出怪笑，停不下来	同学看他，部分也跟着笑，老师批评他，让他罚站	获取注意力
上课，他因说话被罚站	把书盖脸上，盖头上，站在椅子上转来转去	同学看他，老师忽略他	获取注意力

接下来，对天天的问题行为进行叙述性分析，分析过程如下。

· 前事：上课中，老师讲课或说事情

· 行为：在座位上转来转去，跟同学说话，大声笑或接话茬

· 结果：同学看他，老师制止他或回答他的问题

· 功能假设：获取注意力

天天问题行为的功能：天天同学上课多动、接话茬、与同学说话等行为的功能主要是获取教师和同学的注意力。

结合天天同学的基本情况，他本身其实是一个注意力比较集中，比较好学，各方面能力都不错的学生，只是因为身材瘦小，成绩中等，在班内较少受到关注。观察发现，他特别渴望同学和老师的关注和认可，上课高高举手就是为了让老师提问他，大声说话也是为了让老师听到他的答案，获得表扬。只是他缺乏自控力和自我觉察力，总用不合理的方式在不合适的时候说话，以致扰乱课堂，受到老师批评。因此，教他用合适的方法来获取注意力、获得认可、加强自我管理就是本个案中的关键。

四、问题行为干预过程

1. 基线期测量

正式干预之前需要对行为发生的频率、持续时间、强度等进行测量，记录干预初期问题行为的基线期数据。一方面可以跟干预后数据对比，评估干预效果；另一方面也是制定干预方案的参考依据。在该个案中，采用部分时距记录的方式，记录说话或接话茬的时间。把每节课 45 分钟分成 9

个时距，当他说话时在相应时间点画×，每个时段只记录一次（即后续他在该时段说话不再做记录）。在一节课中，天天说话/接话茬发生的频率＝(n/9)×100%，其中，n 表示 n 个时段他出现说话或接话茬的总次数。

基线期程序如下：

表 4　天天问题行为基线期记录程序表

A	B	C
上课，老师讲课	转来转去/提问/说话	老师忽略他/制止他，同学记录×
上课，老师讲课	他安静听课	老师继续上课，同学不记录

基线期测量结果：

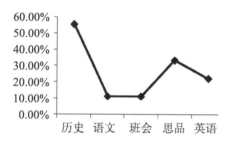

图 2　天天基线期说话时间比例图　　**图 3　天天课堂说话行为记录图**

图 2 显示，天天在历史课上说话/接话茬最多，达到了 50% 以上；其次是思品课、英语课，达到 22.2% 以上。语文和班会课说话时间为 11.1%，相对较低，比较符合我校普通学生的状况，因此，语文课和班会课不在本次干预课程范围内。历史课、思品课、英语课是干预的重点课程。根据天天基线期的数据，我们以他最严重的记录为基线，设定第一次干预的合格标准是不说话的时间达到 60% 以上（6 个时段），也就是说话时段在 33.3% 以下（3 个时段）。

2. 第一阶段干预过程

（1）第一阶段干预程序

A. 在课堂上，天天安静坐 5 分钟，自己画一个√，老师不定时给予口头奖励。（自我管理、区别性强化其他行为）

B. 他在课堂上有问题，举手经老师允许后提问，老师给予回应，并口头表扬。（区别性强化替代行为）

C. 课堂上，每次当天天安静坐好 5 分钟以上，老师给天天机会回答问

题，回答结束后，给天天个人加 2 分，小组加 1 分。（区别性强化其他行为，团体后效）

D. 课堂上，天天出现多动行为，没有打扰到课堂，教师和同学忽略他。（削弱）

E. 课堂上，天天说话，扰乱到课堂，第一次提醒，再出现，个人扣 2 分，小组扣 1 分。（反应代价）

F. 一节课集齐 6 个以上"√"（历史课获得 5 个"√"），课后给他个人加 2 分，小组加 1 分。（团体后效）

表 5　天天第一阶段干预程序表

A	B	C
上课中	天天坐好不动，不随意说话，坚持 5 分钟	自己画√，老师给予口头奖励
上课中，天天有问题	举手，等待老师允许	老师给予口头奖励，并请他提出问题
上课中	天天安静坐好 5 分钟以上，举手要回答问题	给天天机会回答问题，回答结束后，给天天个人加 2 分，小组加 1 分
上课中	天天转来转去，玩弄小东西	老师和同学忽略他
上课中	天天说话，打扰到课堂	第一次提醒，第二次个人扣 2 分，小组扣 1 分

（2）第一阶段干预期数据结果及分析讨论

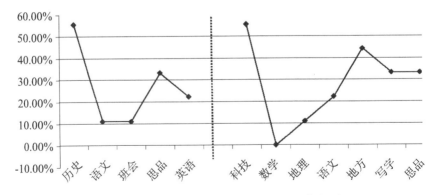

图 4　天天第一次干预期与基线期说话时间数据对比

干预结果：

数据显示：天天的课堂说话时间并没有减少；但是天天的"√"数大部分是满足标准的。

教师访谈：老师们认为天天在课堂上的改变并不大，跟之前没有太大区别。

分析：

A. 天天的基线期数据太少，导致标准定低了，出现了地板效应；

B. 标准差异化不够，导致一些课程表现得反而更不好。

3. 第二阶段干预过程

(1)第二阶段干预程序

根据第一阶段干预结果分析，我和天天及记录的同学进行了座谈，讨论每个科目天天的具体表现，对每门课的合格标准进行了调整，其他干预程序不变。

具体调整体现为：一节课集齐合格数以上的"√"，课后给他个人加 2 分，小组加 1 分。(团体后效)合格标准为：

表 6

科目	地理	语文	思品	英语	心理	写字	科技	生物	历史	美术
合格数	8	8	7	7	7	7	6	6	5	5

(2)第二阶段干预期数据及结果分析

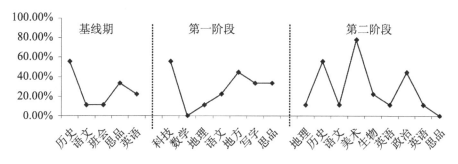

图 5 第二阶段干预期数据及结果分析图

数据显示：天天的课堂说话时间百分比大部分低于 22.22%；"√"数大于等于 7，尤其是英语课堂两节课都达到 11.1%，效果明显。但是在历史、美术、思品课上，天天的说话时间比较多，"√"数在 5 个以下。

教师访谈：当跟科任老师访谈时，老师们认为天天有变化了，说话少了，动得也少了，有意识管理自己。除此之外，因为老师的鼓励，并且给他回答问题的机会，他课上注意力更加集中了，学习的积极性明显提高。

分析：在英语、生物、地理等课堂上，天天的表现都有很大的提升，说明第二阶段的干预程序是有作用的，但是在美术课、思品课和历史课上，天天的表现还是没有合格，经了解，这三门课本身课堂纪律就比较差，跟课程的教学内容、教师的教学风格有很大关系。因此，这些课程还需要与任课教师进行沟通，共同合作，来继续后续的干预。

五、个案总结

在该个案的干预过程中，除了关于个案本身的干预程序之外，配合进行的还有整个班级的干预程序。我和全班同学一起制定了班级的团体契约，采用小组积分制、团体后效等措施，来进行教学管理。干预之后，班级整体的纪律也有了很大提升，课堂效率也提高了，大家参与讨论分享的积极性大大提高，活动环节也更有规则意识了。通过这个个案的干预，充分显示应用行为分析在普通学生的行为问题干预及班级教学管理上的运用是比较成功的，这也为普通教师和班主任教师在以后的教学中提供了一种新的教学管理手段。

北京市海淀区教师进修附属实验香山分校　褚祯

附件 2-11　特教助理教师个案干预报告

一、学生基本情况

对对，女，2009 年 7 月出生，9 岁，是一名乐感节奏感极强的唐氏综合征儿童。家里有姥姥、姥爷、爸爸和妈妈，还有一个聪明可爱的小妹妹。主要照料者有爸爸、妈妈及姥姥，对对平时上下学是姥姥和妈妈接送的。下午放学后姥姥和妈妈也会带着对对参加课外兴趣班，如舞蹈、钢琴、绘画、跆拳道及游泳等项目。观察中发现，学校对学生在校期间的态度很好，能够给予一定的关注。在班级中，班主任及任课教师都能够很好地给予学生更多的关注，并且在赏、罚两点中能够做到与班级要求一致，既有赏又有罚，当犯错误时也会进行批评教育。对对社交方面良好，能够和同学们打成一片，但是言语表达能力欠缺。她能够参加集体活动，并且做游戏比赛时能够得到同学们的加油助威；遇到困难时能够主动寻求他人的帮助，并主动道谢，但是当请求他人帮助时语言表达能力欠缺；课堂上偶尔会小声说话，注意力持续时间短暂，班级意识良好。

二、主要问题

1. 坐椅子上扭屁股(把铅笔放在屁股下扭)。

2. 写字持续时间较短并且写字量较少(仿写)，会经常退缩。

3. 当室外上课时(体育课及健美课)主动性语言较少，并在没有老师允许的情况下独自跑到旁边站着或蹲着，不喜欢跑步，上课持续时间较短。

4. 畏难情绪(遇到困难会退缩不愿意做)。

三、干预策略

1. 坐椅子上扭屁股：

(1)言语提示；

(2)收走多余的铅笔不让学生拿到；

(3)教师做示范将铅笔放手里；

(4)强化物(社会性赞美、手指游戏、贴纸)；

(5)进行忽略并以正向语言转移注意力，例如"铅笔可以干吗?"学生回答后，立刻将一支铅笔给予学生并正确地告诉学生放在文具盒里。

表 1　将铅笔坐屁股下行为观察表

被试：对对	被试性别：女
障碍类型：唐氏综合征	教育安置：××小学三年二班
目标行为：减少将铅笔坐屁股下的次数	观察者：王老师
观察时间：9：00－9：10	观察时距：10分钟

日期	时间				
	1～2分钟	2～4分钟	4～6分钟	6～8分钟	8～10分钟
2018-12-13	＋＋＋	＋＋	＋＋＋	＋＋	＋＋
2018-12-14	＋＋＋＋	＋＋＋	＋＋	＋＋＋	＋＋
2018-12-17	＋＋	＋＋	＋	＋＋	＋
2018-12-18	＋＋＋	＋	＋	＋＋	＋＋
2018-12-19	＋＋＋	＋＋	＋	＋＋＋	＋＋
2018-12-20	＋＋	＋＋	＋	＋	＋＋
2018-12-21	＋＋	＋	＋＋	＋	＋

注："＋"代表学生出现1次将铅笔坐在屁股下的行为。

2. 书写行为

(1)书写前达成相应的游戏过关协议。

(2)完成一行书写即为过一关，在观察表上的相应位置画"√"，得到3个"√"为过一关。

表 2　独立书写行为观察表

被试：对对	被试性别：女
障碍类型：唐氏综合征	教育安置：××小学三年二班
目标行为：能够独立书写	观察者：王老师
观察时间：语文课	观察时距：行数(5)

一行	√	√	√	√		
二行	√	√	√	√		
三行	√	√	√	√		
四行	√	√	√	√		
五行		√		√		

3. 其他干预策略

(1)事前预防：上课前教师事先将要求给学生讲清，学生提前告知教师后才可以做想做的事。

(2)当出现不愿意做任务或趴桌子时及时进行言语提示、肢体辅助或降低任务难度，在完成后及时给予鼓励(简短手指游戏)。

(3)循序渐进：任务或目标按照学生的实际情况来定，要求不能过高或过低，不然当学生做不到时会退缩，这样会造成学生参与度和积极性减小，所以要注意。

(4)强化物方式：学生出现良好的行为，要及时奖励或表扬，但要适度，当行为问题出现时要按照契约规定进行处置，不能随意更改，纠正行为问题的过程要有严格要求，原则性的问题是不可随意更改的，做到赏罚分明，不好的地方和好的地方要有鲜明的对比。

(5)冷处理：当出现情绪波动较大时，先给予学生正向的言语引导，再与学生保持一定的距离，冷静后再继续。

(6)代币制：可以纠正学生的不良行为，调动学生的参与积极性，让学生自己发现自己的进步，可以增加学生的自我认识，促进自我行为的纠正，达到自我监督的目的。

四、干预效果

初期效果不明显，但是通过长时间的接触及更换不同的方式、方法，行为干预逐渐有了效果。初期老师将学生喜欢玩的物品与学生隔离开后，学生会大声说话甚至会出现轻拍桌子等现象，教师言语提示安静后学生能够做到说话小声，此时教师及时将铅笔还给学生，并言语鼓励学生，能够很好地做到并且正确使用铅笔，室外活动及室外上课基本可以全程坚持下来。站姿也有了明显的进步，可以跟同学进行体育活动，到如今室外上课就算不给予过多的关注也能够很好地坚持下来。

附件 3-1　海淀区巡回指导教师考核评价表

一级指标	二级指标	子因素	权重分	得分
德 20分	政治 思想 (6分)	热爱教育事业，热爱学校，团结同志，关心学生，不散播影响同事团结的言论。	1	
		遵纪守法，遵守学校各项规章制度。	2	
		积极参加区级随班就读的各项活动及培训。（一次不参加扣0.5分，迟到一次扣0.1分）	2	
		服从工作分配。（无正当理由无故拖延酌情扣0.2~0.3分）	1	
	职业 道德 (14分)	以教师职业道德标准要求自己，言行举止得当。不在课堂上传播有违教师职业道德的言论，传播不当造成影响的酌情扣0.2~1分。	1	
		着装不符合职业要求的，一次扣0.2分。	1	
		没有体罚或变相体罚学生现象，发现一次扣3分。情节严重者执行师德相关条例。	3	
		违背师德和工作规范，被家长属实举报的，一次扣2分，情节严重者执行师德相关条例。	2	
		在工作期间，发生安全事故，视情节酌情扣2~4分。	4	
		未关门窗电源，卫生责任区出现问题，发现一次扣0.1分。	3	
勤 15分	出勤 情况 (15分)	上下班、上课，无迟到、早退现象，每迟到、早退一次扣0.1分。（不可抗力因素除外）一个月内迟到3次者，按记过处理。	3	
		病假1天扣0.1分。事假1天扣0.2分，依次累计计算，缺勤较多人员参照海淀培智学校考核条例执行。	2	
		旷工每天扣3分。情节严重者执行区教职工考核相关条例。	3	
		无故缺课，旷会。（缺课一节扣1分，旷会一次扣0.5分）	4	
		认真积极参加区级随班就读课题组、教研组研究活动。一次不参加扣0.2分，迟到1次扣0.1分。	3	

续表

一级指标	二级指标	子因素	权重分	得分
能 55分	巡回 指导 (20分)	指导普通学校融合教育工作有实效。	5	
		注重与普通学校班主任教师以及学生家长沟通交流。	5	
		指导资源教室建设与运作，做到有特色、有成果。	5	
		注重资源教师成长，及时指导资源教师专业发展。	5	
	个案 支持 (15分)	针对学生现状，采取不同方法进行筛查与教育评估，提供书面的评估报告。	5	
		对学生的个别训练课，授课内容、方法适当，效果良好。	5	
		定期召开学生个案研讨会，研讨学生支持的效果与方案。	5	
	课题研究 (10分)	参与、指导区级教研组活动，起到引领示范作用。	5	
		参与各级各类课题的研究、实践，独立或合作完成学术论文、课题报告、成果报告等。	5	
	组织活动 (5分)	组织评优课、工作会、课题会、资源教室评估、论文评比等活动。	5	
	专题学习 (5分)	认真参加学校集中组织的每一次培训活动，缺一项扣0.2分，每次能够认真完成学习任务，学习不认真、不规范的酌情扣分。	5	
绩 10分	论文、获奖及其他荣誉 (5分)	积极上交原创业务心得体会或教育论文一篇。获国家一、二、三等奖，分别为5分、4分、3分。获市级一、二、三等奖，分别为4分、3分、2分。获区级一、二、三等奖，分别为3分、2分、1分。累计最多不超过5分。	5	
	评优课 (5分)	指导随班就读教师制定IEP、教学活动设计及论文获奖，得分等级每次分别为3分、2分、1分。累计最多不超过5分。	5	
合计				

附件 3-2 资源教师考核登记表

_____年度

姓名		性别		出生年月	
政治面貌		文化程度		资源教室周课时量	

完成的融合教育相关工作、获奖、论文情况、创新等成果及接待活动登记(不够可加行)

时间	项目、课题、文章等名称	本人起何作用(主持、参与、独立)完成情况(获何奖励、效益或专利)	备 注

参加的融合教育相关培训(不够可加行)

时间	主题	培训组织单位	课时

年度工作总结	(1. 如果是兼职资源教师,说明主岗是什么,工作量是多少;2. 按照资源教师的职责逐项说明,同时对资源教室课部分进行详细说明,具体面对了哪些学生,上了什么内容,课时量多少,效果如何等)
单位领导班子评价	盖章或签名: 年 月 日
教委综合评价	盖章或签名: 年 月 日
备注	

说明:资源教师考核登记表将成为资源教师区级评优活动的重要参考。此考核表一式两份,一份留存特教中心,另一份留存学校资源教室作为档案。

附件 3-3　随班就读教师培训需求调查问卷

您好！本问卷主要用于调查您对区域内开展特殊教育与融合教育相关培训的需求，从而帮助您更好地开展特殊学生的融合教育工作。本调查结果仅用于研究和改进教师培训工作，不会对您产生不利影响，请您根据自己的真实情况填写，在对应的选项画"√"，谢谢您的支持！

北京市海淀区特殊教育研究与指导中心

2018 年 9 月

第一部分　基本信息

1. 您所在学校的名称是：＿＿＿＿＿＿＿＿

2. 您所教学段：□小学　　□初中　　□高中

3. 您的性别：□男　　□女

4. 您的教龄：□3 年及以下　□4～10 年　□11～20 年　□21 年及以上

5. 您从事随班就读工作的教龄：□1～2 年　□3～5 年　□6～10 年 □11 年及以上

6. 您的职称：□未定级　□三级　□二级　□一级　□高级

7. 您的最高学历是：□专科以下　□大学本科　□研究生及以上

8. 您所接受的有关特殊教育或融合教育培训的累计时长为：

□从未　□一周以内　□1 个月以内　□1～2 个月　□3 个月及以上

第二部分　正式问卷

指导语：第二部分为李克特五级量表形式，从 1～5 分别代表您对融合教育相关知识与技能的需求程度逐渐升高，请在对应的方格中打"√"。第二部分为选择题，第三部分为开放式问题。

	需求程度				
	1	2	3	4	5
1. 特殊教育需要学生定义与分类	□	□	□	□	□
2. 特殊教育需要学生的心理特征	□	□	□	□	□

	需求程度				
	1	2	3	4	5
3. 特殊教育与融合教育相关政策	☐	☐	☐	☐	☐
4. 融合教育的基本理论	☐	☐	☐	☐	☐
5. 融合教育的相关支持资源	☐	☐	☐	☐	☐
6. 资源教室与资源教师	☐	☐	☐	☐	☐
7. 融合教育教学策略	☐	☐	☐	☐	☐
8. 融合教育班级管理的策略	☐	☐	☐	☐	☐
9. 特殊教育研究方法，如个案研究	☐	☐	☐	☐	☐
10. 与家长沟通的技巧	☐	☐	☐	☐	☐
11. 特殊教育需要学生的初筛	☐	☐	☐	☐	☐
12. 个别化教育计划制定与实施	☐	☐	☐	☐	☐
13. 融合教育环境创设	☐	☐	☐	☐	☐
14. 融合教育课程调整	☐	☐	☐	☐	☐
15. 差异教学的实施	☐	☐	☐	☐	☐
16. 特殊教育需要学生的评价	☐	☐	☐	☐	☐
17. 特殊教育需要学生情绪与行为管理	☐	☐	☐	☐	☐
18. 对特殊教育需要学生的个别指导与训练	☐	☐	☐	☐	☐
19. 对特殊教育需要学生的心理辅导	☐	☐	☐	☐	☐
20. 与资源教师协同教学	☐	☐	☐	☐	☐

21. 您希望的培训方式为：（可多选）

(1)专题讲座☐　　(2)案例分析☐　　(3)工作坊☐　　(4)教学观摩☐

(5)网络授课☐　　(6)模拟课堂☐　　(7)其他☐

22. 您希望培训时间的安排为：

(1)周末☐　　(2)工作日☐　　(3)节假日☐　　(4)都可以☐

23. 您希望培训的评价方式为：

(1)作业☐　　(2)纸笔考试☐　　(3)实践应用☐　　(4)都可以☐

24. 您将通过哪种方式提升自己融合教育研究能力(可多选)：

(1)参与校内融合教育教研活动☐　　(2)参与区内融合教育教研活动☐

(3)撰写论文或案例，参与区内组织的论文、案例评选活动□

(4)参与或组织关于融合教育的课题研究□

(5)其他□

25. 您最希望得到哪些方面的支持(排序题)：

(1)学校领导对融合教育工作的支持

(2)同事对融合教育工作的理解与支持

(3)特殊学生家长的配合

(4)普通学生家长的理解

(5)资源教师提供专业建议

(6)特教中心教师巡回指导

(7)专家下校指导

请您按照重要程度进行排序：＿＿＿＿＿＿＿＿＿＿＿＿

26. 您希望接受特教中心教师巡回指导的频率为：

(1)每周一次□　　　(2)每月一次□　　　(3)每两月一次□

(4)每学期一次□

27. 您对融合教育教师全员培训有何建议?

28. 您还希望通过哪些方式提高自己的融合教育素养?

本次调查到此结束，再次表示感谢!

附件 3-4 特教助理教师入校工作反馈表

日期：_____   学校：_____   填写人：_____

您好！为了促进海淀特教中心特教助理教师的工作，请您对特教助理教师的工作进行评价。此调查表主要为了了解特教助理教师入校工作对学校有无帮助及您对特教助理教师工作的满意度，整个问卷中涉及的内容均没有对错之分，请根据您的实际情况填写，并给予我们宝贵的建议，谢谢！

5 代表非常满意、4 代表满意、3 代表一般、2 代表不满意、1 代表非常不满意

序号	内容	评价标准
1	特教助理教师的工作态度热情、认真、负责。	□5　□4　□3　□2　□1
2	特教助理教师无迟到、早退现象。	□5　□4　□3　□2　□1
3	特教助理教师可以第一时间将学校老师提出的要求和问题反馈给家长。	□5　□4　□3　□2　□1
4	特教助理教师能够协助助班主任老师对服务个案进行情绪和行为管理，维持课堂教学秩序。	□5　□4　□3　□2　□1
5	特教助理教师可以营造学校及班级理解和接纳的氛围，创造融合教育环境。	□5　□4　□3　□2　□1
6	在学校能够培养服务个案良好的学习习惯、学习能力、规则意识和正确的自我决策、自我服务与自我管理能力。	□5　□4　□3　□2　□1
7	收集学生在校遇到的各种问题，及时分析与处理问题行为。	□5　□4　□3　□2　□1
8	帮助孩子建立伙伴关系，促进互助、沟通、交流和游戏的能力。	□5　□4　□3　□2　□1
9	能够保证在校期间孩子的人身安全。	□5　□4　□3　□2　□1
10	保护个案学生及服务家庭隐私及肖像等权利；服务态度文明专业，不粗鲁对待服务个案，杜绝任何打骂行为。	□5　□4　□3　□2　□1

请您对特教助理教师的工作进行评价（特教助理教师入校工作对学校有无帮助及您的宝贵建议）：

感谢您的参与和支持，祝您生活愉快！

附件 3-5　海淀区特教助理教师工作考核表

教师姓名：＿＿＿＿＿＿＿　考核日期：＿＿＿＿＿＿＿

项目	内容	分值	评分
职业伦理	保护个案学生及服务家庭隐私及肖像权。	5	
	服务态度文明专业，不粗鲁对待服务个案，杜绝任何打骂行为。	5	
	入校期间保证学生的人身安全与饮食安全。	5	
	着装、言行符合普通学校的教师行为规范。	5	
专业态度	工作态度热情、认真、负责。	5	
	认真、及时地完成本职工作内容。	5	
	耐心地辅助学生，不焦不躁。	5	
	关爱学生，关注学生的成长发展。	5	
专业能力	放学后及时与家长沟通反馈学生的表现情况，向家长发送教学小结。	5	
	与教师沟通，了解教师的教学内容，并向教师反馈学生问题与进步等。	5	
	协助班主任对服务学生进行情绪和行为管理，维持课堂教学学习秩序及其他任务。	5	
	帮助学生建立良好的融合氛围，建立良好同伴、师生关系。	5	
	帮助学生建立良好的学习习惯、学习能力、规则意识和正确的自我决策、自我服务与自我管理能力。	5	
	根据个别化教育计划，辅导学生完成相关学习目标并整理教学记录及教学数据等相关资料。	5	
	撰写辅助特殊学生的案例与故事，有所总结与反思。	5	
专业学习	阅读特殊教育专业书籍并撰写笔记。	5	
	参加特殊教育专业培训，完成培训总结。	5	
	搜集日常辅助工作中遇到的问题，并主动寻求巡回指导教师的支持。	5	
	积极参与每周的教研活动，并参与研讨。	5	
	能够听从巡回指导教师的建议及时调整。	5	
合计			

注：若特教助理教师出现体罚学生的情况则予以考核不合格处理。

附件3-6 特教助理教师满意度调查问卷

（家长版）

各位家长：

您好！

为进一步提高特教助理项目工作质量，特展开此次专项调查，请您在相应的选项后画"√"。感谢您在百忙中提供意见和建议，对于您在特教助理工作中给予的支持和理解表示感谢！

北京市海淀区特殊教育研究与指导中心

1. 您孩子的名字是：_____

2. 您是：(1)父亲　　(2)母亲　　(3)其他_____

3. 您认为学生的进步情况如何？

(1)学生有明显进步；

(2)学生在生活自理方面进步很大；

(3)学生在学业能力方面进步很大；

(4)其他：

4. 您认为特教助理教师有哪些方面的作用(多选)：

(1)辅助学生完成在校期间的教育教学活动；

(2)主要保障学生的安全；

(3)协助资源教师做好学生的补救教学工作；

(4)协助任课教师维持班级教学秩序；

(5)能够为学校及班级教师提供特殊教育策略和方法；

(6)协助班主任做好班级管理工作；

(7)其他。

5. 您希望孩子达到什么目标？

6. 您希望特教助理教师还可以对您有哪些支持？

7. 您希望特教助理教师还可以对学校有哪些支持？

特教助理教师满意度调查问卷

(教师版)

各位老师:

您好!

为进一步提高特教助理项目工作质量,特展开此次专项调查,请您在相应的选择项后画"√"。感谢您在百忙中提供意见和建议,对于您在特教助理工作中给予的支持和理解表示感谢!

北京市海淀区特殊教育研究与指导中心

1. 您任教的学科?

(1)语文;(2)数学;(3)英语;(4)其他: ＿＿＿＿＿＿。

2. 您是班主任吗?

(1)是　(2)不是

3. 您的教龄?

(1)5 年以下　(2)6～10 年　(3)11～20 年　(4)21 年以上

4. 您班级有几名需要支持的学生?

(1)1 名　(2)2 名　(3)3 名　(4)4 名　(5)5 名以上

5. 您知道需要支持的学生其残障类型吗?

(1)知道　(2)不知道

答"知道"请继续回答以下问题:

(1)自闭症＿＿＿名;(2)情绪障碍＿＿＿名;(3)多动症＿＿＿名;

(4)肢体残疾＿＿＿名;(5)行为问题＿＿＿名;(6)社交障碍＿＿＿名;

(7)其他: ＿＿＿＿＿＿

6. 您之前了解这种类型学生的行为特征吗?

(1)了解　(2)不了解

7. 因为有特殊学生在班级中,您会遇到哪些困扰?

(1)影响班级教学秩序;(2)影响班级学生总体成绩;(3)缺乏对学生进行行为干预和情绪疏导的有效策略;(4)其他: ＿＿＿＿＿＿。

8. 您对特教助理教师的工作评价是?

(1)能帮助学生参与集体教育教学活动;(2)能帮助学生提高学业成绩;(3)能解决特殊教育学生课堂突发情况;(4)能给任课教师提供融合教育策略和方法;(5)其他: ＿＿＿＿＿＿。

9. 您认为特教助理教师对您有哪些帮助?

(1)对特殊学生进行专业支持;(2)辅导特殊学生学习;(3)参与班级管理;(4)参与课间管理;(5)对班级教师做专业指导;(6)其他:＿＿＿＿＿＿＿

＿＿＿＿。

10. 您认为最需要特教助理教师帮助的内容是什么?

(1)对特殊学生的情绪行为管理;(2)辅导学习;(3)辅助班级教学;

(4)其他:＿＿＿＿＿＿＿。

11. 您认为特教助理教师与陪读人员有区别吗?

(1)有　　(2)没有

12. 您认为特教助理教师与陪读人员的区别是什么?

(1)对教育目标把控更准确;(2)对学生的管理原则性更强;

(3)对特殊学生的教育教学辅助更专业;

(4)其他:＿＿＿＿＿＿＿＿＿＿＿＿。

13. 特教助理教师入班是否影响正常教学?(1)是　　(2)否

14. 您希望学生能达到什么目标?

15. 您希望特教助理教师还可以对您有哪些支持?

16. 您希望特教助理教师还可以对学校有哪些支持?

图书在版编目（CIP）数据

融合教育教师团队本土化建设与专业发展/王红霞，邓猛著. —
北京：北京师范大学出版社，2021.1（2022.10 重印）
ISBN 978-7-303-25975-5

Ⅰ. ①融… Ⅱ. ①王…②邓… Ⅲ. ①特殊教育－师资队伍建设
－研究－中国 Ⅳ. ①G76

中国版本图书馆 CIP 数据核字（2020）第 124718 号

教 材 意 见 反 馈　　gaozhifk@bnupg.com　010-58805079
营 销 中 心 电 话　　010-58802755　　010-58800035
北师大出版社教师教育分社微信公众号　　京师教师教育

RONGHE JIAOYU JIAOSHI TUANDUI BENTUHUA JIANSHE
YU ZHUANYE FAZHAN

出版发行：北京师范大学出版社　www.bnupg.com
　　　　　北京市西城区新街口外大街 12-3 号
　　　　　邮政编码：100088
印　　刷：北京天泽润科贸有限公司
经　　销：全国新华书店
开　　本：730 mm×980 mm　1/16
印　　张：20
字　　数：338 千字
版　　次：2021 年 1 月第 1 版
印　　次：2022 年 10 月第 2 次印刷
定　　价：98.00 元

策划编辑：鲍红玉　　　　　　责任编辑：朱前前
美术编辑：李向昕　　　　　　装帧设计：李向昕
责任校对：段立超　　　　　　责任印制：马　洁